- 国家级重点学科会计学系列教材
- 西南财经大学财务管理专业特色教程专用教材
- 根据最新会计准则编写
- 二十一世纪"双一流"建设系列精品教材

财务预算与控制
（第三版）

CAIWU YUSUAN YU KONGZHI

江 涛 王振栋 编著

西南财经大学出版社

中国·成都

图书在版编目(CIP)数据

财务预算与控制/江涛,王振栋编著. —3 版.—成都:西南财经大学
出版社,2023.8
ISBN 978-7-5504-5914-4

Ⅰ.①财… Ⅱ.①江…②王… Ⅲ.①企业管理—财务管理
Ⅳ.①F275

中国版本图书馆 CIP 数据核字(2023)第 155776 号

财务预算与控制(第三版)

江 涛 王振栋 编著

策划编辑:高小田

责任编辑:高小田

责任校对:王青杰

封面设计:墨创文化 白少二

责任印制:朱曼丽

出版发行	西南财经大学出版社(四川省成都市光华村街 55 号)
网 址	http://cbs. swufe. edu. cn
电子邮件	bookcj@ swufe. edu. cn
邮政编码	610074
电 话	028-87353785
照 排	四川胜翔数码印务设计有限公司
印 刷	郫县犀浦印刷厂
成品尺寸	185mm×260mm
印 张	19.25
字 数	409 千字
版 次	2023 年 8 月第 3 版
印 次	2023 年 8 月第 1 次印刷
印 数	1—3000 册
书 号	ISBN 978-7-5504-5914-4
定 价	48.00 元

第三版前言

党的二十大报告指出：完善中国特色现代企业制度，弘扬企业家精神，加快建设世界一流企业。健全现代预算制度，优化税制结构，完善财政转移支付体系。全面预算管理与控制是现代企业不可或缺的一种重要管理模式。它主要通过资金、业务、信息等多方面的整合，通过适度分权与授权，战略驱动与业绩评价等，来实现资源合理配置并满足企业的可持续发展，进而对业务协同、战略执行、经营活动与价值增长等方面的最终决策提供支持。财务预算与控制，是以企业财务预算为依据，对预算执行主体的财务收支活动进行预测、调整与监督，使之达到预算目标的一种控制形式。从实践的角度，它是全面预算管理的核心，是企业管理的重要组成部分；从教学角度，它也是财务管理课程的自然延续，是学生对于理论学习和实践操作相结合的一种理想方式。

本书由西南财经大学会计学院江涛副教授、成都银行会计结算部副总经理王振栋编著，此次修订是在第二版的基础上结合近年的会计准则和财务制度的变化，对各章内容加以充实与完善，并在各章中加入更多的案例和例题，力求在财务预算与控制的理论观点、课程内容和业务方法等方面得到改进与提高。本书的内容主要包括预算的基本理念、预算的组织结构、预算表编制的流程和方法、经营预算、长期投资预算、筹资预算、年度与月度预算的编制、财务控制、财务分析等。本书力图突出以下三个特点：第一，务实性，本书的内容具有较强的应用性与实践性，利用大量企业的数据与案例，结合当前最前沿理论与现实工作，用简洁的语言、清晰的逻辑为使用者提供有用的信息。第二，全面性，本书从预算的基本理论出发，从预算流程、长短期预算、控制与分析三个维度进行了较为系统、全面的探索；同时从两个层次，即预算的理论层次、业务操作层次进行更深入的剖析。第三，启发性，学生或读者可通过对书中的案例与数据进行实践操作，从而在某个方面或某个层面进行深入思考。

本书不仅可供有关专业本科生教学使用，也可用作为研究生的参考读物，对从事财经工作的实际从业者也很有参考价值。作者在编写本书的过程中参阅了大量的相关文献和研究成果，并得到西南财经大学出版社的大力支持，在此表示衷心感谢。

2023 年 8 月

目　　录

财务预算与控制

2

第一章
概论

财务预算是财务管理课程的自然延续，本章在对财务管理课程基本内容进行回顾的基础上，说明财务管理、财务预算、全面预算三者的关系，然后通过对预算发展过程的回顾，规范预算的内涵与外延，并结合企业发展阶段理论说明企业的不同预算管理模式。

第一节　财务管理与财务预算

一、财务管理的基本内容

财务是社会再生产过程中资本的投入与收益活动所形成的特定经济关系。财务管理通俗来说就是对"钱"的管理。财务管理课程的内容主要包括财务管理的目标及选择、财务活动、财务关系、财务方法四个方面。

（一）财务管理的目标及选择

财务管理目标是财务学研究的起点，也是任何一本财务学教科书首先需要阐释的问题之一。企业的目标是创造价值，财务管理作为企业管理的重要内容，就是通过资本运作实现企业的总体目标。一般而言，财务管理目标有五种表述方式，即利润最大化、每股收益最大化、股东财富最大化、企业价值最大化、相关者利益最大化，这是任何学习过财务学的人都熟知的。

但是，财务管理目标的特点、财务管理目标间的逻辑关系却较少被谈及。本部分将就这两个问题进行阐释。

1. 财务管理目标的特点

研究财务管理目标，必须首先明确财务管理目标的特点，这是财务管理目标选择的前提。财务管理目标有如下五个特点：

一是稳定性与变动性。财务管理目标是在一定的宏观环境与企业经营方式下，由人们总结实践活动而提出来的。在一定的阶段，它有自身的稳定性，不能随意更改；而随着内外环境的变动，以及人们认识的深化，财务管理目标也有可能发生变化。

二是整体性与层次性。财务管理目标是企业财务管理这个系统顺利运行的前提条件，同时其本身也是一个系统。财务管理活动有筹、投、分三个基本层次，在明确财务管理总体目标的同时，各分层次活动的目标必须以总目标为导向，并各有自身的特性与内容。

三是可度量性与可操作性。财务管理目标要有定性的要求，同时也必须可度量，以便于付诸实践；在计量的基础上，财务管理总目标及分解落实给各部门、各单位的具体目标，应该是执行者所能管得住、控制得了的。企业通过目标的制定、落实、执行、核算、分析、考核与奖惩，最终实现财务活动和预算管理的良性循环。

四是理性的标准。理性是指按照事物发展的规律和自然进化原则来考虑问题和处理事情，考虑问题时不冲动、不凭感觉做事情。同时，不能和道德的标准相混淆，如"社会责任最大化"之类的提法，这些标准很难度量，而且不同的执行人对其理解不同，故其难以起到对财务活动的引导作用。

五是短期利益与长期利益的结合。

需要指出的是，上述财务管理目标的五个特点，最为关键的是可度量性，它可以作为判断各种财务管理目标的基本标准。

2. 各种财务管理目标的逻辑关系

（1）利润最大化的两个层次。

利润有经济利润和会计利润之分。一般认为，1900年巴舍利耶发表的《投机理论》是财务学从经济学中独立出来的标志。因此，财务学既然是经济学的分支，其在目标研究的过程中，自然首先采用了经济利润最大化的观点。但是，由于隐性成本和机会成本难以准确度量，因此会计利润最大化逐步取代了经济利润最大化，成为财务管理的目标。会计利润虽然易于度量，但是有着四个缺陷，即绝对数指标、未考虑货币的时间价值、未考虑风险、容易引起短期化行为。

可以看出，正是由于经济利润不具备可度量性，才逐步演化出会计利润最大化的目标，但会计利润最大化具有缺陷，其他目标都是为了克服这四大缺陷而提出的。

（2）每股收益最大化——对会计净利润最大化的初步修正。

针对会计利润最大化的第一个缺陷，即绝对数指标，我们提出了每股收益最大化的目标。每股收益最大化作为一个相对数指标，有利于不同规模的企业之间进行比较。但是，该目标仍然无法克服其他三大缺陷，因此该目标仅仅是对会计利润最大化的初步修正。

（3）股东财富最大化——对会计利润最大化的最终修正。

股东财富，源于股票为其持有者带来的未来现金流，即分红，用公式可以表示为 $P_e = \sum_{t=1}^{\infty} \frac{D_t}{(1+i)^t}$。通过公式，我们可以看出股东财富最大化的目标可以克服会计利润最大化的四个缺陷。第一，D_t 有两种解释：若解释为第 t 年公司的总分红数，则 P_e 代表公司股权的总价值；若解释为第 t 年公司每股股票的分红数，则 P_e 代表公司股票的每股股价。因此，股东财富最大化既是绝对数指标，也是相对数指标。第二，公式对公司每年的分红进行了折现，考虑了未来现金流的时间价值。第三，按照风险与收益相匹配的原则，更高的贴现率 i 对应了更高的风险，因此该公式考虑了未来现金流的风险。第四，由于 t 的取值范围涵盖了持续经营公司的每个时间点，因此不可能出现短期化行为。

股东财富最大化在克服了会计利润最大化缺陷的同时，却由于公式中的分子 D_t 难以准确度量，对分母 i 难有统一看法，最终造成了股东财富难以度量的问题，这使得问题回到了经济利润最大化的起点。为解决股东财富的可度量性，我们必须接受法码的有效市场假说，即假定股东财富有一个活跃的二级市场，通过这个有效的市场所形成的价格可以间接解决股东财富的度量问题，这个现实中的二级市场，即为股市。因此，当采用有效市场假设，并将财务管理的研究对象聚焦于上市公司时，股东财富最大化就成为教科书所普遍接受的财务目标。

（4）企业价值最大化——对股东财富最大化的修正。

股东财富最大化将财务管理的目标定位于股东，却忽视了上市公司另外一个重要的资本提供者，即债权人。为兼顾股东和债权人两者的利益，企业价值最大化的目标得以提出。企业的价值，源于企业在未来存续过程中产生的现金净流入，用公式表示为 $P_a = \sum_{t=1}^{\infty} \dfrac{\text{NCF}_t}{(1+i)^t}$。基于股东财富公式的相同原理，企业价值最大化可以弥补会计利润最大化的缺陷，尤其是后三个缺陷，即时间价值、风险价值、短期化行为。

然而，同样基于股东财富公式的相同原理，由于企业价值公式的分子与分母不能准确计量，企业价值也存在度量方面的难题。解决企业价值的度量问题，比股东财富更加困难，因为现实中并不存在企业价值或公司总资产的二级市场，更不用说活跃、有效的二级市场。因此，我们必须通过更加迂回的方法，解决企业价值的度量问题。首先，按照会计方程式"资产＝负债+所有者权益"，企业价值可以表示为债权价值与股权价值之和，若能解决后两者的度量问题，企业价值的度量问题便迎刃而解。其次，股权价值只要假设股市有效即可解决，而债权价值的度量存在难度。虽然债权存在二级市场，但是除了公司债券市场可以假定有效外，有关银行借款和应付账款等债务在现实中的二级市场根本不活跃，我们不能"掩耳盗铃"式地假定其有效。最后，虽然债权无有效的二级市场，但是债权的价值相对于股权价值来说，其波动性极低，可以近似认为其不波动，若假定债券价值为常数，公司价值或说总资产价值就与股权价值完全正相关，其度量性问题则得以迂回解决。

由于企业价值最大化在克服会计利润最大化缺陷的同时，又具有可度量性，并且兼顾了股东和债权人双方的利益，因此教科书也广泛采用此种观点。但需要指出的是，按照上述逻辑，企业价值最大化和股东财富最大化实则是同一目标的不同表述，因此在分层次的财务活动中，会有不同的表述。比如，分配活动的目标表述为"确定最佳的股利政策，实现股东财富最大化"；而筹资活动的目标则表述为"确定最佳的资本结构，实现企业价值最大化"。

（5）相关者利益最大化——对企业价值最大化的修正。

股东财富最大化与企业价值最大化两个目标，都是基于资本至上主义，而没有考虑到企业其他利益相关者的诉求，因此相关者利益最大化的目标得以提出，并得到很多人的支持。笔者对此持保留意见。理论上，企业是各类利益相关者的契约的组合，兼顾各相关者的利益是符合道德标准的。但是，现实中存在两个致命缺陷：首先，该目标不具有可度量性，无法对执行者的行为提供明确的指导与评价；其次，该目标是道德的，并非理性的，各利益相关者存在着各种各样的冲突与矛盾，且难以调和，企业内很难出现"看不见的手"去引导每个利益相关者在追求自身利益最大化的同时实现企业整体福利最大化，而"囚徒困境"则成为相关者们寻求合作路径中的"幽灵"。因此，相关者利益最大化不能成为一个科学的财务目标。

3. 财务目标的最终结论

相关者利益最大化和经济利润最大化成为财务目标的最终选择，这是遵循财务管理目标自身特征而做出的理性选择，其基本逻辑关系可以通过图 1-1 表示。

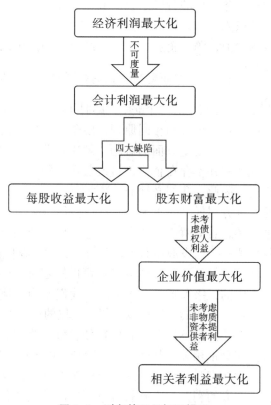

图 1-1　财务管理目标逻辑图

（二）财务活动

财务管理作为一种资金管理活动，形象地说就是筹集材料、做大"蛋糕"、分"蛋糕"的过程，因此财务活动的基本分类就是筹资、投资和分配，简称"三分法"。在理论和实务中，出于不同考虑，财务活动也可以有其他的分类。如鉴于流动资产的特殊性，将"流动资产管理"从总投资的管理中分离出来，"三分法"演化为"四分法"；"四分法"后，非流动资产主要包括两类，即固定资产和证券投资，因此可以最终将财务活动分为筹资、流动资产投资、固定资产投资、证券投资、分配五类，这就是"五分法"。

当然，个别教材也有将"三分法"浓缩为"二分法"的做法。看到这里，建议大家先思考几分钟：三大活动会剔除哪个？为什么？

答案是"分配活动"。因为分配活动的目标是选择最佳股利政策实现股东财富最大化。股利政策的核心是股利支付率。留存收益是会计学的称谓，在财务管理中称为"内部融资"，因此，企业选择了最佳内部融资比率的同时，其实也就选择了最佳的股利支付比率，那么分配活动可以被纳入广义的筹资活动之中，"三分法"变成了筹资与投资的"二分法"。

其实，财务活动如何分类并不重要，重要的是对分类规则的理解。

（三）财务关系

企业是各类利益相关者所签订的契约的组合。各利益相关者作为理财主体，在企业中必然形成各种各样的利益关系，这便是财务关系。企业的利益相关者主要包括股东、债权人、经营者、员工、顾客、供应商、社会行政事务组织等，其中股东、债权人和经营者是最为重要的三个利益相关者，下面将主要说明这三者相互之间的关系。

1. 股东与经营者的关系

股东作为上市公司的所有者，拥有终极所有权，通过将公司的经营权委托给董事会进而委托给管理层，公司最终拥有了法人财产权。在股东与经营者的关系处理中，经营者倾向于利用信息优势侵害股东利益，主要表现为投资过度（Jesen et al.，1976）、在职消费、企业不能成功清算。股东与经营者的利益冲突与协调的逻辑主要表现为以下两点。

首先，两权分离下，经营者能够时刻代表股东利益吗？答案是否定的，主要原因有二：一是两者目标不一致，二是股东不能时刻有效地监控经营者。

其次，如果经营者不能时刻代表股东利益，则会产生代理成本，那么需要进一步回答的问题是"能否消除代理成本"。理论上这是可以的，即回归到独资企业的古典模式，当然这与企业发展的历程相悖。那么从现实的角度出发，应该解决的问题是"如何降低代理成本"。降低代理成本的方法就是激励与约束，即"胡萝卜加大棒"。其中，常规的激励手段包括现金奖励、股票奖励等，而特殊的激励手段包括股票期权和"金色降落伞计划"等。约束即公司治理，包括内部治理与外部治理。其中，内部治理即董事会治理；外部治理包括法律、产品市场、资本市场（用脚投票与控制权市场）、债权人治理、税务治理等。

2. 股东之间的关系

股票分为普通股和优先股两类，上市公司股东间的关系自然包含了普通股股东与优先股股东的关系。此外，由于股权结构的差异，普通股股东分为大股东、中小股东和机构投资者，这里主要说明大股东与中小股东的关系。大股东通常利用股权优势控制董事会而拥有信息优势并借此侵犯中小股东的利益，实践中的主要表现是减少分红数量、关联方交易、侵吞公司资产等，在金字塔的公司集团模式中，这种利益的侵害更为明显。

3. 股东与债权人的关系

作为上市公司物质资本的提供者，股东和债权人本应拥有各自契约规定的权益，但是由于很多国家法律的规定，债权人无法进入董事会而处于信息劣势的地位，这为股东侵害债权人的利益提供了制度支持。其表现方式主要有资产替代（Jesen et al.，1976）与投资不足（Myers，1977）。股东这种作为在经济学中称为事后的"道德风险"，而债权人将通过"保护性条款"等方式事前保护自身利益，在矛盾无法调和的情况下可能会引发事前的"逆向选择"。

4. 小结

上述的三类关系，可以归结为委托代理关系或者内部人与外部人的关系。"委托代理"，是泛指任何一种涉及非对称信息的交易，交易中有信息优势的一方称为代理人，处于信息劣势的一方称为委托人。

三种委托代理关系中，需要明确哪种关系是最主要的关系或最主要的矛盾，而这取决于各国的国情和公司的股权结构。股权高度分散的上市公司不存在控股股东造成所有者权力弱化，从而引发"弱势的股东"与"强势的经营者"的现象，此时公司的主要矛盾是股东与经营者之间的矛盾；而股权相对集中的上市公司经营者的自利行为首先会侵犯控股股东的利益而引发职务不保，因此经营者会依附于控股股东并代表控股股东侵犯中小股东的利益，此时公司的主要矛盾是大股东与中小股东之间的矛盾。

另外，股东与债权人之间，其实不存在真正的委托代理关系，因为两者只会在公司破产清算时发生直接关系，即公司权力从"股东大会"向"债权人会议"转移。在公司日常经营过程中，两者矛盾的表现形式是经营者站在股东的立场上侵犯债权人的利益。

（四）财务方法

在财务工作中，为了科学组织各种复杂的财务活动、处理各种财务关系并最终实现财务管理目标，我们必须采取一系列科学的财务管理方法。完整的财务管理方法体系包括组织、预测、决策、计划、控制、核算、分析、监督、考核等。从财务学的角度看，财务组织、会计核算、财务监督、业绩考核分别是管理学、会计学、审计学和人力资源学的内容，因此财务学更关注预测、决策、计划、控制、分析五个方面的内容。

其中，财务预测是对企业计划期财务指标的测算，是在过去与现在的财务资料的基础上，对未来财务活动和财务指标的估计；财务决策是根据企业总体目标，确定各项具体财务奋斗目标，并在两个以上的财务方案中选定一个达到某项财务奋斗目标的合适方案的过程；财务计划规定计划期内的利润、收入、费用、资金占用、投资与投资规模，反映着企业与有关各方面的财务关系，是组织企业财务活动的纲领；财务控制是根据财务计划及相关规定，对实际财务活动进行对比检查，发现偏差、纠正偏差的过程；财务分析是对造成财务偏差的主观与客观因素进行揭示，并测定各影响因素对分析对象的影响程度，提出纠偏的对策的过程。

上述各种方法，从财务学的角度看是财务管理方法体系，而从预算的角度看就是"预算管理"或"广义预算"，其中计划可以认为是狭义的预算，预算是量化的计划或者说计划的量化过程。

二、财务管理、财务预算与全面预算

通过对财务管理基本内容的回顾，我们可以发现财务目标是财务学的研究逻辑起点，财务活动和财务关系是财务学的基本内容，财务方法是组织财务活动、处理财务关系、实现财务目标的手段。而财务管理方法体系实际上就是财务预算的方法体系，这样就可以从财务管理自然过渡到财务预算，财务预算是财务管理从理论向实践发展的产物。

在财务目标的选择过程中，其假设前提是有效的资本市场，而带来的结果是财务学的研究对象是上市公司。与财务管理不同，由于财务指标的差异，财务预算在不同类型的企业中存在巨大差异，本书主要选择"制造类企业"为研究对象，其目标是"利润最大化"。至于选择制造类企业的原因，在于该类企业中存在着完整意义上的收入中心、成本中心和费用中心，便于对预算编制、执行与控制进行说明。

至于财务预算与全面预算，财务预算是指在财务预测、财务决策的基础上，围绕企业战略规划与经营目标，对一定时期内的资金取得与投放、各项收入和支出、企业经营成果及其分配等资金运动所做的具体安排；全面预算是指利用财务预算对企业各类财务与非财务资源进行分配、考核、控制，以便有效地组织和协调企业的各种经济活动，完成既定的经营目标。可以说财务预算是全面预算的重要组成部分和最终工作成果。本书从财务的视角，以管理学为基础，主要阐述财务预算的理论与实践问题。

第二节　预算发展史

一、政府预算的产生与发展

最早的预算是从政府预算开始萌发进而发展的。人类从奴隶制社会开始出现了国家的概念，国家与政府的有效运行需要财政收入与支出，由此产生了对财政收支合理规划的需求，政府预算也就应运而生。

现代意义的政府预算产生于 13 世纪英格兰金雀花王朝统治时期。连年的战争、高额的税负，引发了英格兰国王与贵族的内部战争。1215 年，约翰王与贵族签订了著名的《大宪章》，并规定国王未经议会批准不能任意征税。此后英格兰议会规定政府的各项财政支出必须事先做出计划，并经议会审查通过方可执行。从 1640 年英国三级议会失败开始，英国经历了内战、查理一世的死刑、克伦威尔的专政、查理二世的复辟，最终于 1688 年进行了"光荣革命"，地主阶级与资产阶级相互妥协，国王变成名义上的君主。1689 年的《权利法案》规定财政权力永远属于议会，王国、皇室的开支都有明确的数额规定并不得随意使用，国家机关和政府官吏在处理财政收支时，必须遵守相关的法律与规章。至此，现代政府预算最终形成。

在我国，清光绪三十四年即 1908 年颁布了《清理财政章程》，宣统二年即 1910 年起，清王朝的清理财政局主持编制预算工作，这是我国数千年封建史上第一次正式编制政府预算。

总之，这种具有一定法律形式和制度保证的国家财政分配关系，就是政府预算，其具体表现形式就是财政收支计划。

二、企业预算的发展过程

（一）国外企业预算的发展史

企业规模的扩大是预算产生的前提，现代意义的企业预算产生于 19 世纪末，在百余年的发展过程中，经历了引入期、发展期和成熟期三个阶段。

1. 引入期（19 世纪 90 年代—20 世纪 20 年代）

最早将预算管理应用于企业管理的是美国。19 世纪 90 年代至 20 世纪 20 年代，美国经历了两次并购浪潮从而使企业规模迅速扩张。1890 年，美国通过《谢尔曼法》，禁止企业间的联合定价即卡特尔行为，但并不禁止同行业的横向兼并，由此出现了联合钢铁、美国烟草、标准石油等巨型垄断企业。1914 年，《克莱顿法》的出台逐渐平息了第一次并购浪潮。第一次世界大战后，美国工商业得到迅猛发展，加之股市的繁荣为美国公司提供了巨额资金，以纵向兼并为代表的第二次并购浪潮开始，但其因 1929 年的金融危机戛然而止。两次并购浪潮促成集团公司的大量涌现，企业规模扩大，管理的分权化成为必然。如何做到分权管理的同时又能有效控制企业，成为企业发展中的一个突出的问题，美国企业界、理论界开始了预算管理的探索。

企业界的代表是杜邦公司与通用汽车公司。

杜邦公司成立于 1802 年，专门从事炸药生产并由家族控制，拥有遍布美国各地的采购、生产、销售纵向一体化网络，分厂超过 40 家。1899 年，管理者尤金·杜邦去世，由于缺乏强有力的接班人，杜邦公司传统的经营管理秩序几近崩溃。1902 年，三名杜邦家族兄弟以 2 000 万美元的天价接手了杜邦公司，并首创事业部管理体制，利用经营预算、现金预算和资本预算等手段有效地将财权和监督权集中起来，成为纵向一体化集团公司预算管理的典范。

通用汽车公司成立于 1908 年，创始人威廉·杜兰特尤其擅长企业并购，在公司创立后两年就通过换股等方法兼并了凯迪拉克、别克、庞蒂克、悍马、奥兹莫比尔等 20 多家知名的汽车制造企业，据说其曾经因为 300 万美元的资金缺口而丧失了收购福特公司的机会。由于杜兰特缺乏对下属公司业务的有效协调，公司陷入财务危机，最终被摩根银行接管，杜兰特也被挤出公司。次年杜兰特与路易斯·雪佛兰共同组建雪佛兰汽车公司，并于 1916 年重新夺回通用汽车的控制权。但基于同样的原因，公司再次陷入财务危机，杜兰特于 1920 年永远离开了公司。1923 年，斯隆入主通用汽车公司，针对公司产品多样化的特点，建立了多分部的组织结构，通过"分散权责、集中控制"的预算管理方法，使通用汽车摆脱了财务危机并成为横向一体化集团公司预算管理的典范。

1911 年，"科学管理之父"泰勒创立"科学管理"学说，其首创的标准成本（standard cost）、预算控制（budget control）、差异分析（variance analysis）等方法成为其后预算管理中的常用方法。1922 年，美国成本会计师协会展开了"预算的编制与使用"专题研究，并掀起了预算管理理论研究的浪潮。同年，"美国管理会计创始人"麦金西出版《预算控制论》一书，该书首次将预算管理的理论与方法从控制论的角度进行了系统阐释。

1921 年美国国会颁布了《预算与会计法案》，首次从立法角度确立了国家预算制度，同时使预算管理的职能为大众所了解，引起了工商企业纷纷效仿，使预算管理成为企业管理的重要工具。

在上述 30 年的引入期内，美国从立法、理论、实务、研究协会等层面开展了企业预算的研究与探索，建立了自上而下的预算编制与管理模式，预算管理在当时主要资本主义国家的大型企业中得到普及。

2. 发展期（20 世纪 40 年代—20 世纪 70 年代）

第二次世界大战后，由于竞争的加剧，企业利润普遍下降，企业内部管理对科学化和灵活适应能力有了进一步的要求。现代科学技术的迅猛发展、跨国公司的大量涌现，加之西方社会对 1929 年金融危机的深入反思，都推动着企业管理当局开始重视预测与决策工作。弹性预算法、变动成本法、差额分析法、盈亏平衡点分析法、现金流量分析法等大量先进的管理理论与方法得到运用。各种新兴的管理学派也纷纷出现，在这些管理思想和管理学派的影响下，预算管理的理论与实践得到快速发展。

发展期代表性的理论有四种：

（1）20 世纪 40 年代，行为科学管理学派应用社会学和心理学的原理和方法，研究了如何调整人与人之间的关系，引导并激励人们在生产经营活动中的主观能动性。预算管理吸收该学派的思想，提出自上而下、自下而上相结合的"两上两下"的预算编制程序，形成了参与型的预算管理模式，使得企业各个层次的管理者和关键岗位的员工参与预算的编制过程。

（2）20 世纪 50 年代，数理管理学派将数理经济学和运筹学的方法引入管理学研究，预算管理吸收该学派思想，建立了数学模型以描述复杂的经济现象，并通过计算机的验算，促进了预算管理在预测、决策、编制、执行、控制等方面的定量化与科学化。

（3）20世纪60年代，系统管理学派将系统论原理引入管理学研究，认为企业是一个有一定目的、由相互联系的各个部分所组成的有机整体，企业管理应当处理好整体与局部、集体与个人、长期与短期的关系，该理论促成了全过程预算管理体系的构建。

（4）20世纪70年代，灵活管理学派促成了"零基预算"（zero-based budgeting）理论的形成。德州仪器公司首次将零基预算的方法应用于企业费用预算的编制。由于石油危机引发的经济滞胀，美国政府开支捉襟见肘，时任佐治亚州州长的卡特将零基预算方法引入州预算，并于1979年入主白宫后将该方法引入美国联邦预算。

在上述几十年的发展期内，预算管理在理论层面得到完善，并在实践中得到发展，最终成为当时西方发达国家企业管理的重要工具之一。

3. 成熟期（20世纪80年代至今）

20世纪80年代，人类进入信息时代，预算管理的信息化标志着企业预算进入成熟期。

1990年，美国加特纳咨询公司（Gartner Group）首次提出了企业资源计划（enterprise resource planning，ERP）。ERP是建立在信息技术基础上，以系统化的管理思想，为企业决策层及员工提供决策运行手段的管理平台。ERP系统支持离散型、流程型等混合制造环境，应用范围从制造业扩展到了零售业、服务业、银行业、电信业、政府机关和学校等事业部门，通过融合数据库技术、图形用户界面、第四代查询语言、客户服务器结构、计算机辅助开发工具、可移植的开放系统等对企业资源进行了有效的集成。

预算管理是ERP系统中财务管理模块的一个子模块。经过多年的研发，国外出现了Oracle（Hyperion）和SAP（BO）两大巨头企业，国内的用友、金蝶、浪潮等知名的ERP厂商也开发了全面预算的软件。当然这些软件的使用花费巨大，并不是中小企业能够承受的，而最为基本的信息化工具，即Excel软件，可以应对中小企业的需要，本书也将使用Excel作为案例讲解的工具。

（二）国内企业预算的发展史

我国的企业预算发轫于19世纪60年代的洋务运动时期，在"中学为体、西学为用"思想的指导下，一些近代企业得以建立并引入预算思想的雏形。中华人民共和国成立前，由于民族工商业的缓慢发展，预算管理的实践也处于停滞的阶段。

中华人民共和国成立后近30年的计划经济时代，我国国有企业建立了计划管理模式。"一五"期间，为加强企业管理，国家推行了企业经济核算制度，企业内部开展了班组经济核算；"二五"期间实行了流动资金统一计划、分口管理。当然对于这一阶段的管理是否属于预算管理，理论界存在着一定的争议，本书将在第二章对该问题进行说明。

20世纪80年代是计划经济向市场经济过渡的时期。1984年，全国第二次企业管理现代化座谈会在总结各地经验的基础上，重点推荐了经济责任制、全面计划管理、全面质量管理、全面经济核算、统筹法（网络技术）、优选法（正交试验法）、系统工程、价值工程、市场预测、滚动计划、决策技术、ABC管理法、全员设备管理、线性规划、成组技术、看板管理、本量利分析和微型电子计算机这18种现代管理办法，并在企业中进行了推广与运用。

1992年党的十四大的召开标志着我国进入社会主义市场经济时代。1993年党的十四届三中全会提出了"产权明晰、权责明确、政企分开、管理科学"的现代企业制度的概念。1994年，中国新兴铸管联合公司率先推行了全面预算管理。客观地说，20世纪90年代我国国有企业正经历着中华人民共和国成立后最为困难的阶段，预算管理并未得到很好的实行。

1998年，随着国有资产管理局的撤销，我国国有资产管理体制进入"五龙治水"的阶段。1999年8月，国家经贸委在《国有大中型企业建立现代企业制度和加强管理的基本规范（试行）》中规定"建立全面预算管理制度"；2001年4月，财政部在《企业国有资本与财务管理暂行办法》中规定"企业对年度内的资本运营与各项财务活动，应当实行财务预算管理制度"；2002年4月，财政部在《关于企业实行财务预算管理的指导意见》中进一步提出企业应实行包括财务预算在内的全面预算管理。这些行政规章的颁布，标志着预算管理的理念得到各界的认同，并开始进入规范和实施阶段。

2003年国务院国有资产监督管理委员会成立，2008年3月国务院发布《关于试行国有资本经营预算的意见》，2008年10月第十一届全国人大常务委员会通过《中华人民共和国企业国有资产法》，这是新一轮国有资产管理体制改革的产物。国有资本经营预算，是国家以所有者身份对国有资本实行存量调整和增量分配而发生的各项收支预算，是政府预算的重要组成部分。《中华人民共和国预算法实施条例》规定，各级政府预算按照复式预算编制，分为政府公共预算、国有资产（本）经营预算、社会保障预算和其他预算。根据政府预算统一、完整的原则，国有资本经营预算的编制、审批与执行不应脱离国家财政预算部门。作为政府复式预算的重要组成部分，国有资本经营预算的编制主体仍应为国家财政部门，并纳入各级政府财政预算管理，同财政公共预算一并报请本级人民代表大会批准后执行。

21世纪以来，我国国有企业成功渡过了改革的阵痛期，跻身世界500强的企业逐年增加。随着经济的迅速崛起，我国企业管理水平实现了飞跃，预算管理也在各行业的大中型企业中得到了推广。

第三节　预算的内涵与外延

一、预算的内涵

预算，通俗地说就是对未来活动的计划与安排。在各种政府文件、研究文献、教科书和企业内部规章制度中，它有不同的称谓，如企业预算、全面预算、财务预算等。

企业预算，即全面预算，是利用财务预算对企业各类财务与非财务资源进行分配、考核、控制，以便有效地组织和协调企业的各种经济活动，完成既定的经营目标。

财务预算是指在财务预测、财务决策的基础上，围绕企业战略规划与经营目标，对一定时期内的资金取得与投放、各项收入和支出、企业经营成果及其分配等资金运动所做的具体安排。

通过概念比较可以看出，财务预算是全面预算的组成部分，主要关注价值管理，即未来资金活动的计划与安排。本书是为财务管理和会计专业学生学习而编写的教材，主要关注财务预算的研究。

二、预算的外延

预算种类繁多，可以从不同角度、按照不同的标准将其划分为若干类型。本书主要从预算的内容和预算编制的方法两个角度分别对其加以说明。

1. 根据内容不同，预算可以分为经营预算、专门预算和财务预算

该分类方法也是本书章节划分的依据之一。

（1）经营预算，亦称业务预算，是指与企业日常经营活动直接相关的经营业务的各种预算。按照其涉及的业务内容，经营预算可以进一步细分为销售预算、生产预算、存货预算和期间费用预算四类。

①销售预算是对预算期内预算执行部门销售各种产品或劳务可能实现的销售量和销售单价的预算。

②生产预算是对预算期内所要达到的生产规模和产品结构的预算，主要指产量的预算。

③存货预算是对预算期内各类存货数量与单价的预算，由于存货种类众多，结合预算管理要求，可以分为采购环节、生产环节和销售环节三类预算。

其中，采购环节的存货包括外购商品、外购原材料、低值易耗品和包装物等；生产环节的存货包括直接材料、直接人工、制造费用三种，直接材料是生产产品所需的各种直接材料，直接人工是生产产品所需的直接人工和福利费，制造费用是为生产多种产品共同耗用的间接费用；销售环节的存货指验收入库后、对外销售前的

产成品。

　　需要说明的是，在制造类企业中还存在辅助生产成本的核算，主要是针对预算期内辅助生产车间发生的各种费用的预算，其最终会转化为直接材料或制造费用。

　　④期间费用预算是指企业在预算期内组织生产经营活动所必需的管理费用、销售费用（营业费用）和财务费用的预算。

　　（2）专门预算是指企业不经常发生的、一次性的重要决策预算，主要包括长期投资预算和筹资预算两类。

　　①长期投资预算亦称资本预算，是对预算期内各种资本性投资活动的预算，主要包括固定资产投资预算、权益性投资预算、债券投资预算、研发预算。

　　②筹资预算是对预算期内企业各种融资方式，如长短期借款、发行债券、发行股票、利润分配、还本付息的预算，可以细分为经营筹资预算和项目筹资预算，两者分别是对短期融资和长期融资的预算。

　　（3）财务预算是指企业在预算期内反映有关财务状况、经营成果和现金收支的预算，主要包括资产负债表预算、利润表预算和现金预算。财务预算是在经营预算和专门预算的基础上从价值的角度对企业预算期业务的总括反映。也就是说，业务预算和专门预算中的资料都将以货币金额反映在财务预算之中，从而使财务预算成为各项业务预算和专门预算的整体反映，所以财务预算亦称"总预算"，而其他预算可以相应地认为是辅助预算或分预算。

　　2. 按业务量的基础不同，预算分为固定预算和弹性预算

　　（1）固定预算，亦称静态预算，是指编制预算时，只将预算期内正常、可实现的某一固定业务量（如销售量、产量）水平作为唯一基础编制的预算。固定预算方法由于存在适应性差、可比性差的缺陷，一般仅适用于经营业务稳定、产品产销量稳定，能够相对准确预测产品需求与成本的企业。

　　（2）弹性预算，亦称动态预算，是在成本性态分析的基础上，依据业务量、成本、利润间的联动关系，按照预算期内可能的一系列业务量（如产量、销量、生产工时、机器工时等）水平编制的一系列预算。理论上，该方法适用于企业预算中所有与业务量相关的预算，但实务中其主要用于编制成本预算和利润预算。

　　3. 按与基期水平的关系，预算分为增量预算和零基预算

　　（1）增量预算是以基期水平为基础，分析预算期内业务量水平及其他相关影响因素的变动情况，通过调整基期项目及数额而编制的预算。增量预算编制的有效性有两个前提，即现有业务活动是企业所必需的、原有业务是合理的。该方法主要适用于销售收入预算。

　　（2）零基预算是以零为基础编制的预算，预算编制时不考虑以往期间的项目和数额，而主要根据预算期内的需要和可能分析项目与数额的合理性，综合平衡编制预算。该方法主要适用于费用预算。

　　4. 按预算期的时间特征不同，预算分为定期预算和滚动预算

　　（1）定期预算是以固定不变的会计期间作为预算期间编制的预算。理论上，定

13

期预算有长期预算与短期预算之分，其中预算期在一年以上的预算称为长期预算，预算期在一年以内（含一年）的预算称为短期预算。实践中，是不存在长期预算的。定期预算可以保证预算期间与会计期间在时期上的配比，便于依据会计报告的数据与预算进行比较，评价与考核预算的执行情况。

（2）滚动预算在上期预算完成的基础上，调整和编制下期预算，并将预算期间逐期连续向后滚动推移，使预算期保持一定的时间跨度，在具体的预算编制过程中可分为逐月滚动、逐季滚动和混合滚动。理论上，滚动预算能够保持预算的连续性，有利于考虑未来业务活动，结合企业近期和长期目标，使预算随时间的推进不断调整和修订，从而充分发挥预算的指导和控制作用。

5. 按预算的主体不同，预算分为部门预算和总预算

（1）部门预算，就是以企业各职能部门或责任中心为主体编制的预算。

（2）总预算是反映企业总体情况的预算。

商业银行总行的预算属于总预算，而各分行、支行的预算属于部门预算。

三、战略规划

战略规划是企业对未来发展的具体安排，是在不断变化的内外环境中，为求得持续发展而做出的总体性规划，既是企业经营理念的理性反映，也是预算管理的前提。

制定企业的远期发展战略是确定企业核心价值的重要手段。每个企业要想在未来 10 年、20 年内继续有所作为，就必须有核心价值。从 1999 年起，我国大中型国有企业开始推行战略管理，党的十五届三中全会也明确指出要重视企业发展战略的研究，国家制订的"十五"计划也对战略管理和战略规划进行了充分研究。

企业战略规划与企业预算的关系及内容如图 1-2 所示。

四、预算管理模式与企业生命周期

预算管理模式是围绕预算目标、对象、方法、方式等形成的，具有一定特征的预算管理体系。不同企业的预算管理模式是有区别的，从不同角度对企业的预算管理模式进行的划分也是多样的，如从管理体制上可以将预算管理模式分为集中型、分散型和折中型模式。本书主要基于企业生命周期理论，研究不同阶段预算管理的重点。

（一）企业生命周期理论简介

企业生命周期是企业的发展与成长的动态轨迹，包括创立、成长、成熟、衰退四个阶段。企业生命周期理论的研究目的就在于试图为处于不同生命周期阶段的企业找到能够与其特点相适应，并能不断促使其发展延续的特定组织结构形式，使得企业可以从内部管理方面找到一个相对较优的模式来保持企业的发展能力，并在每个生命周期阶段内充分发挥特色优势，进而延长企业的生命周期，帮助企业实现自身的可持续发展。

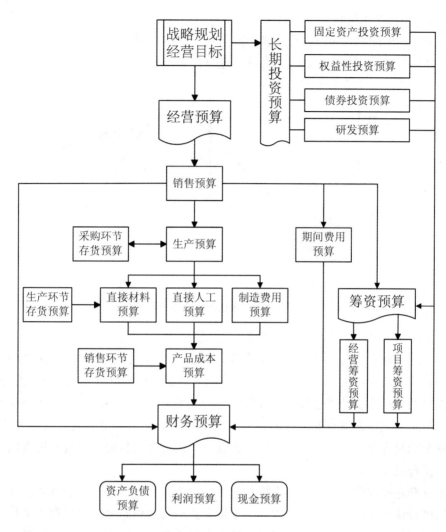

图 1-2　企业战略规划与企业预算的关系及内容

有两种主要的生命周期方法：一种是传统地、相对机械地看待市场发展的观点，可称之为产品生命周期或行业生命周期；一种是观察顾客需求如何随着时间演变而用不同的产品和技术来满足的观点，可称之为需求生命周期。

其中，行业生命周期是一种常用的方法，能够帮助企业根据行业是否处于成长、成熟、衰退或其他状态来制定适当的战略。这种方法假定企业在生命周期（发展、成长、成熟、衰退）每一阶段中的竞争状况是不同的。

对需求生命周期更有建设性的应用是需求生命周期理论。这个理论假定顾客（个人、私有或国有企业）有某种特定的需求（娱乐、教育、运输、社交、交流信息等）希望得到满足，在不同的时候会有不同的产品来满足这些需求。

（二）不同发展阶段的预算管理模式

在企业不同的发展阶段，企业管理的重点、目标、战略、方法有重大差异，而作为管理结果的销售收入和利润也有重大差异，如图1-3所示。企业预算管理的重点在不同发展阶段也有重大差异。

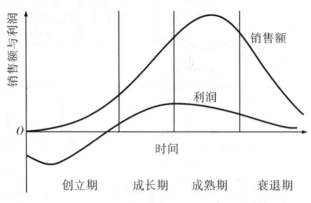

图1-3　企业不同发展阶段的收入与利润分析

1. 创立期的预算管理模式

创立期亦称初创期、引入期或培育期，创立期企业的生产经营活动刚刚开展，市场占有率低，营业收入很少，投入大于产出，利润一般为负值，属于苦熬的时期。企业主要的经营活动是通过资本投入形成生产能力与规模。该时期，企业面临巨大的经营风险，主要表现在两个方面：一是大量的资本支出引发的大量的现金流出，使得现金流量为负数；二是资本支出的成败及未来现金流量的大小具有很大的不确定性，投资风险巨大。

创立期企业预算以资本预算为核心，主要对企业总支出进行全面规划，并从机制与制度设计上确定资本预算的程序与预算方式。具体思路是，对拟投资项目的总支出进行规划，确定投资项目的预算；加强对投资项目的可行性分析与决策，规划未来预期现金流量，确定投资项目的预算；结合企业具体情况进行筹资预算，以保证已经上马的项目资本支出的要求。

总之，创立期企业预算管理的引导策略，不是利润最大，也不是成本控制，而是资金风险的控制。

2. 成长期的预算管理模式

企业进入成长期，利润开始由负转正并快速增长，同时销售收入以更快的速度增长。成长期主要分为两个阶段：在成长前期，产品开始为顾客所接受，战略重点为市场营销，抢占市场、提高市场占有率是企业发展的第一要务；在成长后期，企业产品定价高，赚钱较容易，这是企业家最有成就感的时期。

在这两个阶段，企业的预算重点均在营销上，一切资源支持营销，销售目标成为预算的主要考核目标。预算管理的主要内容有三：一是以市场为依托，编制积极的销售预算；二是以"以销定产"为原则，编制与销售预算相衔接的采购、生产、成本、费用预算；三是以销售预算为中心，编制现金预算、资产负债表预算和利润表预算。

此阶段盈利水平高，很少有人关心成本控制。预算管理切忌随意削减成本，否则可能引发销售力度的下降。即便有成本不合理的情况，也应该暂时放弃控制，在鱼与熊掌中选择熊掌。

3. 成熟期的预算管理模式

当企业进入成熟期，市场占有状况已成格局，这也是市场经济的规律，即当某个领域出现超额利润，大量资本便涌入该领域并使得超额利润下降甚至丧失时，企业若强行扩大市场份额，其投入与产出将不成比例。企业内部可能出现人浮于事、实干少、务虚多的现象。此时，企业的预算管理重点有两个：一是转型，二是控制成本。

有远见的企业家，应该在成熟期的预算管理中重点强调转型，包括观念的转型、产品的转型、运营的转型等，同时引导企业的现金流出方向，避免出现"报复性消费"。

当然，转型说起来容易做起来难，当无法找到合理的转型方向时，很多企业在利润和收入增长放缓的局面下，通常选择成本控制。这是一种由外部获利向内部获利的转型，通过压低成本和费用取得新的获利点，企业将进入一种"上也上不去，下也下不来"的平台期。该时期企业预算管理应以成本作为考核的主导指标，以收入和利润为辅助指标，但切忌成本的过度转嫁。

4. 衰退期的预算管理模式

在成熟期转型不成功而进入平台期后，企业犹如走钢丝，一旦失去平衡将迅速步入衰退期，此时企业的特点是：企业持续亏损、市场空间萎缩、企业上下惜钱如命，企业资本虽多但负债率攀升，而且存在大量的应收账款和存货。

衰退期的企业，或许会想到转型的重要性，但是在成熟期不转型而在衰退期转型，基本上难于上青天，企业不再有团结的氛围、资金匮乏、前途无望。因此，此时企业预算管理的重点应该是现金管理，包括现金的尽快回笼、应收账款和存货的压缩。

5. 小结

在企业生命周期的不同阶段，企业预算管理的重点不同，但总体而言，预算目标或预算管理的模式，还是以利润的最大化为重点。我们可以通过表1-1对其进行一个总结。

表 1-1 企业生命周期与企业预算管理

企业发展阶段	关键预算指标	辅助预算指标
创立期	净现值	现金收支大体平衡
成长期	销售收入	利润和现金回收
成熟期	成本、费用	收入与利润
衰退期	现金流	利润
整个生命周期	利润	现金流

第二章
预算管理的基本理念与认识误区

企业预算管理是一项综合性的工程，它既是一项严肃的管理制度，又是一种技术性很强的管理方法，同时也是企业运行的动力机制和责权利安排。因此推行预算管理必然牵涉企业的各个方面，需要企业为预算管理提供良好的运行平台、夯实基础、建立预算管理的保障体系，而这一切都需要构建预算管理的基本理念，并避免误解。

第一节　预算管理的基本理念

一、理念与基本理念的含义

《现代汉语词典》（第7版）对"理念"一词的解释有两条，一是"信念"，二是"思想，观念"。因此，理念与观念关联，上升到理性高度的观念叫"理念"。

人类以自己的语言形式来诠释现象——事与物时，所归纳或总结的思想、观念、概念与法则，称之为"理念"，如人生理念、哲学理念、学习理念、时空认知理念、成功理念、办学理念、推销理念、投资理念或教育理念，等等。具体的表达方式因人而异，如"忠臣不事二主"与"良禽择木而栖"，如"唯才是举"与"德才兼备"，等等。

当某种理念被多数人接受和认同时，这种理念就上升为人们的共同理念，即"基本理念"。从财务角度而言，基本理念包括货币时间价值理念、风险与收益相匹配理念；从会计角度而言，基本理念类似于四大基本假设，即会计主体、持续经营、会计分期和货币计量。有了基本理念，人们就不必为以前基本的常识与惯例而争论不休了。

二、预算管理的基本理念

如果人们对预算管理没有一个基本的、共同的认识，每个人都依照自己的理解来进行预算，那么结果无外乎两个：要么预算管理变了味，不是真正意义上的预算管理；要么为预算管理该不该做而争论、为谁负责预算管理而争论、为谁编制预算而争论，争论不休往往会使预算工作难以为继。预算管理制度在西方发达国家的适用度约为98%，所有跨国公司均采用该制度，更重要的是21世纪以来，我国越来越多的企业也开始实行预算管理制度并取得成功。因此，预算管理是企业的动力机制，企业离不开预算，这是预算管理的第一个基本理念。

既然企业需要预算管理，那么如何推行？让企业所有人投票吗？这种"民主"能够解决预算管理的问题吗？答案当然是否定的。预算需要自上而下地推行，而不是自下而上地产生。总之，预算是"一把手工程"，这是预算的第二个基本理念。

企业预算作为对未来经济活动的一种全面规划，涉及企业的方方面面。企业要有所建树就必须做事情，但做任何事情都要花钱，那么是先目标还是先资源呢？企业预算源于政府预算，而政府预算中的一个重大难题就是对做事效果的准确度量。相对于政府预算，企业预算能够对做事效果进行很好的度量，即用"收入"来度量，那么矛盾就出现在是先考虑做事效果还是做事条件，即在目标与资源的选择上，"先目标后资源"要达成共识，否则会出现后文将要谈及的"韦尔奇死结"。因此，"价值创造第一、资源消耗第二"是企业预算管理的第三个基本理念。

第二节　预算管理的认识误区

预算管理是一个容易理解的名词，但是现实中越容易理解，就越容易让人望文生义、口口相传，并从中加入较多个人理解甚至完全谬误的内容。预算管理中的认识误区很多，一一列举也难免挂一漏万，在此处仅针对人们普遍存在的认识误区进行解释。

一、预算是全员参与吗？

自从预算一词前被加上"全面"这个定语，很多人认为既然是全面管理，那么预算便是"什么都管，什么人都参与管理"。但是，全面预算果真如此吗？

全面预算管理的核心在于"全面"二字，它具有全额、全程、全员的特点。"全额"是指预算金额的总体性，不仅包括财务预算，还包括业务预算、筹资预算和资本预算；不仅关注日常经营活动，还关注投资和资本运营活动。"全程"是指预算管理流程的全程化，即不能仅停留在预算指标的下达、预算的编制和汇总上，更重要的是要通过预算的执行和监控、预算的分析和调整、预算的考核与评价，真正发挥预算管理的权威性和对经营活动的指导作用。"全员"是指预算过程涉及全员，包括两层含义：一层是指"预算目标"的层层分解，人人肩上有责任，每一个参与者都要建立"成本""效益"意识；另一层是指企业资源在各部门间的协调和科学配置的过程。

全面预算管理中的"全面"，不是全员参与、全员动员的群众运动，而是企业遇到的所有问题都在预算中寻求解决方案。也就是企业利用预算对内部各部门、各单位的各种财务及非财务资源进行分配、考核、控制，以便有效地组织和协调企业的生产经营活动，完成既定的经营目标。

二、预算就是财务部门的事情吗？

全面预算是在财务收支预算基础上的延伸和发展，以至于很多人都认为预算是财务行为，应由财务部门负责预算的制定和控制，甚至把预算理解为是财务部门控制资金支出的计划和措施。

随着管理的计划性加强，全面预算逐渐受到管理层的重视，全面预算是集业务预算、投资预算、资金预算、利润预算、工资性支出预算以及管理费用预算等于一体的综合性预算体系，预算内容涉及业务、资金、财务、信息、人力资源、管理等众多方面。尽管各种预算最终可以表现为财务预算，但预算的基础是各种业务、投资、资金、人力资源以及管理，这些内容并非财务部门能确定和左右的。财务部门在预算编制中的作用主要是从财务角度为各部门、各业务预算提供关于预算编制的原则和方法，并对各种预算进行汇总和分析，而非代替具体的部门去编制预算。

首先，预算管理是一种全面管理行为，必须由公司最高管理层进行组织和指挥；其次，预算的执行主体是具体部门，业务、投资、筹资、管理等内容只能由具体部门提出草案。所以，全面预算并不是仅可由财务部门独立完成的。在实务中，认为预算是一种纯财务行为的看法是无法使预算管理得到有效实施的，必须明确企业的董事会、财务部门、业务部门、人力资源管理部门在全面预算中各自的角色和应履行的具体职责。不过也得注意将预算指标独立于会计核算系统之外的倾向。如企业在安排部门费用预算时，不应仅考虑付现费用的预算，而应从财务会计角度将付现费用和非付现费用一并考虑；在安排收入预算时，不应仅考虑新增供货合同的情况，而应从会计对收入确认的原则和方法角度，充分考虑原有合同在预算期间的执行以及新增合同在预算期间的实现情况，等等。

总之，虽然预算一般最后会体现为财务指标，但是财务部门也是预算的一个执行部门。全面预算管理作为管理层和业务执行层之间的战略沟通工具，由财务部门来主导必然会影响其作用。当然，财务部门在预算的某些方面具有很重要的作用，例如资金以及提供分析数据方面。

三、预算能否批准主要取决于管理层对预算结果的满意度吗？

预算草案上报后，预算的审批就成为关键。预算审批是企业实施预算管理的核心内容，大多数人认为这是一个讨价还价的争论过程。实务中，大多数企业的管理层在审批预算草案时，多以预算结果满意度作为是否批准该预算的主要依据，只要预算结果在管理层可接受的满意程度之内，预算就会被批准。这实际上是形式主义在预算管理中的表现，不符合预算管理的本质要求，满意度的高低无法衡量，带有很大的主观成分，也容易产生腐败。

为了使预算能真正起到细化战略管理的作用，预算的审批应注重预算草案的编制假设或编制依据是否与企业发展战略一致，预算编制的内容是否完整，预算指标的计算方法或确定原则是否与企业预算制度规定的原则和方法吻合。也就是说，预算审批应注重预算编制内容、编制过程和方法的合理性，而不能只注重预算结果。因此，在审批预算时，企业管理层应成立专门的预算管理委员会，由与预算内容有关的部门的专业人员分别从各自的专业角度提出问题，并由预算编制单位进行答辩，最终由预算管理委员会综合考虑，决定是否批准预算草案。

四、预算与预测一样吗？

预算不等于预测。预测是基础，预算是根据预测结果提出的对策性方案。可以说，预算是针对预测结果采用的一种预先的风险补救及防御系统。预测是预算的前提，没有预测就没有预算。有效的预算是企业防范风险的重要措施。

预测是指根据经济活动的历史资料，考虑现实的要求和条件，对企业未来的经营活动和经营成果做出科学预计和测算。从财务预测角度出发，它所涉及的内容包含投资预测、销售收入预测、成本预测、利润预测和筹资预测几个方面。而预算是一系列专门反映企业未来一定预算期内预计经营状况和经营成果，以及现金收支等价值指标的各种预算的总称，从财务预算角度考虑，具体包括现金预算、预计利润表、预计资产负债表和预计现金流量表等内容。

简言之，预测是一个比较大的概念，通常是针对未来某一段时间，进行一个大致的估计，如国民经济增长率预测为 8%；预算则需要有完整的过程，需要根据一定的依据、资料、方法来进行细致计算、推论，得出相对细致准确的计划。

五、预算是精确的吗？

预算是企业对未来（一般指下年度）行为的一种计划安排，在预算确定中体现为一系列的具体指标，这些指标尽管考虑了不确定因素对未来的影响，并进行了合理的估计，但实际执行结果与预计指标仍存在差异，甚至差异很大。管理层总是希望预计值与实际执行结果尽可能接近，最好是能吻合，能够不偏不倚地落实既定方针。但执行的结果往往是，要么远远超过预算指标，要么大大低于预算指标，很少有企业能够使预算指标同实际执行结果接近或吻合。这种现象主要产生于两种情况：①实行超计划奖励的企业，为了能较多地完成预计任务，往往编报较低的预算草案并给预算审批留下足够的"加码"空间，使预算能够轻松地完成；②在实行以经营目标作为任免主要经营者依据的企业中，预算单位的经营者为了获得经营资格，往往编报的预算很高并提出达到预算目标的理想措施，以取得预算审批部门的高度信任，当预算无法完成时，预算编报单位又会以各种客观理由为借口为自己开脱。

如何使预算指标真正起到目标导向作用，并减少乃至取消讨价还价行为，是管理层非常棘手的问题。事实上，预算指标究竟定在什么位置，预算编报单位应该心中有数，但由于信息不对称，管理层往往无法合理确定比较可行的方案，于是讨价还价在所难免，因此，要求预算单位短时间将预算确定得很准确也不现实，需要一个渐进的过程。

国外学者为解决预算失真问题而提出的激励引导模型值得我们借鉴。激励引导模型的基本思路是通过优化对预算编制单位的报酬制度，引导出正确的预算信息，该模型称为 The New Soviet Incentive Model。根据该模型，管理者的收入分为三部分：①基本报酬 $B0$（与业绩无关的报酬）。②基本奖励 βYh（Yh 表示预算编制单位上报的预算值，β 表示依预算上报值确定的基本奖励系数）。③附加奖励或惩罚 α（$Y-Yh$）或 γ（$Yh-Y$）（Y 表示实际业绩，α 表示实际业绩高于预算业绩时依超额部分确定的加奖系数，γ 表示实际业绩低于预算业绩时依未完成部分确定的扣奖系数，而且三个系数存在 $0<\alpha<\beta<\gamma$ 的关系）。按照该报酬激励引导模型，假设预算编报单位认定其经过努力可以达到的最好业绩为 Yh，则该单位只是在预算制定中报出 Yh 的业绩，才可使其收入最大化，报出的业绩无论高于或低于 Yh 都会减少其收入。当企业采用了此原理实施预算管理后，预算准确度会随着一个个预算周期的增加而提高，但也不可能做到精确。

六、预算是企业的一种束缚吗？

预算不是精确的，也可能是不准确的。预算一旦不准确，是否存在这样一种可能——它不仅未起到激励作用，反而会使执行者放弃目标？

管理者可能以预算不精确甚至不准确为理由来否认预算管理。其逻辑是预算管理将企业未来的经营活动装进了一个预先设定的框架里，这将限制企业的灵活性、束缚企业的手脚。企业面对的是市场而不应该是预算，企业最终接受的是市场的选择而不是企业的选择。

上述说法似乎有一定的道理，而且在现实中，预算管理也会出现一些弊端。比如，企业年度预算销售额为 10 亿元，到 10 月编制下年度预算时，前三季度的销售额有可能有两种极端情况，一是仅完成 4 亿元，二是已经完成 9.9 亿元。第一种情况下，销售部门必然选择"摔破罐"的方法，要么接受完不成任务的现实，要么选择将大量的销售和利润转作留存。第二种情况下，会出现"棘轮效应"倾向，如果本年继续苦干，虽然今年能拿到数量可观的奖金，但是会给明年造成一个更大的预算基数，销售部门明智的选择应该是停止努力，人为地将销售和利润转移到下一年。可以看出，无论能否完成，销售部门的行为都是类似的，即停止本年的努力，人为延迟收入和利润。如此作为，对企业和股东都是有害的。对企业而言，这两种做法人为地降低了企业的市场份额和竞争能力，缓解了竞争对手的压力；对股东而言，这两种做法人为地延迟了利润和现金流的时间，降低了企业价值。

上述问题能否成为否定预算的理由，或者预算管理中能否避免上述类似问题的发生？答案是肯定的。预算当然可以解决"棘轮效应"和"摔破罐"的行为，实际操作也不烦琐，即通过多制定几个预算目标来解决。

预算目标应该有上、中、下之分。下等目标可称为"保守型"目标，是一个保底的目标，如果这一目标都实现不了，责任人应承担相应后果。当然如果企业所有人都按照"保守型"目标执行预算，那么这个企业也无发展前景可言，企业要进步必须有中等目标。

中等目标可称为"进取型"目标，就是说执行者要付出一定的辛劳才能达到的目标。进取型目标的制定可以参考"二八"定律。二八定律亦称二八法则、帕累托法则等，在很多学科有不同的解释。从管理学和心理学的角度来看，当一件事情有80%成功的可能性时，大多数人都会去做；当可能性低于80%时，就逐渐有人放弃；当可能性低于70%时，大部分人将选择放弃。因此，制定"进取型"目标的关键是找到"80%"的节点，保证目标对大多数人的激励作用。

如果所有人员都按照"二八"定律行事，企业会有较快的发展，但也很难成为微软、苹果公司那样辉煌的企业。"进取型"目标可能会扼杀组织内创造奇迹的可能性，因此企业有必要制定一个上等目标。上等目标可以称为"挑战型"目标，与"进取型"目标相反，成功的可能性只有20%，但高难度也可能带来高收益。

企业可以根据自身情况制定不同等级的目标，不一定仅分为三等，可以适当增加一些，当然也并非多多益善。

七、财务制度和预算是一回事吗？

财务制度是由各级政府财政部门制定的、企业组织财务活动和处理财务关系的行为规范，以及企业根据财政部门制定的财务制度而制定的企业内部财务制度。前者称为国家统一财务制度，后者称为企业内部财务制度。

企业内部财务制度一般应当包括资金管理制度、成本管理制度、利润管理制度。其中，资金管理制度主要包括资金指标的分解、归口分级管理办法、资金使用的审批权限、信用制度、收账制度、进货制度；成本管理制度包括成本开支范围和开支标准、费用审批权限、成本降低指标以及分解等；利润管理制度主要包括利润分配程序、利润分配原则、股利政策等。

在国家统一财务制度方面，20世纪90年代开始，中国出现了"两则两制"的说法。1992年财政部颁布了《企业会计准则——基本准则》和《企业财务通则》，并于1993年7月1日起在所有企业施行，其后发布了分行业的10个财务制度和14个会计制度。2006年12月4日，财政部颁发了新的《企业财务通则》（财政部令第41号），该通则于2007年1月1日起施行。修订的《企业财务通则》对财政财务活动的管理方式、政府投资等财政性资金的财务处理政策、企业职工福利费的财务制度、规范职工激励制度、强化企业财务风险管理等方面进行了改革。新的《企业会计准则——基本准则》于2006年2月15日以财政部令第33号公布，自2007年1

月 1 日起施行，根据 2014 年 7 月 23 日中华人民共和国财政部令第 76 号《财政部关于修改〈企业会计准则——基本准则〉的决定》修改。

那么，财务制度和预算是不是一回事？有人认为，财务制度是计划经济的产物，预算是市场经济的产物，这种非此即彼的观点，是一种错误的理解。但是财务制度与预算管理存在差异是肯定的，从传统财务制度向预算管理的演进，是企业管理逐渐科学化的一种表现。就传统财务制度而言，它是一种事先的规定，比如餐费、交通费、住宿费等的标准，一旦超标无法报销，就会导致有些部门为了节约费用，削减了一些必要的活动，从而产生消极怠工的现象。那么，企业是否允许一些特例存在？什么事件应该归类为特例？如果是特例，标准该如何制定？下次出现类似情况是否还会调整标准？种种原因，最终会导致"事前的规定"变成"事后的管理"，而事后的管理最无效。在事后管理无效、事前请示无意义的情况下，"总量管理"的方法应运而生，即事前确定一个费用总的额度，额度内由执行部门控制，这实际上就是"预算管理"。

由此可见，预算管理是财务制度发展的产物。

八、预算管理中的"韦尔奇死结"

杰克·韦尔奇在其《赢》一书中提及预算管理时是这样评价的：预算是美国公司的祸根，它根本不应该存在。制定预算就等于追求最低绩效。你永远只能得到员工最低水平的贡献，因为每个人都在讨价还价，争取制定最低标准。

企业预算管理中的"韦尔奇死结"现象很多，最典型的有两种，一是花钱越来越多，二是做事越来越少。

第一种情况源于"总量控制"下的预算编制与执行过程，其会进一步引发"年初抢指标、年末抢花钱"的现象。这也是定期预算和增量预算的重大弊端之一。经过几年的"两抢预算"，企业业务量增长会远远落后于费用的增长。

第二种情况源于企业对第一种情况的反制，其还会引发执行部门的进一步反制，这是一个动态博弈的过程。企业要控制费用，经常本着少花钱、多办事的原则，甚至将费用与目标的完成程度挂钩。执行单位在完成保守性目标后便不再进取，少花钱、少办事甚至演化为不花钱、不办事。

其实，"预算是祸根"的说法等于输棋后把棋子当成弃子，预算管理中的弊端不应该通过"废除预算"的方法来解决，而应通过滚动预算与零基预算的方法来解决。这些预算编制的具体方法我们将在第四章讲述。

第三章
企业预算的组织机构

- -

建立科学的预算管理组织机构是企业推行预算管理的首要工作和重要内容，本章主要在说明预算管理的决策结构、工作机构和执行机构的人员构成和职能划分的基础上，研究各类机构如何进行预算编制、审批、执行、控制、调整、监督、核算、分析、考核、奖惩等一系列工作。

第一节　预算组织机构建立的前提

预算组织机构的构建必须秉持"一把手工程"的顶层设计基本理念，并在此基础上建立科学的组织机构体系。

一、顶层设计理念的构建

实施预算管理涉及企业的方方面面，制度变迁可能直接触及某些部门、领导、员工的既得利益，这是一种改革，是一种责权利的再分配，也必将受到各种既得利益者的阻碍。因此企业预算必须得到高层领导的重视，各级"一把手"亲自抓、亲自管，否则预算管理必将流于形式或半途而废。

二、企业预算组织机构的设计原理

企业预算组织机构的设计，应遵循合法科学、高效有力、经济适度、全面系统、权责明确等基本原则，一般包括预算管理决策机构、预算管理工作机构和预算执行机构三个层次的基本架构。

其中，预算管理决策机构是组织领导企业管理的最高权力组织，包括股东大会、董事会与预算管理委员会；预算管理工作机构是负责预算的编制、审查、协调、控制、调整、核算、分析、回馈、考评与奖惩的组织机构；预算管理执行机构是指负责预算执行的各个责任预算执行主体，也称为预算责任中心。

预算管理决策机构和工作机构不仅承担相应的预算管理责任，而且这两个机构的某些成员也在预算管理执行机构中担任不同的职务。参与式预算的普遍推广，使企业绝大多数职能管理部门兼具预算管理工作机构和预算管理执行机构的双重身份。因此，预算管理的三个机构并非绝对分离的三个层面。

企业预算组织机构如图3-1所示。

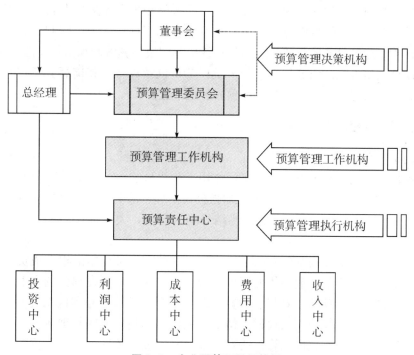

图 3-1 企业预算组织机构图

第二节 预算管理决策机构

一、预算管理决策机构的人员构成

根据《中华人民共和国公司法》的相关规定，公司董事会负责制定财务预算，公司股东（大）会负责审定财务预算。

企业预算管理的决策机构即预算管理委员会。企业应当设立预算管理委员会作为专门履行企业预算管理职责的决策机构。预算管理委员会成员由企业负责人及内部相关部门负责人组成，总会计师或分管会计工作的负责人应当协助企业负责人负责企业全面预算管理工作的组织领导。具体而言，预算管理委员会一般由企业负责人（董事长或总经理）任主任，总会计师（或财务总监、分管财会工作的副总经理）任副主任，其成员一般还包括各副总经理、主要职能部门（财务、战略发展、生产、销售、投资、人力资源等部门）和分（子）公司负责人等。

二、预算管理决策机构的职能

预算管理委员会的主要职能是：①制定并颁布企业预算管理制度，包括预算管理的政策、措施、办法、要求等；②根据企业战略规划和年度经营目标，拟定预算目标，并确定预算目标分解方案、预算编制方法和程序；③组织编制、综合平衡预算草案；④下达经批准的正式年度预算；⑤协调解决预算编制和执行中的重大问题；⑥审议预算调整方案，依据授权进行审批；⑦审议预算考核和奖惩方案；⑧对企业预算总的执行情况进行考核；⑨其他预算管理事宜。

三、预算管理决策机构中的形式主义

国内很多企业其实都已经设立了"预算管理委员会"，但是在不少企业这其实就是一种形式主义，根本没有起到实际作用。最明显的一个例子是我国的"独立董事制度"与"监事会制度"——为了加强公司治理，从美国引入"独立董事制度"，从德国引入"监事会制度"，但是最终结果不言自明，大多都在形式中认真地执行着形式主义的东西。

造成形式主义的原因主要有两个：一是预算管理委员会中的很多成员并不了解预算，他们关心的不是企业整体的管理绩效提升，而是其所在部门的利益，这是人的因素；二是预算管理的绩效与"预算管理委员会"成员自身利益无关，这是制度的因素。如果企业预算管理出现如下情况，如没有达到预期的管理效果、指标设计不合理、所有人都没有完成预算、所有人都超额完成了预算、出现严重的预算外审批问题，等等，预算管理委员会成员必须负领导责任，并将预算管理成效奖作为各成员年终奖的主要部分，如75%，而将其所在部门的业绩下调至年终奖的四分之一，"预算管理委员会"的形式主义自然会解决。

第三节　预算管理工作机构

一、预算管理工作机构的人员构成

由于预算管理委员会一般为非常设机构，因此企业应当在该委员会下设立预算管理工作机构，由其履行预算管理委员会的日常管理职责。预算管理工作机构一般设在财会部门，其主任一般由总会计师（或财务总监、分管财会工作的副总经理）兼任，参与的工作人员除了财务部门人员外，还应有计划、人力资源、生产、销售、研发等业务部门人员。

主要的工作机构可以分为预算管理的常务机构、核算机构、监控机构和考评机构。

（1）预算管理的常务机构是企业行使日常预算管理工作的部门，一般可在预算管理委员会下设一个"预算管理办公室"。实践中，该办公室有三种具体的设计方法，一是单独设立，二是采用与财务部门"一班人马、两块牌子"的做法，三是在财务部门下设立一个专司预算管理的科室。对于规模较大、组织结构复杂的企业，应尽量采取相对独立的常务机构组织形式。预算办公室主任一般由总会计师或财务经理兼任。

（2）预算管理核算机构是对预算执行过程和结果进行反映、控制、核算和信息反馈的部门，这主要是会计部门的职责。和预算管理相适应的会计体系不是财务会计，而是责任会计。责任会计属于管理会计的范畴，是以责任中心为会计对象，对责任中心的经营活动过程及其结果进行核算、分析、考核与评价的一种内部会计制度。责任会计核算素有双轨制与单轨制的争论，即是否要建立两套会计核算体系的问题。作为企业内部的管理活动，企业应根据自身具体情况，因时、因地制宜。

（3）预算管理监控机构是对管理执行过程和结果进行监控的部门，其相关部门很多，如价格监控、信息监控、质量监控、资金监控等。由于预算管理涵盖了企业的各个环节和各个部门，企业不可能也没有必要设置一个独立的预算管理监控部门，而是采取某一职能部门牵头、其他相关专业部门按职能分工进行监控的办法。

（4）预算管理考评机构是对预算管理执行过程和结果进行考核、评价和奖惩的部门。预算考评的对象是各个执行部门，是各个责任中心执行预算的结果和过程。企业各个部门既是预算的执行者也是预算的考评者。因此，企业应该采取以一个职能部门为主，其他相关专业部门按照职能分工进行考评的办法。一般而言，考评机构的牵头部门是预算管理办公室或人力资源部。

二、预算管理工作机构的职能

预算管理工作机构的主要职能是：①拟订企业各项预算管理制度，并负责检查落实预算管理制度的执行；②拟订年度预算总目标分解方案及有关预算编制程序、方法的草案，报预算管理委员会审定；③组织和指导各级预算单位开展预算编制工作；④预审各预算单位的预算初稿，进行综合平衡，并提出修改意见和建议；⑤汇总编制企业预算草案，提交预算管理委员会审查；⑥跟踪、监控企业预算执行情况；⑦定期汇总、分析各预算单位预算执行情况，并向预算管理委员会提交预算执行分析报告，为委员会进一步采取行动拟订建议方案；⑧接受各预算单位的预算调整申请，根据企业预算管理制度进行审查，集中制定年度预算调整方案，报预算管理委员会审议；⑨协调解决企业预算编制和执行中的有关问题；⑩提出预算考核和奖惩方案，报预算管理委员会审议；⑪组织开展对企业二级预算执行单位（企业内部各职能部门、所属分/子企业等，下同）预算执行情况的考核，提出考核结果和奖惩建议，报预算管理委员会审议；⑫预算管理委员会授权的其他工作。

三、预算管理工作机构中的形式主义

如前所述，构建的预算管理工作机构将是一个科学的体系，在预算管理委员会

的指导下，具体工作由各部门相关人员负责。但预算编制、预测、决策、分析、考核等一系列流程，都是很具体的工作，需要有一个工作班子加以组织。一般而言，可以构建如图3-2所示的组织形式。

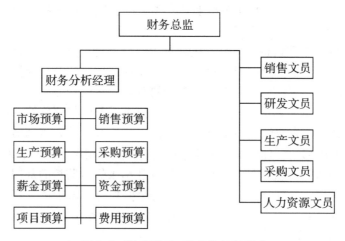

图3-2　预算管理工作机构组织形式

但是，这个组织在运作的过程中经常会出问题。一开始，采购部、销售部、生产部、研发部和人力资源部的文员分散在各自的部门中。每次进行预算编制等工作时，都要将相关人员从其所在部门调来，由于部门利益等问题，相关部门经理可能不会心甘情愿地配合。为了减少内部矛盾，有的企业开始将这些人员集中起来，并在财务系统中成立一个单独的预算部门，结果新的"形式主义"又开始出现，预算管理又变成了财务部门的预算管理。

因此，企业的预算管理工作机构要保持一定的松散性，这样既有利于财务人员了解各业务系统的具体情况，便于与业务部门管理人员进行有效沟通，又能强化业务系统的预算参与和预算管理责任。

第四节　预算管理执行机构

一、预算管理执行机构的构成

预算管理执行机构是指根据其在企业预算总目标实现过程中的作用和职责划分的，承担一定经济责任，并享有相应权力和利益的企业内部单位，包括企业内部各职能部门、所属分（子）企业等。企业内部预算责任单位的划分应当遵循分级分层、权责利相结合、责任可控、目标一致的原则，并与企业的组织机构设置相适应。根据权责范围，企业内部预算责任单位可以分为投资中心、利润中心、成本中心、费用中心和收入中心。预算执行机构在预算管理部门（包括预算管理委员会及其工作机构）的指导下，组织开展本部门或本企业预算的编制工作，严格执行批准下达的预算。

二、预算管理执行机构的职能

各预算管理执行机构的主要职能一般是：①提供编制预算的各项基础资料；②负责本单位预算的编制和上报工作；③将本单位预算指标层层分解，落实到各部门、各环节和各岗位；④严格执行经批准的预算，监督检查本单位预算执行情况；⑤及时分析、报告本单位的预算执行情况，解决预算执行中的问题；⑥根据内外部环境变化及企业预算管理制度，提出预算调整申请；⑦组织实施本单位内部的预算考核和奖惩工作；⑧配合预算管理部门做好企业总预算的综合平衡、执行监控、考核奖惩等工作；⑨执行预算管理部门下达的其他预算管理任务。

各预算执行单位负责人应当对本单位预算的执行结果负责。

三、预算管理执行机构的具体分类

预算管理执行机构也称责任中心，有不同的分类方法，最详细的分类是五分法，即投资中心、利润中心、收入中心、费用中心、成本中心，下面我们将对各种责任中心的特点进行说明。

（一）投资中心

投资中心是预算管理体系的最高层次。投资中心不仅能控制成本与收入，而且能够对投资进行控制，它实质上就是企业全面预算的执行人。正因为如此，只有具备经营决策权和投资权的独立经营单位才能成为投资中心。一般而言，一个独立经营的法人单位就是一个投资中心。投资中心的具体负责人是以董事长和总经理为首的企业最高决策层，投资中心的预算目标就是企业的总预算目标。

在大型集团公司中，各子公司、分公司或事业部在分权管理模式下，也可以成为投资中心。

除考核利润指标外，投资中心主要考核能集中反映利润与投资额之间关系的指标，包括投资利润率和剩余收益。

1. 投资利润率

投资利润率又称投资收益率，是指投资中心所获得的利润与投资额之间的比率，可用于评价和考核由投资中心掌握、使用的全部净资产的盈利能力。其计算公式为

$$投资利润率 = 利润 \div 投资额$$

或

$$投资利润率 = 资本周转率 \times 销售成本率 \times 成本费用利润率$$

其中，投资额是指投资中心的总资产扣除对外负债后的余额，即投资中心的净资产。

为了评价和考核由投资中心掌握、使用的全部资产的总体盈利能力，我们还可

以使用总资产息税前利润率指标。其计算公式为

$$总资产息税前利润率=息税前利润÷总资产$$

投资利润率指标的优点有：能反映投资中心的综合盈利能力；具有横向可比性；可以作为选择投资机会的依据；可以正确引导投资中心的经营管理行为，使其长期化。该指标的最大局限性在于会造成投资中心与整个企业利益的不一致。

2. 剩余收益

剩余收益是指投资中心获得的利润，扣减其投资额（或净资产占用额）按规定（或预期）的最低收益率计算的投资收益后的余额。其计算公式为

$$剩余收益=利润-投资额(或净资产占用额)×规定或预期的最低投资收益率$$

或

$$剩余收益=息税前利润-总资产占用额×规定或预期的总资产息税前利润率$$

剩余收益指标能够反映投入与产出的关系，能避免本位主义，使个别投资中心的利益与整个企业集团的利益统一起来。

（二）利润中心

利润中心属于预算管理体系的较高层级，具有较大的自主经营权，同时具有生产和销售的职能。它不拥有投资决策权，只需要对收入、成本、费用和利润负责。

在公司内部，利润中心等同于一个独立的经营个体，在原材料采购、产品开发、制造、销售、人事管理、流动资金使用等经营上享有很高的独立性和自主权，能够编制独立的利润表，并以其盈亏金额来评估其经营绩效。

一般说来，利润中心应将其产品大部分销售给外部客户，而且对大部分原材料、商品和服务都有权选择供应来源。在利润中心，由于管理者没有责任和权力决定该中心资产的投资水平，因此利润就是其唯一的最佳业绩计量标准。但同时这些利润数字水平还需要补充大量短期业绩的非财务指标。采用适当方法计量的利润是判定中心管理者运用他们所取得的资源和其他投入要素创造价值能力的一个短期指标。在利润中心，管理者具有几乎全部的经营决策权，并可根据利润指标对其做出评价。

1. 利润中心的类型

能否成为利润中心的衡量标准是该责任单位有无收入与利润。凡是能获得收入并形成利润的责任单位均可成为利润中心。根据收入、利润形成方式的不同，利润中心的类型可分为自然利润中心和人为利润中心两种。

自然利润中心是指能够通过对外销售自然形成销售收入，从而形成利润的责任单位，如公司的事业部。

人为利润中心则是指不直接对外销售，而是通过内部转移价格结算形成收入从而形成内部利润的责任单位。如辅助生产车间、银行的储蓄所和信贷部。

自然利润中心具有全面的产品销售权、价格制定权、材料采购权及生产决策权。人为利润中心只有部分的经营权，能自主决定自身的产品品种（含劳务）、产品产量、作业方法、人员调配、资金使用等。一般来说，只要能够制定出合理的内部转移价格，就可以将企业大多数生产半成品或提供劳务的成本中心改造成人为利润中心。

2. 利润中心的成本计算

在共同成本难以合理分摊或无须共同分摊的情况下，人为利润中心通常只计算可控成本，而不分担不可控成本；在共同成本易于合理分摊或者不存在共同成本分摊的情况下，自然利润中心不仅要计算可控成本，而且应计算不可控成本。

3. 利润中心的考核指标

（1）当利润中心不计算共同成本或不可控成本时，其考核指标是利润中心边际贡献总额，该指标等于利润中心销售收入总额与可控成本总额（或变动成本总额）的差额。

（2）当利润中心计算共同成本或不可控成本，并采取变动成本法计算成本时，其考核指标包括利润中心边际贡献总额、利润中心负责人可控利润总额、利润中心可控利润总额。

4. 利润中心的运作机制

企业为追求未来的发展与营运绩效，现行的功能性组织已无法适应。利润中心制度的推行，在于变革组织结构以达成公司的策略规划。

5. 利润中心与目标管理

企业采用利润中心，事实上就是实施分权的制度。但为求适当的控制，总公司的最高主管仍需对各利润中心承担应负的责任，即由双方经过商讨订立各中心的目标，同时负责执行，并对最后的成果负责。在目标执行过程中，设置一套完整的、客观的报告制度，定期提出绩效报告，从中显示出的目标达成的差异，不但可以促进各中心采取改善的措施，而且可以作为总公司考核及奖惩的依据。

因此，利润中心的推行，必须结合目标管理制度，才不致空有组织构架而缺乏达成公司目标及评估各利润中心绩效的管理方式。

6. 利润中心与预算制度

为使总公司的目标能够分化为各利润中心的目标，并且能够公正正确地评估各利润中心的绩效，目标的设定必须量化。此等量化的绩效目标，大致上可分为财务性目标及非财务性目标。凡属财务性指标，如营业收入、资产报酬率、人均获利能力等，均能以预算制度所产生的资料与数字作为目标设定的参考与依据。换言之，利润中心的推行有赖于预算制度提供财务及会计的资讯。实际上，预算只是绩效标准而非目标。若能根据预算建立目标，通过预算控制协助目标达成，将使预算制度不只是"资料库"，而是财务性目标设定的"下限值"。如此，利润中心的绩效指标将更具有挑战性。

7. 利润中心与人事考核

在利润中心制度确立后，各中心的主管必定急于得知各月份的经营成果，以了解差异原因，以为次月执行提供参考或改进的建议。但是执行每月的绩效评估，投入的人力物力必然不少，还可能造成利润中心"急功近利"的做法，妨碍企业长期目标的达成。

因此，比较理想的利润中心绩效考评方式，应该是每个月追踪，即由利润中心按月填写实绩并与目标值比较，然后说明差异原因，必要时采取改善措施；推行利润中心的督导单位，每季度将各利润中心的绩效做综合分析和检讨，将结果提供给管理当局参考；上半年结束后进行试评，并酌情发放奖金，必要时申请修改目标；年度结束后，依据累计十二个月的实际值，计算应得奖金，扣除上半年预发金额后补发差额。

利润中心的绩效考评以目标的达成状况为评估对象，也就是"考事"，这与传统上以员工的工作态度、能力与知识作为考核内容，也就是"考人"的方法有很大的不同。

（三）收入中心

收入中心是指负有销售收入和销售费用责任的销售部门、销售公司或销售单位，以及相应的管理责任人。

1. 收入中心的管理责任人

收入中心的管理责任人对本单位的整体产品销售活动负责。管理责任人具有决策权，其决策能够影响决定本单位销售收入和销售费用的主要因素，包括销售量、销售折扣、销售回款、销售员佣金等。管理责任人以销售收入和销售费用为决策准则。收入中心的控制目标是特定财务期间内的销售收入、销售回款和销售费用指标，并据此评估达成效果。

2. 确定收入中心的目的

确定收入中心的目的是组织营销活动。典型的收入中心通常是从生产部门取得产成品并负责销售和分配的部门，如公司所属的销售分公司或销售部。若收入中心有制定价格的权力，则该中心的管理者就要对获取的毛收益负责；若收入中心无制定价格的权力，则该中心的管理者只需对实际销售量和销售结构负责。为使收入中心不是只追求销售收入达到最大，而是追求边际贡献达到最大，企业在考核收入中心业绩的指标中，应加入某种产品的边际成本等概念。随着分配、营销和销售活动中作业成本法的逐渐应用，销售单位能够把它们的销售成本和对每个消费者提供服务的成本考虑进去，这样企业就能够用作业成本制度把履行营销和销售活动的收入中心变成利润中心，从而对销售部门的利润贡献加以评估。如今，将许多分散的经营单位仅仅作为收入中心的情况越来越少了。

3. 对收入中心的控制

对收入中心的控制，主要包括三个方面：

（1）控制企业销售目标的实现。

①核查各收入中心的分目标与企业整体的销售目标是否协调一致。保证依据企业整体目标利润所确定的销售目标得到落实。

②检查各收入中心是否为实现其销售分目标制定了切实可行的推销措施。包括推销策略、推销手段、推销方法、推销技术、推销力量，以及了解掌握市场行情等。

（2）控制销售收入的资金回收。

销售过程是企业的成品资金向货币资金转化的过程，对销售款回收的控制要求主要有：

①各收入中心对货款的回收必须建立完善的控制制度，包括对销售人员是否都定有明确的收款责任制度，对已过付款期限的客户是否定有催款制度。

②将销货款的回收列入各收入中心的考核范围，将收入中心各推销人员的个人利益与销货款的回收情况有效地结合起来考核。

③收入中心与财务部门应建立有效的联系制度，以便及时了解与掌握销货款的回收情况。

（3）控制坏账的发生。

对坏账的控制要求主要有：

①每项销售业务都要签订销售合同，并在合同中对有关付款的条款做明确的陈述。

②在发生销售业务时，特别是与一些不熟悉的客户初次发生重要交易时，必须对客户的信用情况、财务状况、付款能力和经营情况等进行详细的了解，以预测销货款的安全性和及时回收的可能性。

4. 收入中心的考核

同收入中心的控制一样，对收入中心的考核也包括三个方面的指标。

（1）销售收入目标完成百分比。其计算公式为

销售收入目标完成百分比＝实际实现销售收入额÷目标销售收入额

（2）销售款回收平均天数，即应收账款周转期。其计算公式为

销售款回收平均天数＝365÷（当期营业收入÷应收账款平均余额）

（3）坏账损失发生率。其计算公式为

坏账损失发生率＝当期坏账损失额÷当期销售收入

（四）费用中心

费用中心指企业的职能管理部门，如财务部、计划部、办公室等，其目的是在支出预算内提供最佳的服务。该中心最大的优点是既可控制费用又可提供最佳的服务质量，其缺点则是不易衡量绩效。在这一点上，费用中心和政府预算非常类似。

1. 费用中心的种类

费用有两种类型：固定费用和变动费用。其中，固定费用是有必要理由的正常支出，如工厂中的直接费用、材料费用、设备支出、零配件支出等；这里的变动费用，也称随机费用，其合理的限度是由管理者在一定的条件下做出的判断。如果该费用中心的费用绝大部分是固定费用，那么它是一个固定费用中心；如果绝大部分是变动费用，那么它是一个变动费用中心。

2. 费用中心的划分原则

费用中心管理责任人对本单位涉及的有关期间费用负责。费用中心管理责任人

具有决策权，其决策能够影响本单位期间费用的主要因素，包括各项管理费用、财务费用的明细项。管理责任人以管理费用、财务费用为决策准则。

3. 费用中心的控制目标

费用中心的控制目标是指特定财务期间内的管理费用、财务费用等各明细项指标，并据此评估达成效果。

（五）成本中心

成本中心的范围最广，有成本费用发生的地方，都可以建立成本中心，从而在企业形成逐级控制、层层负责的成本中心体系。成本中心大多是只负责产品生产的生产部门、劳务提供部门或给予一定费用指标的企业管理科室。

1. 成本中心的类型

（1）基本成本中心和复合成本中心。前者没有下属成本中心，如一个工段是一个成本中心，后者有若干个下属成本中心。基本成本中心对其可控成本向上一级责任中心负责。

（2）技术性成本中心和酌量性成本中心。技术性成本是指发生的数额通过技术分析可以相对可靠地估算出来的成本，如产品生产过程中发生的直接材料、直接人工、间接制造费用等。技术性成本的投入量与产出量之间有着密切联系，可以通过弹性预算予以控制。酌量性成本是否发生以及发生数额的多少是由管理人员的决策决定的，主要包括各种管理费用和某些间接成本项目，如研究开发费用、广告宣传费用、职工培训费用等。酌量性成本的投入量与产出量之间没有直接关系，其控制应着重于预算总额的审批。

2. 成本中心的特点

成本中心具有只考虑成本费用、只对可控成本承担责任、只对责任成本进行考核和控制的特点。其中，可控成本具备三个条件，即可以预计、可以计量和可以控制。

3. 成本中心的考核指标

成本中心的考核指标包括成本（费用）变动额和成本（费用）变动率两项。

（1）成本（费用）变动额＝实际责任成本（费用）－预算责任成本（费用）

（2）成本（费用）变动率＝成本（费用）变动额÷预算责任成本（费用）

四、对责任中心的总结

责任中心作为预算管理执行机构，本书针对其上述五种分类及其特点，对其进行重新梳理，为大家学习后面的章节打下基础。

（1）从预算管理层级来看，投资中心处于最高层级，利润中心处于中间层级，收入、成本、费用三个责任中心处于管理层级的最底层。

（2）由于内部转移价格的存在，收入中心可以转换为人为利润中心，与天然利润中心合并为利润中心。以销售部门为例，其作为收入中心，只核算销售收入和销售费用，其作为人为利润中心，销售部门的利润等于销售收入减去按内部价格计算的产品成本和销售部门发生的销售费用。

（3）成本中心与费用中心有一定类似性，很多时候被直接合并为成本中心或称为成本费用中心。但是，从预算管理的角度来看，两者具有较大差异，有必要将之分开。此外，虽然从理论上来说成本中心与费用中心均可转化为人为利润中心，但从财务预算与成本控制的角度考虑，并不将其纳入利润中心。

（4）销售部门的预算涉及销售量、销售单价预算，是企业预算的起点，因此本书不从人为利润中心的角度分析销售部门，而仅仅从收入中心的角度研究。

总之，本书后面的章节将预算管理执行机构即责任中心区分为四种，分别是收入中心、成本中心、费用中心、投资中心。

第四章
预算编制的程序与方法

　　预算编制程序不规范，横向、纵向信息沟通不畅，预算编制方法选择不当，或强调采用单一的方法，均可能导致预算目标缺乏科学性与可行性。本章主要介绍合理的预算编制程序和科学的预算编制方法这两个问题。

第一节　预算编制程序

　　对任何一个企业而言，选择适合自己的预算编制程序是预算目标科学、预算编制合理的前提条件。在实际工作中，预算的编制程序因企业所处的环境和管理思想的不同，通常采用三种基本方式，即自上而下、自下而上、上下结合。具体的操作流程包括启动、编制和审批三个环节。

一、预算编制的基本方式

（一）自上而下的方式

　　自上而下的方式是指企业的最高管理层或预算管理委员会根据企业的总体发展目标和下一年度的发展预期，结合企业所处行业的市场环境等，确定预算目标，编制年度预算的总额与标准，最终按照一定比例分解并分配给企业各个职能部门或责任中心的年度预算编制程序。

　　作为一种传统的预算方式，自上而下的方式是集权制管理思想的体现，其主要特征是具有强制性和权威性，更适合规模较小的集权制企业。采用自上而下的预算方式，由管理层确定预算目标，可以更准确地将企业发展战略直接体现在预算之中，有利于保证企业整体利益的实现。但是，企业的各个职能部门或责任中心只是预算的被动执行者，难以充分发挥其参与预算管理的积极性。在信息沟通方面存在缺陷、管理层对基层信息掌握有限的情况下，预算的编制会脱离企业实际，此种闭门造车的状况会导致预算难以发挥预测、协调、控制、考核的重要功能。

（二）自下而上的方式

　　自下而上的方式是指企业的最高管理层或预算管理委员会明确预算编制的关键

绩效指标和要求后，各职能部门或责任中心编报本部门的年度预算方案，然后按照一定的层级关系自下而上逐级汇总，最终形成企业年度预算的预算编制程序。

与自上而下的方式相对照，自下而上的方式是现代分权管理思想的体现，其主要特征是具有诱导性和参与性，更适用于分权制的企业。自下而上的预算方式，强调基层管理者与职工的参与度，给予各职能部门或责任中心一定的决策权。一方面，预算依据企业基层直接参与生产经营的人员提供的信息资料，使预算的编制更切合实际；另一方面，通过充分发挥基层各职能部门或责任中心的积极性，有利于预算目标的实现。但是，各职能部门或责任中心在过多考虑自身利益且与企业发展战略出现不一致的情况下，编制的预算会影响企业整体战略发展目标，并增加企业资金管理、费用管理失控的可能性，使得预算松弛问题更为严重。

（三）上下结合的方式

上下结合的方式是自上而下与自下而上方式的有机结合，且兼具两种方法的优势。上下结合的方式是指在编制预算的过程中，企业的最高管理层或预算管理委员会拟定年度预算目标、原则和要求，各职能部门或责任中心在此指导下编报本部门预算，经自上而下与自下而上的沟通、汇总、平衡后，形成企业年度预算的预算编制过程。

上下结合的全面预算管理程序包括下达目标、编制上报、审查平衡、审议批准和下达执行等。

（1）下达目标。企业董事会或经理办公会根据企业发展战略和对预算期经济形势的初步预测，在决策的基础上，一般于每年9月底以前提出下一年度企业财务预算目标，包括销售或营业目标、成本费用目标、利润目标和现金流量目标，并确定财务预算编制的政策，由财务预算委员会下达至各预算执行单位。

（2）编制上报。各预算执行单位按照企业财务预算委员会下达的财务预算目标和政策，结合自身特点以及预测的执行条件，提出详细的本单位财务预算方案，于10月底以前上报企业财务管理部门。

（3）审查平衡。企业财务管理部门对各预算执行单位上报的财务预算方案进行审查、汇总，提出综合平衡的建议。在审查、平衡过程中，财务预算委员会应当进行充分协调，对发现的问题提出初步调整的意见，并反馈给有关预算执行单位予以修正。

（4）审议批准。企业财务管理部门在有关预算执行单位修正调整的基础上，编制出企业财务预算方案，报财务预算委员会讨论。对于不符合企业发展战略或者财务预算目标的事项，企业财务预算委员会应当责成有关预算执行单位进一步修订、调整。在讨论、调整的基础上，企业财务管理部门正式编制企业年度财务预算草案，提交董事会或经理办公会审议批准。

（5）下达执行。企业财务管理部门对董事会或经理办公会审议批准的年度总预算，一般在次年3月底以前，将其分解成一系列的指标体系，由财务预算委员会逐级下达至各预算执行单位执行。在下达后 15 日内，母公司应当将企业财务预算报送主管财政机关备案。

二、预算编制的操作流程

在实践中，企业应该以《关于企业实行财务预算管理的指导意见》为指导，根据自身情况灵活掌握，尤其是民营企业。但无论采用何种办法，预算编制一般都分为启动、编制、审批三个基本环节。

（一）启动环节

启动环节是预算管理机构根据预算年度面临的形势，在对本年度预算完成情况和下一年度经营环境等进行综合分析的基础上，依照企业发展战略，提出下一年度的指导原则，确定预算关键绩效指标、预算编制具体时间进度要求等，并下发启动预算编制的流程。

为保证企业预算编制的科学性、合理性和效率性，企业在启动环节应当重点做好以下工作：

第一，全面充分地搜集预算编制所需资料，包括反映外部经营环境、与预算编制相关的现在及未来期间发展变化的资料，企业内部与预算编制相关的历史、现在及未来期间发展变化的资料，尤其不能忽视历史经验、制约因素等信息资料，为全面分析影响预算目标的各种因素从而确定科学的预算方针、指标等奠定基础。

第二，统筹兼顾并协调企业的人财物等各项资源，从实现企业利润最大化目标出发，在努力挖掘能够提高经济效益的各种潜力，综合平衡企业资金运用与资金来源、财务收入与财务支出的基础上制定财务指标。

第三，确定合适的预算编制时间。预算编制是一个系统的整体，其具体时间进度的要求直接影响到预算编制工作的质量和效率，如果不能在预算年度开始前完成预算的编制工作，必然会影响到预算的执行，最终造成预算管理无法正常实施。确定合适的预算编制时间，要考虑企业自身规模大小、组织结构和产品结构的复杂性、预算编制工具和预算开展的广度与深度等因素，以合理安排预算编制的时间。

（二）编制环节

编制环节是预算编制单位根据下达的报表格式和编报要求，编制初步预算草案并上报审核，直至形成企业预算报表的编制流程。其中的重点工作内容包括：

第一，各单位根据预算制定指导原则和经营目标，编制本单位的预算草案。

第二，财务部门根据指导原则和企业经营目标，平衡各职能部门或责任中心的预算草案，编制企业预算草案。

第三，预算管理机构召开各职能部门或责任中心预算规划会议，讨论、平衡各单位预算草案，编制平衡后的企业预算草案。

第四，各职能部门或责任中心结合目标、平衡结果，调整、修改本单位或部门的预算草案。

第五，财务部门汇总调整后的各职能部门或责任中心的预算，上报预算管理机构。

（三）审批环节

审批环节是预算管理机构对各职能部门或责任中心上报的预算进行审核，在分析企业生产经营情况和预算的主要因素后，对预算编制存在的问题提出修改意见，并对审核结束后经修改汇总编制的企业预算进行批复的流程。其中的重点工作内容包括：

第一，预算管理机构通过召开企业预算质询会等方式，对各职能部门或责任中心回报的预算组织、编制流程、编制依据、编制方法、预算结果等进行审核。

第二，预算管理机构依照权限审批企业预算。企业根据批复的预算目标修正企业预算，并将指标逐级分解，下达至各相关职能部门或责任中心执行。

三、预算编制时间表

通过 ABC 公司预算编制时间表（表4-1），我们可以了解企业预算编制的具体情况。

表4-1 预算编制时间表

编制环节	工作内容	时间	相关单位	
			发自	送达
启动阶段	当年财务状况分析报告	10.1—10.10	各责任中心	最高管理层
	第四季度滚动预算	10.1—10.10	财务部、销售部	最高管理层
	人力资源市场预测及薪金调查报告	10.1—10.10	人力资源部	最高管理层、各部门
	市场预测和发展方案	10.1—10.10	企划部、市场部	最高管理层
	公司发展战略修订	10.10—10.15	最高管理层	企划部、市场部
	主要经营指标设想	10.10—10.15	最高管理层	市场、销售、财务部
编制阶段之方案提交	市场竞争方案	10.15—11.15	企划、市场、销售部	最高管理层
	价格调整方案	10.15—11.15	市场、销售、财务部	最高管理层、财务部
	销售量及结构调整方案	10.15—11.15	市场、销售部	财务部
	生产方案	10.15—11.15	生产、采购、销售部	财务部
	采购方案	10.15—11.15	生产、采购部	财务部
	生产组织结构及岗位配置	10.15—11.15	生产部	人力资源部
	生产员工薪金调整方案	10.15—11.15	生产部	人力资源部
	非工资性制造费用预算	10.15—11.15	生产部	财务部
	生产用固定资产投入方案	10.15—11.15	生产部	财务部
	生产设备维修方案	10.15—11.15	生产部	财务部
	销售组织结构及岗位配置图	10.15—11.15	销售部	人力资源部
	销售员工薪金调整方案	10.15—11.15	销售部	人力资源部
	销售系统固定资产投入方案	10.15—11.15	销售部	财务部

表4-1(续)

编制环节	工作内容	时间	相关单位	
			发自	送达
编制阶段之方案提交	非工资性销售费用预算	10.15—11.15	销售部	财务部
	行政管理结构及岗位配置图	10.15—11.15	人力资源部	—
	行政管理部门员工新建调整方案	10.15—11.15	人力资源部	—
	行政管理部门非工资性费用预算	10.15—11.15	财务部	—
	行政管理部门固定资产投入方案	10.15—11.15	财务部	—
	产品新技术开发方案	10.15—11.15	研发部	市场、企划部
	研发部门组织结构及岗位配置图	10.15—11.15	研发部	人力资源部
	研发人员薪金调整方案	10.15—11.15	研发部	人力资源部
	研发部门固定资产投入方案	10.15—11.15	研发部	财务部
	非工资性研发费用预算	10.15—11.15	研发部	财务部
	对外投资方案	10.15—11.15	企划、市场部	财务部
	融资方案	10.15—11.15	财务部	
编制阶段之草案调整	公司组织结构及岗位配置图	11.15—11.30	人力资源部	最高管理层
	公司员工薪金调整汇总	11.15—11.30	人力资源部	最高管理层、财务部
	固定资产投入汇总	11.15—11.30	财务部	最高管理层
	收账期、存货期、生产期、付款期测定	11.15—11.30	财务部	最高管理层
	编制利润预算表	11.15—11.30	财务部	最高管理层
	编制资产负债预算表	11.15—11.30	财务部	最高管理层
	编制现金预算	11.15—11.30	财务部	最高管理层
	员工培训方案	11.15—11.30	人力资源部	最高管理层
	员工福利方案	11.15—11.30	人力资源部	最高管理层
	预算说明书	11.15—11.30	财务部	最高管理层
	预算草案审查会议	11.15—11.30	最高管理层	—
审批阶段之预算审批	预算编制通知	12.1—12.15	集团事业部	成员企业
	预算修改意见	12.1—12.15	集团事业部	成员企业
	预算批复	12.1—12.15	集团事业部	成员企业
	预算考核办法	12.1—12.15	集团事业部	成员企业
	预算奖惩办法	12.15—12.31	集团事业部	成员企业
审批阶段之指标分解	责任中心预算下达	12.15—12.31	最高管理层	各责任中心
	预算月度分解	12.15—12.31	财务部	各责任中心
	企业内部核算考核办法	12.15—12.31	最高管理层	—
	存货结构控制指标	12.15—12.31	财务、生产部	—
	信贷结构控制指标	12.15—12.31	财务、销售部	—
	会计科目调整	12.15—12.31	财务部	—
	预算数据输入会计系统	12.15—12.31	财务部	—

财务预算与控制

第二节 预算编制方法

财政部会计司《解读〈企业内部控制应用指引第 15 号——全面预算〉》一文在谈及预算编制方法时指出，企业应当本着遵循经济活动规律，充分考虑符合企业自身经济业务特点、基础数据管理水平、生产经营周期和管理需要的原则，选择或综合运用固定预算、弹性预算、滚动预算等方法编制预算。当然，预算编制方法不只这三种，还包括概率预算、增量预算、零基预算等。下面我们将对这几种方法进行逐一说明。

一、固定预算法

（一）固定预算法的含义

固定预算法，亦称静态预算法，是指编制预算时，只根据预算期内正常、可实现的某一固定业务量（如销售量、产量）水平作为唯一基础编制预算的方法。企业在传统的预算管理中，大多采用该法，因此它是编制预算最基本的方法。

固定预算法的基本原理是不考虑预算期内业务量水平可能发生的变动，只以某一确定的业务量水平为基础制定有关的预算，并在预算执行期末将预算的实际执行结果与固定的预算水平加以比较，据此进行业绩考评。

（二）应用举例

【例 4-1】ABC 公司 2023 年度分季度预计 A 产品销售量分别为 100 吨、120 吨、150 吨、130 吨，销售单价为 1 万元/吨，预计当季收回货款的 80%，剩余货款下季收回。预算期初应收账款余额为 0。（为简化计算不考虑税金因素）

采用固定预算法编制的销售预算表如表 4-2 所示。

表 4-2 ABC 公司 2023 年产品销售预算表

项目	单位	一季度	二季度	三季度	四季度	全年
A 产品销量	吨	100	120	150	130	500
销售单价	万元	1	1	1	1	1
销售收入	万元	100	120	150	130	500
一季度现金收入	万元	80	20			100
二季度现金收入	万元		96	24		120
三季度现金收入	万元			120	30	150
四季度现金收入	万元				104	104
现金收入合计	万元	80	116	144	134	474

（三）优缺点和适用范围

（1）固定预算法的优点：简便易行。

（2）固定预算法的缺点：不考虑预算期内业务量水平可能发生的变动，当固定预算预计业务量与实际业务量出现较大差异时，会导致实际结果与预算水平因业务量基础不同而不具有可比性，使预算失去了客观性，从而不利于对经济活动进行控制与考核。

（3）固定预算法的适用范围：适用于业务量比较稳定的企业，以及企业中某些相对固定的成本费用支出。

二、弹性预算法

（一）弹性预算法的含义

弹性预算法，亦称动态预算法，是指在成本性态分析的基础上，依据业务量、成本、利润间的联动关系，按照预算期内可能的一系列业务量（如产量、销量、生产工时、机器工时等）水平编制预算的方法。该方法是针对固定预算法的缺陷而设计的。

弹性预算法的重点在于业务量与业务范围的确定。其中，业务量的选择通常包括产量、销量、直接人工工时、机器工时、材料消耗量或直接人工工资等；业务量范围即弹性预算所使用的业务量区间，一般根据企业的实际情况而定，如选择企业正常生产能力的 70%~110%，或选取历史上最高业务量水平和最低业务量水平为其上下限。

（二）弹性预算法分类与应用举例

弹性预算的具体编制方法有列表法和回归分析法两种。

（1）列表法也称多水平法，是在确定业务量范围内，按照一定的业务量标准，将其划分为若干不同的水平，然后分别计算各项预算数额，最后汇总列入一个预算表格中的方法。应用列表法时，业务量的间隔应根据实际情况确定。间隔越大，水平级别就越少，可简化预算编制工作，但间隔太大就会丧失弹性预算法的优势；间隔越小，用来控制成本费用的标准就越准确，但又会增加预算编制的工作量。一般情况下，业务量的间隔以 5%~10% 为宜。

【例 4-2】ABC 公司 2023 年预计 B 产品销量为 500~600 吨，单价为 1 万元/吨，平均可变成本为 0.6 万元/吨，固定成本为 100 万元。

采用列表法，按 5% 的间隔编制收入、费用和利润弹性预算表，如表 4-3 所示。

表 4-3 收入、费用、利润弹性预算表（列表法）

项目	单位	方案 1	方案 2	方案 3	方案 4	方案 5
销售量	吨	500	525	550	575	600
销售收入	万元	500	525	550	575	600

表4-3（续）

项目	单位	方案1	方案2	方案3	方案4	方案5
变动成本	万元	300	315	330	345	360
边际贡献	万元	200	210	220	230	240
固定成本	万元	100	100	100	100	100
利润	万元	100	110	120	130	140

（2）回归分析法也称公式法，是利用系列历史数据求得某项预算变量与业务量之间的函数关系的方法。通常假设预算变量与业务量之间存在线性关系，使用直线方程 $Y=a+bX$，根据历史资料和回归分析的最小二乘法求出直线方程的系数 a 和 b，然后将业务量的预测数代入方程求得预算变量的预测数值。

回归分析法的优点在于便于计算任何业务量所对应的预算变量。但是任何事物都是一个从量变到质变的过程，当业务量变化到一定限度时，代表固定成本的 a 和代表单位变动成本的 b 就会发生变化。从统计学和计量经济学的角度看，a 与 b 两个系数的确定取决于很多数学假设和统计假设，尤其是在预售期业务量偏离历史业务量均值较大时，Y 的预测将极不准确。

【例4-3】ABC公司2017年至2022年的销售量与管理费用的历史资料如表4-4所示，假定2023年预计销售量为1 500万件，试预测2023年的管理费用。

表4-4　六年销售量与管理费用资料

年度	销售量 x/万件	管理费用 y/万元
2017	1 200	1 000
2018	1 100	950
2019	1 000	900
2020	1 200	1 000
2021	1 300	1 050
2022	1 400	1 100

计算公式：

$$\sum_{t=1}^{n} y_t = na + b\sum_{t=1}^{n} x_t$$

$$\sum_{t=1}^{n} x_t y_t = a\sum_{t=1}^{n} x_t + b\sum_{t=1}^{n} x_t^2$$

利用克莱姆法则可以计算 a 与 b：

$$a = \frac{\sum_{t=1}^{n} x^2 \times \sum_{t=1}^{n} y - \sum_{t=1}^{n} x \times \sum_{t=1}^{n} xy}{n\sum_{t=1}^{n} x^2 - \left(\sum_{t=1}^{n} x\right)^2}$$

$$b = \frac{n \sum\limits_{t=1}^{n} xy - \sum\limits_{t=1}^{n} x \times \sum\limits_{t=1}^{n} y}{n \sum\limits_{t=1}^{n} x^2 - (\sum\limits_{t=1}^{n} x)^2}$$

根据上述公式，可以计算相关的条件，如表 4-5 所示。

表 4-5　系数 a 与 b 的相关条件

年度	销售量 x/万件	资金需求量 y/万元	xy	x^2
2017	1 200	1 000	1 200 000	1 440 000
2018	1 100	950	1 045 000	1 210 000
2019	1 000	900	900 000	1 000 000
2020	1 200	1 000	1 200 000	1 440 000
2021	1 300	1 050	1 365 000	1 690 000
2022	1 400	1 100	1 540 000	1 960 000
合计	7 200	6 000	7 250 000	8 740 000

代入公式之中，可得 $a = 400$，$b = 0.5$，2023 年的管理费用 $y = 400 + 1\,500 \times 0.5 = 1\,150$（万元）。

（三）弹性预算法的优缺点和适用范围

（1）弹性预算法的优点：提供了与预算期内和一定相关范围内可预见的多种业务量水平相对应的不同预算额，扩大了预算的适用范围；在预算期实际业务量与预计业务量不一致的情况下，可以将实际指标与实际业务量相应的预算额进行对比，使企业对预算执行的评价与考核的基础更加客观，从而更好地发挥预算的控制作用。

（2）弹性预算法的缺点：工作量大，如果掌握不好其灵活性就会使预算控制作用的有效性大大降低。

（3）弹性预算法的适用范围：经营活动变动比较大的企业；在经营活动中的某些变动性成本费用和企业利润预算。

三、概率预算法

（一）概率预算法的含义

概率预算法是根据客观条件对预算期内不确定的各种预算构成变量进行分析、预测，估计其可能的变动范围及其出现在各个变动范围的概率，再通过加权平均计算有关变量在预期内的期望值的一种预算编制方法。该方法实际上就是一种修正的弹性预算，即将每一事项可能发生的概率结合应用到弹性预算的变化之中。

（二）编制概率预算的基本程序

首先，在预测分析的基础上，测算相关变量预计发生的水平，估计相关变量的可能值及其出现的概率；其次，根据估计的概率与条件，计算联合概率，编制预期价值分析表；最后，根据预期价值表的预算指标以及与之对应的联合概率，计算出预算对象的期望值，编制概率预算。

【例4-4】ABC公司2023年预计的有关数据如表4-6所示。

表4-6 预算基础数据预计表

销售量		销售单价/万元	单位变动成本		固定成本/万元
数量/吨	概率		金额/万元	概率	
500	0.2	1	0.58	0.3	100
			0.60	0.5	
			0.62	0.2	
550	0.5	1	0.58	0.3	
			0.60	0.5	
			0.62	0.2	
600	0.3	1	0.58	0.3	
			0.60	0.5	
			0.62	0.2	

用文字表达，即销量有三种可能，分别为500吨、550吨、600吨，对应概率为0.2、0.5、0.3，而单位可变成本的三种可能为0.58、0.60、0.62，对应概率为0.3、0.5、0.2。根据已知的预算基础资料，运用概率预算法编制利润期望值表，如表4-7所示。

表4-7 利润期望值表

销售量		销售单价	单位变动成本		固定成本	各种销售数量对应的实现利润	联合概率	期望利润
数量/吨	概率		金额	概率				
①	②	③	④	⑤	⑥	⑦=①×③-(①×④+⑥)	⑧=②×⑤	⑨=⑦×⑧
500	0.2	1	0.58	0.3	100	110	0.06	6.6
500	0.2	1	0.60	0.5	100	100	0.10	10
500	0.2	1	0.62	0.2	100	90	0.04	3.6
550	0.5	1	0.58	0.3	100	131	0.15	19.65
550	0.5	1	0.60	0.5	100	120	0.25	30
550	0.5	1	0.62	0.2	100	109	0.10	10.9
600	0.3	1	0.58	0.3	100	152	0.09	13.68
600	0.3	1	0.60	0.5	100	140	0.15	21
600	0.3	1	0.62	0.2	100	128	0.06	7.68
Σ	1.00	123.11						

（三）优缺点和适用范围

（1）概率预算法的优点：概率预算法充分考虑了各项预算变量在预算期内可能发生的概率，企业能够在预算构成变量复杂多变的情况下，编制出比较接近实际的预算。

（2）概率预算法的缺点：要求编制者有较高的预测水平，预算构成变量的概率易受主观因素的影响。

（3）概率预算法的适用范围：经营活动波动比较大、不确定因素多的企业；市场的供应、产销变动比较大的情况下编制销售预算、成本预算和利润预算。

四、增量预算法

（一）增量预算法的含义

增量预算法亦称调整预算法，是在基期预算项目水平的基础上，充分考虑预算期内各种因素的变动，结合预算期业务量水平及有关降低成本的措施，通过调整有关原有预算项目而编制预算的方法。

增量预算法的显著特点是，从基期实际水平出发，对预算期内业务活动预测一个变动量，然后按比例测算收入和支出指标。也就是说，根据业务活动的增减对基期预算的实际发生额进行增减调整，确定预算期的收支预算指标。

增量预算法有三个假定前提：一是基期的各项业务活动都是企业所必需的；二是基期的各项成本费用支出都是合理的、必需的；三是预算期内根据业务量变动增加或减少项目指标是合理的。

（二）增量预算法的优缺点和适用范围

（1）增量预算法的优点：编制方法简单，容易操作，便于理解；同时，由于考虑了上年度预算的实际情况，所编制出的收支预算易得到公司各层级的理解与认同。

（2）增量预算法的缺点：假定上年度的经济活动在新的预算期内仍然会发生，而且过去发生数额是合理、必需的，该预算法就有可能保护落后，使得一些不合理的开支合理化。同时出现"年初抢指标、年末抢花钱"的"两抢预算"，不合理因素因而得到长期沿袭，这在制度经济学中被称为"路径依赖"。

（3）增量预算法的适用范围：适用于以前年度预算基本合理的企业和项目。从中国目前的整体发展情况来看，在销售收入的预算中更适合使用增量预算法。这一点我们将在第五章经营预算中专门说明。

（三）增量预算编制程序与例题

【例4-5】ABC公司2023年营业收入预算为500万元，比2022年增长10%，采用增量预算法编制2023年的销售费用预算。

销售费用中的折旧费用、销售管理人员工资等项目一般为固定费用，不会因产品销售收入的增减而发生变化，因此，只对变动费用项目按增量预算法预算相应的增加预算数额。预算编制的基本程序如下：

第一，分析成本习性，区分固定成本与可变成本。

第二，固定成本采用固定预算法确定预算指标，变动成本采用增量预算法确定预算指标。

第三，汇总明细费用指标，确定销售费用总额。

采用增量预算法编制的销售费用预算如表4-8所示。

表4-8　ABC公司的销售费用增量预算表

金额单位：万元

序号	明细项目	2022年实际发生额	2023年增减比率/%	增减额	10年预算指标
一	固定费用小计	15	0	0	15
1	销售管理人员工资	3	0	0	3
2	租赁费	7	0	0	7
3	固定资产折旧费	3	0	0	3
4	其他固定费用	2	0	0	2
二	变动费用小计	50	10	5	55
1	销售人员工资	10	10	1	11
2	运输费	10	10	1	11
3	差旅费、会务费	5	10	0.5	5.5
4	广告宣传费	15	10	1.5	16.5
5	业务招待费	5	10	0.5	5.5
6	其他变动费用	5	10	0.5	5.5
三	合计	65	10	5	70

五、零基预算法

（一）零基预算法的含义

零基预算法的全称为"以零为基础编制预算的方法"，是指在预算编制时，不受过去实际情况的约束，不以已有预算、上期实际发生项目及发生额为基础，而从实际需要和可能出发，逐项审议预算期内各项费用，在费用—效果分析的基础上，编制当期预算的方法。

预算编制前须明确的四个问题：①业务活动的目标是什么？②能从此项活动中获得什么效益？此项活动为什么是必要的，不开展行不行？③可选择的方案有哪些？目前方案是不是最好的？④各项业务次序如何排列，从实现目标的角度看需要多少资金？

（二）零基预算法的编制程序

零基预算的编制总共有四个步骤：

（1）提出预算目标。在正式编制预算之前，应根据企业的战略规划与经营目标，综合考虑各种资源条件，提出预算构想和预算目标，规范各预算部门的预算行为。

（2）确定部门预算目标。企业内部各有关单位根据企业的总体目标和本部门的具体目标，以零为基础，提出本部门在预算期内为完成预算目标需要发生哪些费用开支项目，并对每一费用项目详细说明开支的性质、用途、必要性及开支的具体数额。

（3）成本—效益分析。公司预算管理部门对各部门提报的预算项目进行成本—效益分析，将其投入和产出进行对比，根据轻重缓急将费用项目归纳为"确保开支项目"和"可适当增减项目"，前者一般为约束性费用，后者一般为酌量性开支项目。

（4）分配资金，落实与编制预算。根据预算项目的排列顺序，对预算期内可动用的资金进行合理安排，首先满足确保开支项目，剩余的资金再按成本效益率或缓急程度进行分配，做到保证重点、兼顾一般。

【例4-6】ABC公司拟采用零基预算法编制2023年年度管理费用预算，根据公司经营目标和总体预算安排，2023年年度管理费用方面的资金支出总额为60万元。

（1）公司管理部门编制的管理费用预案如表4-9所示。

表4-9　管理部门管理费用预案

序号	项目	支出金额/万元
1	工资	20
2	办公费	8
3	差旅费	10
4	技术开发费	5
5	培训费	15
6	保险费	3
7	业务招待费	7
8	税金	2
	合计	70

（2）由于费用预案超过公司的要求，管理部门经过对各项费用的分析研究，将八类费用项目区分为约束性费用项目与酌量性开支的费用项目，认为1工资、3差旅费、4技术开发费、6保险费、8税金为约束性费用项目，应首先满足；而2办公费、5培训费、7业务招待费为酌量性开支的费用项目，其三者的重要程度通过"成本—效益分析"来确定，如表4-10所示。

表4-10　成本效益分析表

金额单位：万元

项目	前三年平均发生额	各期平均收益额	收益率/%	重要性程度
办公费	7	35	5	0.357
培训费	12	72	6	0.429
业务招待费	6	18	3	0.214
合计	35	125	14	1

（3）资金分配。

首先满足约束性费用的资金需求，总额为：20＋10＋5＋3＋2＝40（万元）；然后将剩余资金20万元按照成本收益分析确定的重要程度在剩下的三种酌量性费用项目间分配：

办公费分配资金数＝20×0.357＝7.14（万元）

培训费分配资金数＝20×0.429＝8.58（万元）

业务招待费分配资金数＝20×0.214＝4.28（万元）

（4）编制2023年管理费用资金预算，如表4-11所示。

表4-11　管理费用资金预算表

序号	项目	支出金额/万元
一	约束性费用支出	40
1	工资	20
2	差旅费	10
3	税金	2
4	技术开发费	5
5	保险费	3
二	酌量性费用支出	20
6	培训费	7.14
7	办公费	8.58
8	业务招待费	4.28
三	合计	60

（三）零基预算法的优缺点和适用范围

（1）零基预算法的优点：以零为起点，不受过去的限制，不受现行预算的约束，单独考虑预算期业务需要来确定各项费用。预算细致、具体，将有限的资金按照功能、重要性等相关因素进行合理、有效的资源配置，有利于合理使用资金，提高资金使用效率。

（2）零基预算法的缺点：由于一切以零为起点，需要对历史资料、现有情况和投入产出进行分析，预算编制工作相对繁重，需要花费大量的人财物和时间，预算成本较高，编制时间较长。

（3）适用范围：零基预算法主要适用于销售费用、管理费用等间接费用的预算，包括各职能部门的费用预算和行政事业单位的费用预算。

六、从定期预算到滚动预算法

（一）定期预算的特点

前面已经介绍了五种预算编制方法，即固定预算法、弹性预算法、概率预算法、增量预算法、零基预算法。这五种方法都是以一个会计年度、季度或月度作为预算编制的时期，所编制的预算都可以称为"定期预算"。

定期预算的优点在于预算期与会计期一致，便于实际数与预算数的相互比较，有利于对预算执行情况和执行结果进行分析和评价。

但是定期预算的缺点也是明显的，主要包括：第一，定期预算编制时间始于预算年度前 3 个月左右，此时预算编制部门对预算期内企业的一些经营活动情况并不是十分了解，从而无法做到准确预算，尤其是预算后半期的预算数据较为粗略，使得在预算执行中可能遇到较多的困难和障碍；第二，未来情况可能有较大变化，定期预算不能及时根据变化了的情况进行适时的调整；第三，预算时期是固定的，随着预算的执行，预算期会越来越短，使得管理人员只考虑较短的预算期间的经营活动，尤其是预算后期常常引发"突击花钱"等短期化行为；第四，市场经济体制下，很多企业靠客户的产品订单组织生产，而订单产品生产时间可能很短，甚至只有一两周，此种情况下，按年、月编制预算不仅难度大，而且编制的预算可能是"闭门造车"，缺乏可执行性。

正是针对定期预算的上述缺陷，出现了滚动预算的概念。

（二）滚动预算法的基本原理

滚动预算法是随着时间的推移与预算的执行，其预算时间不断延伸，预算内容不断补充，整个预算处于永续滚动状态的一种预算。

滚动预算的基本原理是预算期始终保持在一个固定时期，一般为一年。当基期年度预算编制完成后，每过一个月或一个季度，便补充下一月或下一季的预算，逐期向后滚动，使整个预算处于一种永续滚动状态，从而在任何一个时期都能使预算保持 12 个月的时间跨度。

滚动预算法按照"近细远粗"的原则，采用了长计划、短安排的方法，即在基期编制年度预算时，先将第一季度按月划分，建立各月份的明细预算数字，以方便执行与控制；至于其他三个季度的预算则可"粗"一些，只列各季度的总数，等到第一季度临近结束时，再将第二季度的预算按月细分；第三、第四季度以及新增列的下一年度的第一季度预算，则只需列出各季度的预算总数，以此类推，使预算不断滚动下去。这种方式的预算有利于管理人员对预算资料做经常性的分析研究，并能根据当前预算的执行情况加以修改，这都是传统的定期预算编制方式所不具备的。滚动预算法编制示意图如图 4-1 所示。

（三）滚动预算法的优缺点与适用范围

1. 滚动预算法的优点

理论上，滚动预算法弥补了定期预算的几乎所有缺陷，其优点主要包括以下四个方面：

第一，滚动预算法能够从动态的角度、发展的观点把握企业短期经营目标和远期发展战略，使预算具有较高的透明度，有利于企业管理决策人员以长远的眼光去统筹企业的各种经营活动，将企业的长期预算与短期预算很好地联系和衔接起来。

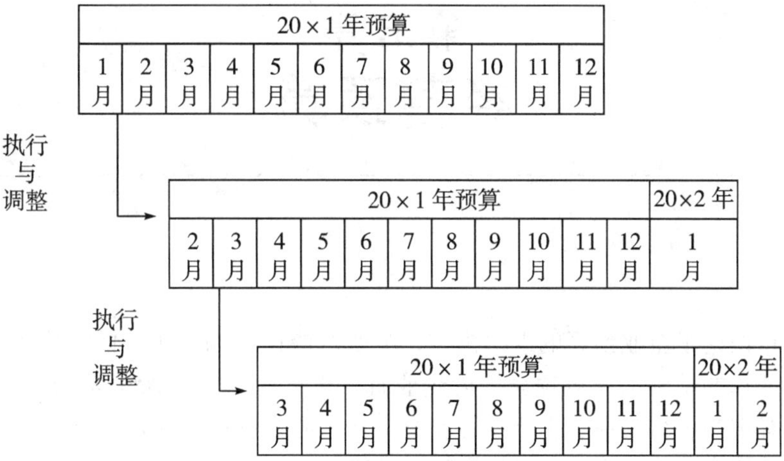

图 4-1　滚动预算法编制示意图

第二，滚动预算法遵循了企业生产经营活动的变动规律，在时间上不受会计年度的限制，能够根据前期预算的执行情况及时调整和修订近期预算，在保证预算的连续性和完整性的同时，有助于确保企业各项工作的连续性和完整性。

第三，滚动预算法能使企业各级管理人员对未来永远保持着 12 个月的工作时间概念，有利于稳定而有序地开展经营活动，避免短期行为。

第四，滚动预算法采取长计划、短安排的具体做法，可根据预算执行结果和企业经营环境的变化，对以后执行期的预算不断加以调整和修正，使预算更接近和适应变化了的实际情况，从而更有效地发挥预算的计划与控制作用，有利于预算的顺利进行。

2. 滚动预算法的缺点

理论上完美的滚动预算法，在实践中会遇到巨大的困难，即工作量太大，如果月月滚动，企业几乎就是月月在做预算。因此，理论上最完美的东西，在实践中往往可能最无用。

3. 滚动预算法的适用范围

理论上的滚动预算法要保持 12 个月的固定预算期，进而引发了月月编制预算的尴尬。但是定期预算的确会出现由于客观情况发生重大变化，需要调整预算的情况。因此，现实中的滚动预算法经常作为预算调整的一种方式，其调整不是未来的 12 个月，而是本年度剩余的月份。在第八章年度预算编制中，我们会对滚动预算法的编制进行详尽说明。

第五章
经营预算

- -

第三章谈论了企业预算的组织机构,第四章谈论了编制预算的程序和方法。本章将在这两章的基础上,对预算期内企业日常生产经营活动所引发的收入、成本、费用的预算编制进行阐释。本章内容涉及责任中心中的收入中心、成本中心和费用中心,而投资中心将在第六章专门预算中讲述。

第一节　经营预算概论

经营预算,亦称业务预算,是指与企业日常经营活动直接相关的经营业务的各种预算。经营预算主要包括销售预算、生产预算、存货预算和期间费用预算四类。销售预算是对预算期内预算执行部门销售各种产品或劳务可能实现的销售量和销售单价的预算。生产预算是对预算期内所要达到的生产规模和产品结构的预算,主要指产量的预算。存货预算是对预算期内各类存货数量与单价的预算,由于存货种类众多,结合预算管理要求,可以分为采购环节、生产环节和销售环节三类预算。其中,采购环节的存货包括外购商品、外购原材料、低值易耗品和包装物;生产环节的存货包括生产成本中的直接材料、直接人工、制造费用;销售环节的存货指验收入库后至对外销售前的产成品。需要说明的是,在制造类企业中还存在辅助生产成本的核算,主要是针对预算期内辅助生产车间发生的各种费用的预算,其最终会转化为直接材料或制造费用。期间费用预算是指企业在预算期内组织生产经营活动所必需的管理费用、销售费用(营业费用)和财务费用的预算。

经营预算涉及采购部门、生产部门、销售部门、研发部门、财务部门等,分别归属于收入中心、成本中心和费用中心。

讲述经营预算编制,有两种方法:一是按照预算的内容依次说明销售预算、生产预算、存货预算和期间费用预算;二是根据不同的责任中心的特点,讲述其预算编制的方法。

鉴于预算编制、执行、分析、控制、考核的完整性,本章的第二至第四节将从责任中心的角度讲述预算编制,并在最后一节讲述其他相关的预算编制。

第二节　收入中心的预算编制

收入中心是为企业带来直接收入的部门，负责完成马克思所言的"惊险跳跃"，其在制造类企业中主要是指销售部门。

一、预算编制的起点与方法的选择

（一）预算编制的起点

实务中，受企业产品在市场上的供求关系影响，预算编制的起点有两种，一是以生产预算为起点，二是以销售预算为起点。

在产品处于卖方市场的情况下，产品供不应求，企业生产多少就能销售多少，生产决定销售，如曾经的苹果手机。这种情况下，预算编制的起点自然是生产预算。

在产品处于买方市场的情况下，产品竞争激烈，销售决定生产。这时，企业的生产必须贴近市场、适应市场，必然以销售预算作为预算编制的起点。

在市场经济条件下，除少数垄断行业和特殊企业外，多数企业接受市场的竞争，因此本书对于经营预算的编制以销售预算为起点。

（二）预算编制方法的选择

销售部门预算的编制涉及很多方面，如销售量预算、销售价格预算、销售费用预算、应收账款预算等。就销售量预算而言，在多种预算编制方法中，应当选择"增量预算法"。这主要基于两个原因：一是增量预算法体现了企业不断发展的诉求，每个企业都希望在上年的基础上"芝麻开花节节高"，加上企业发展存在一定的惯性，可以使用增量预算；二是得益于中国经济的大环境，改革开放后，尤其是21世纪以来，中国企业包括国有企业都取得了快速的发展。虽然近年来受世界经济危机影响和欧美贸易保护主义的干扰，中国经济增速有所放缓，甚至有人宣称中国经济进入结构性减速的阶段，但是否如此，相信时间会给他们否定的答案。中国经济的长期快速发展，为企业发展提供了良好的外部环境，整体蛋糕变大，即便市场占有率不变，企业仍可取得发展。因此，微观与宏观两个方面的原因，使得使用增量预算法编制销售量预算成为必然。

二、销售量的预算方法

销售部门的预算内容包括销售量预算、销售单价预算、销售费用预算、应收账款预算等。本节将重点分析销售量预算与销售单价预算，其他相关预算将在本章第五节讲述。

销售量预算是指在充分调查研究的基础上，预计市场对企业产品在未来期间的需求趋势。其主要有两大类方法，即定性预测法和定量预算法。

（一）定性预测法

定性预测法是依据预算人员的实践经验、知识及分析能力，在充分考虑各种因素对企业经营活动影响的前提下，对预测目标的性质和发展趋势进行预测的分析方法。预算是一个计划的量化过程，即是一种定量的方法。但是，鉴于未来因素的千变万化和难以量化的原因，定性预测法可以作为一种辅助方法使用。定性预测法具体有高级经理意见法、销售人员意见法、购买者期望法和德尔菲法。

高级经理意见法依据销售经理或其他高级经理的经验与直觉，通过一个人或所有参与者的评价意见得出销售预测大体数值的方法。此方法不需要经过精确设计即可迅速简单地进行预测，对于预测资料不足而预测者经验丰富的情况，该方法非常实用。

销售人员意见法利用销售人员的经验和直觉对未来销售进行预测。它既可以由每个销售人员单独做出预测，也可以由销售人员与销售经理共同讨论做出预测。预测结果层层汇总，最终得出企业的销售量预测结果。该方法简单明了、广泛，作为一种参与式预算使得销售目标的制定更具有群众基础。使用该方法时，需要避免"泛民主"的负面影响。

购买者期望法是通过征询客户的潜在需求或未来购买产品计划的情况，了解客户购买产品的活动变化及特征，然后在收集客户意见的基础上分析市场变化，预测未来的市场需求。在预测实践中，这种方法常用于中高档耐用消费品的销售预测。这种方法一般准确率较高，但不适合于长期预测。这是因为长期来看市场变化因素多，消费者不一定能按长期购买产品计划安排实际购买活动。

德尔菲法亦称专家意见法，是根据有关专家的直接意见，采用系统的程序、互不见面和反复进行的方式，对某一未来问题进行判断的预算方法。其最大优点是能够充分收集专家意见、把握市场特征，具有匿名性、费用低、节省时间的特点。但是，这种方法类似于高级经理意见法，主观性较强。

（二）定量预算法

定量预算法依据过去比较完备的统计资料，应用一定的数学模型或数理统计方法对各种数量资料进行科学加工处理，借以揭示有关变量间的规律性联系，为未来事物发展趋势预测提供依据。下面主要介绍四种方法，即趋势预测法、回归分析法、市场增量法、客户增量法。其中前两种方法偏重理论，后两种方法偏重实务。

1. 趋势预测法

趋势预测法又称时间序列预测法，是将历史资料和数据按时间顺序排列成一组数字序列，根据时间顺序所反映的经济现象的发展过程、方向和趋势，将时间序列外推或延伸，利用变量与时间的相关关系，分析、预测未来数据的方法。该方法又分为简单平均法、移动平均法、指数平滑法。

（1）简单平均法就是通过计算预算期前若干期销售量的算术平均数，以此平均数作为预算期销售量预算数的方法。其计算公式如下：

$$y_t = \frac{x_{t-1} + x_{t-2} + \cdots + x_{t-n}}{n} = \frac{1}{n} \sum_{i=t-n}^{t-1} x_i$$

式中，y_t 表示第 t 期即预算期的销售量预算值，x_i 表示第 i 期的实际销售量，n 为观察期期数，n 的选择根据企业的经验自行确定。

（2）移动平均法是在计算平均数时，不同等地对待各时间序列的数据——给近期的数据比较大的比重，越接近预测期的数据，其权数越大，对预测值的影响也越大，使其对移动平均数有较大的影响，从而使预测值更接近于实际。

此种方法的关键是对每个时间序列的数据插上一个合适的加权系数，值得注意的是，每个时间序列的权数可以不同，但各时间序列的权数之和必须等于 1。其计算公式如下：

$$y_t = \sum_{i=t-n}^{t-1} k_i x_i$$

式中，y_t 表示第 t 期即预算期的销售量预算值，x_i 表示第 i 期的实际销售量，k_i 表示第 i 期实际销售量的权重。

（3）指数平滑法是指以某种指标的本期实际数和本期预测数为基础，引入一个简化的加权因子，即平滑系数，以求得平均数的一种指数平滑预算法。它反映了近期事件的数值对预测值的影响。这是一种在移动平均法基础上发展起来的特殊加权移动平均法。

指数平滑法包括一次指数平滑法、二次指数平滑法和多次指数平滑法。一次指数平滑法适用于水平型变动的时间序列预测；二次指数平滑法适用于线性趋势型变动的时间序列预测；多次指数平滑法适用于非线性趋势变动的时间序列分析。仅以一次指数平滑法为例，其计算公式如下：

$$s_t = a x_{t-1} + (1 - a) s_{t-1}$$

式中，s_t 表示第 t 期销售量预算值，x_{t-1} 表示第 $t-1$ 期实际销售量，s_{t-1} 表示第 $t-1$ 期的销售量预测值，a 表示指数平滑系数，取值范围为 $[0, 1]$。

应用一次指数平滑法进行预测，平滑系数 a 的选择是关键。a 取值不同，预测结果就不同。平滑系数越大，则近期倾向性变动影响越大，反之亦然。平滑系数 a 的大小可以通过过去的预测数和实际数比较而定。

2. 回归分析法

回归分析法是利用事物发展的因果关系来推测事物发展趋势的方法。它一般是根据所掌握的历史资料，找出所要预测的变量与其相关变量之间的依存关系，来建立相应的因果预测的数学模型，最后通过该数学模型确定预算对象在预算期内的销售量或销售额。回归分析法试图找到自变量与因变量的因果关系，所以也被称作"因果预测分析法"，但是更多时候得到的不过是一种相关关系而已，因此称为"回归分析法"更为准确。按是否需要加入控制变量，回归分析法分为一元回归分析法和多元回归分析法。

一元回归分析法是根据直线方程，按照最小二乘法原理来确定一条能正确反映自变量 x 与因变量 y 之间的最小离差平方和的直线进行预测。其数学表达式为：$y = a+bx$。其中 a 和 b 是需要估计的待定参数。第四章例4-3就是一元回归分析法的一个最简单的例子。

现实中，由于影响因变量的因素不止一个，当研究某个因变量对自变量的影响时，为解决内生性问题，需要加入其他因变量，一般称为控制变量，一元回归方程的数学表达式可以扩展为

$$y = \beta_0 + \beta_1 x_1 + \beta_2 x_2 + \cdots + \beta_n x_n$$

式中，y 为因变量，x_1 为自变量，x_2 至 x_n 为控制变量，β_0 至 β_n 为需要估计的待定参数。

对于上述两类定量分析法，无论是时间序列预测法还是回归分析预测法，其优缺点在统计学和计量经济学的教科书中有更详尽的说明，限于篇幅关系，本书不再做相关叙述，有兴趣的同学可以参考统计学和计量经济学的相关书籍。

3. 市场增量法

市场增量法亦称宏观预算法，是指预算单位对宏观经济带来的市场空间以及所处行业的竞争态势进行分析，进而确定销售量或销售额期望值的一种预算方法。其计算公式如下：

预算期市场成长增量＝基期本区域生产总值×预算期生产总值预期增长率×行业相关系数×本企业市场份额

其中行业相关系数是指所处行业产值占该区域生产总值的比重。

【例5-1】20×1年某省地区生产总值为30 103亿元，其中智能手机占5%，市场份额统计如表5-1所示，请计算小米公司的预测销售额。

表5-1 智能手机业市场份额

厂商	市场份额/%	应完成的销售收入/亿元
华为	19	
三星	15.4	
苹果	7.6	
OPPO	5	
小米	4	
其他	49	

根据上表可知，小米公司在某省的预计销售额＝30 103×5%×4%≈60（亿元）。

如果20×2年四川省地区生产总值增速可达10%，则小米公司20×2年的市场成长量＝60×10%＝6（亿元）

在收入中心的预算编制中，销售部门还要与市场部门一起研究另一个重要领域，即研究如何从竞争对手手中抢占份额，这就是"竞争回报增量/额"。

$$竞争回报增额＝竞争性投入÷边际贡献率$$
$$边际贡献率＝（销售收入－变动成本）÷销售收入$$

上述公式的含义是要计算出需要多少销售增量才可以将投入赚回来，达到盈亏平衡。同时说明，如果企业固定成本比重较高的话，需要的回报会减少。我们在之后有关费用中心预算的内容中会说明，企业从稳健性的角度出发，要将固定费用比重增加。

仍以小米公司为例。其本年售出小米 5 手机 360 万台，经市场调研，公司决定将该型号手机（2 000 元）降价 5%，同时增加广告费 1 500 万元，如果该型号手机的边际贡献率为 40%，请计算竞争回报增量。

竞争性投入＝360×2 000×5%＋1 500＝37 500（万元）

竞争回报增额＝37 500÷40%＝93 750（万元）

竞争回报增量＝93 750÷（2 000×95%）≈49（万台）

也就是说小米公司必须多卖出 49 万台手机才能弥补降价损失和广告投入。

对上述例子，还要注意一点，若同学们习惯了会计对已确认项目的精确性的渴望，经常会追求小数点后至少两位数，比如本例中精确计算是 49.34 万台。但是，同学们需要牢记的是，小数点后的两位数基本没有管理价值。管理追求的是价值，而不是精细。一项管理活动的价值在于这项活动对人的行为的指导与改变。

市场增量法是从宏观角度考虑问题的，但是，当企业达不到一定规模水平的话，该方法很难实施。

4. 客户增量法

客户增量法也称微观增量法，是按照企业所面向的客户群体设定增量期望值的一种预算方法，它实际上是前面谈到的定性预测方法中的购买者期望法的一种量化过程。

"顾客是上帝"说明只有客户存在，企业才能存在。销售量完全是客户规模派生的，所以，销售量预算实际上就是客户量预测。客户增量法就是把销售量预算编制到客户的一种方法。

客户群体分为三种，即市场客户、工作客户、购买客户。

市场客户平台（marketing platform，MP），即某种产品或服务的潜在受众群体。市场客户的数量是由产品和服务的设计定位来决定的，任何产品都必须有特定的客户指向，所谓老少皆宜、男女通用的产品是不可能成功的。

在市场客户平台上，市场部门需要通过各种手段让受众群体了解企业的产品或服务。这个阶段要花钱，有些产品要花很多钱，营销预算就是为搭建这个平台所准备的，这个时期的费用支出称为"客户影响成本"，市场部门的主要考核指标是"客户访问量/竞争投入量"。

工作客户是指那些对企业某种产品或服务有所了解并有购买意向的人。在工作客户平台（working platform，WP）上，销售部门需要花费销售费用，其费用支出称为"客户开发成本"，销售部门的主要考核指标是"销售费用/WP客户总量"。

购买客户是已经购买了企业某项产品或服务的客户。这些客户是需要予以售后服务的群体，他们是服务与技术支持部门的工作指向，在购买客户平台（buying platform，BP）上，服务与技术支持部门的费用支出称之为"客户维护成本"，该成本用于考核老客户的维护有效性，成本数额会因为销售量的增加而增大。

客户影响成本、客户开发成本、客户维护成本，三者构成了营销成本或销售费用，这种划分方法有利于责任中心的确定。很多现代企业，制造成本甚至低于营销成本，所以企业丝毫不需要因为在制造成本方面降低几个百分点而沾沾自喜。

上述的三种客户可以简称为MP客户、WP客户和BP客户。企业要增加销量，必然是需要交易量的增加，而交易量来自客户，更直接地说是BP客户。维持与不断壮大BP客户是销售预算的重心，BP客户形成的交易量源于两个：一是BP客户的反复购买次数的增加，二是WP客户的转入。如苹果公司通过更新系统的方法增加"果粉"购买次数，通过产品创新和广告宣传吸引安卓客户转投IOS系统。

销售预算的公式如下：

$$销售预算 = \sum（BP客户上年交易量 + BP客户明年新增交易量 + WP客户转入量）$$

客户增量法弥补了市场增量法的不足，同时也汲取了市场增量法的优点，使得销售量预算更为理性和具有针对性。市场增量法和客户增量法建立了一个重要的平台，迫使企业市场部门、销售部门永远紧盯市场、紧盯竞争对手，迫使他们去研究和把握企业的发展机会和现实空间，去考虑在机会和空间面前能做什么和该做什么。

此外，区分新老客户，是客户增量预算方法的重要一环，需要针对不同客户的增量对销售部门等责任中心实行不同的奖励。

三、销售价格的预算

销售额是销售数量和销售价格的乘积，在销量一定的情况下，产品价格的高低直接决定着企业销售收入的高低和盈利的多少。因此，科学合理地制定销售价格是编制销售预算的另一项重要内容。

（一）影响销售价格的因素

1. 产品成本

马克思主义理论告诉我们，商品的价值是价格的基础。商品的价值由C、V和M构成，其中C和V是生产过程中物化劳动转移的价值和劳动力的使用价格，它们是构成成本的因素，并会影响产品的定价。

企业在实践中，通常按成本、税金和利润三部分制定产品价格。根据有关资料，目前我国国内工业制成品的成本占出厂价格的70%左右，因此产品成本是构成产品价格的重要因素之一，这也是销售价格定价方法中"成本导向定价法"的成因。

但是，有个基本的观念必须澄清。定价时要考虑成本，否则所有企业都会亏损。然而，在市场竞争条件下，市场承认的是社会必要劳动时间而不是个别劳动时间。

除了垄断企业，其他企业没有资格或能力说"因为成本提高了所以要提高价格"，如果成本提高就要提高价格，实质上就是将成本转嫁给消费者，那么还有亏损企业吗？

2. 市场需求

价格以价值为中心并受到供求的影响而波动，这里不再赘述"供求定理"。

3. 竞争因素

不同的市场类型，竞争程度不同。完全竞争和完全垄断是两个极端的情形。现实中更多存在的是不完全竞争，在此条件下，竞争的强度对企业产品定价策略的影响重大。在不同的竞争条件下进行产品价格制定时，企业首先要了解市场竞争的强度，这主要取决于产品制作技术的难易、是否有专利保护、供求形势、竞争格局等；其次要了解竞争对手的价格策略和对手的实力；最后要了解企业在市场中的经济地位。

4. 技术因素

技术是提高竞争能力的关键之一，企业产品技术主要表现为四个方面，即关键技术的先进性、功能增强型技术、外观改进型技术、品质保证型技术。这些问题我们将在后面的"技术定价法"中详细说明。

（二）产品定价方法

产品定价方法的种类有很多，在学习了销售价格的影响因素之后，我们将主要介绍三种产品定价方法，即成本导向定价法、技术导向定价法和市场导向定价法。

1. 成本导向定价法

成本是企业生产和销售产品所耗费的各项费用之和，它是构成价格的基本要素。成本导向定价法，就是以成本为基础，加上预期利润来制定价格的一种方法。它操作简单，也是一种常用的定价方法。

在实际应用过程中，成本导向定价法还可以细分为成本加成定价法、边际贡献定价法和目标利润定价法。

（1）成本加成定价法是在产品成本的基础上，加上一定比例的利润作为产品销售价格的一种方法。其计算公式如下：

产品价格＝产品成本×（1+成本加成率）+单位产品税金及附加

其中：

①增值税是价外税，不包含在税金及附加之内，因此产品价格是不含增值税的价格。

②作为加成基础的产品成本是由完全成本构成的，包括产品制造成本、管理费用、销售费用和财务费用。

③单位税金及附加是公司应交消费税、城市维护建设税和教育费附加。

④成本加成率就是企业产品成本利润率，其具体数额可以在行业水平的基础上结合企业实际情况确定，其计算公式为

成本加成率＝预期利润÷产品成本总额×100%

成本加成定价法是一种最普遍的定价方法，它适用于产品成本相对稳定、市场竞争较弱行业的产品定价。其优点是定价方法简单易行，缺点是只从卖方和成本角度考虑价格，忽视了市场需求和竞争。

（2）边际贡献定价法是在产品单位变动成本的基础上，加上一定边际贡献率来核定产品价格的一种方法。其计算公式如下：

产品价格＝产品单位变动成本÷变动成本率＝产品单位变动成本÷（1-边际贡献率）

其中：

边际贡献率＝边际贡献÷产品价格

边际贡献＝产品价格-产品变动成本-单位产品税金及附加

边际贡献定价法的内涵是：只要所定的产品价格高于产品的变动成本，企业即可获得对固定成本的边际贡献。而当企业获得边际贡献总额超过固定成本总额时，企业就可以获得利润。这其实都是微观经济学一些最基础的知识，同学们有兴趣可以看看经济学的相关内容。

当企业生产能力过剩，而客户又不愿意接受正常产品销售价格时，企业采用边际贡献法进行产品报价可以防止客户的流失。有时，在市场竞争激烈时要进入某个客户市场领域，企业也可以采用边际贡献定价法。

【例5-2】ABC公司甲产品的设计生产能力为100万台，产品成本构成情况如表5-2所示。

表5-2 ABC公司甲产品成本构成情况表（设计生产能力：100万）

项目	产品总成本/万元			产品单位成本/元		
	固定成本	变动成本	总成本	固定成本	变动成本	总成本
制造成本	1 600	5 600	7 200	16	56	72
销售费用	100	200	300	1	2	3
管理费用	200	200	400	2	2	4
财务费用	100	0	100	1	0	1
税金及附加	0	0	0	0	0	0
产品总成本	2 000	6 000	8 000	20	60	80

显然，当公司每月产品的产销量达到100万台时，60元的销售价格是该公司的停止生产点；当售价高于60元时，公司的固定成本可得到不同程度的补偿；如果售价高于80元，公司即可开始获利。

假定10月份ABC公司已经确定了70万台甲产品的订单，产品价格按照20%的成本加成率定价，则甲产品的单价＝80×（1+20%）＝96（元/台）。

再假定又接到另一客户20万台的甲产品订单，但客户提出的最高价格为70元/台，需要公司决定是否接受这个订单。

显然，按照成本加成定价法，70元的价格低于产品的单位制造成本72元，公司是不会接受此订单的。但是，采用边际贡献定价法后发现：

边际贡献=70-60=10（元/台）

边际贡献率=10÷70≈14.3%

在10月份生产任务不足的情况下，是否接受该订单需要比较以下利润情况：

①不接受订单，10月份的利润情况为

产品销售收入=70×96=6 720（万元）

产品成本=固定成本+变动成本=2 000+70×60=6 200（万元）

甲产品利润=6 720-6 200=520（万元）

②接受订单，则10月份的利润情况为

产品销售收入=70×96+20×70=8 120（万元）

产品成本=固定成本+变动成本=2 000+（70+20）×60=7 400（万元）

甲产品利润=8 120-7 400=720（万元）

很明显，企业应该接受70元/台的第二笔订单。

（3）目标利润定价法是根据企业产品总成本和预算销售量，确定一个目标利润率，并以此为定价标准。其计算公式如下：

产品价格=产品总成本×（1+目标利润率）÷销售数量

从本质上看，目标利润定价法也是一种成本加成定价法。

2. 技术导向定价法

成本是产品定价时考虑的首要因素，但是如果希望永不亏损，就必须将成本完全转嫁给消费者或下游企业，能做到这一点的只有垄断企业。当然，在某些企业某些时候存在短期的超额利润计划的情况下，也可能出现此种情况，如前几年的苹果手机，再如胡庆余堂的"真不二价"。对于后一种情形，能卖出高价的产品或服务都有一个重要的支柱，即技术。

技术导向定价法就是按照产品或服务的技术价值来确定销售价格的一种方法。这种定价方法实际上是将研发部门引入定价团队，并对企业产品的的技术性做出评估。需要回答的问题主要包括四个方面：

一是关键技术领先。技术越先进，产品价值越高，产品销售价格就越高，这是经济学的常识。比如2010年苹果公司推出的iPhone4手机，其产品设计优良、操作系统流畅。因此，苹果手机超高的售价、高额的利润率就不足为奇了。苹果手机的成本比售价低许多，却仍有广阔的销售市场，这是因为决定价格的是需求而不是成本。

二是功能增强型技术。产品技术是产品功能的基础，产品功能是产品技术的体现，所以产品技术创新必须在产品功能上有不同程度的体现。一个产品的基本功能、辅助功能越多，可以满足或开发的需求也就会越多，客户自然越多，确定较高价格的可能性就越大。相反，如果一种产品功能越少，市场就越小，需求就越少，价格自然会更低。这个特点在今天的智能手机上被体现得淋漓尽致，同学们作为年轻人更了解这个情况。所以，虽然一些企业的核心技术不再先进了，但因为其附加功能很多，在市场上仍会占有一席之地。

三是外观改进型技术。同样的技术、同样的功能，外观不同，价格可能会有天壤之别，计划经济年代的茅台酒就曾经遇到过这样的尴尬。而韩国的产品，小到手机、大到汽车，大多以形象取胜。三星手机没有最新的核心技术，没有开发最新的功能，其曾经受欢迎的原因就是漂亮的外观。

四是品质保证型技术。一分钱一分货，在保证品质的前提下取得成功是一种重要的经营手段。曾经的手机业巨头诺基亚，其研发投入的主攻点是两个，即品质和成本。

总之，研发预算是销售价格预算的一个重要组成部分，其回答的问题是研发投入的价值取向问题。这一点我们将在第六章专门预算中详细说明。当然，研发部门虽然可以根据竞争产品的情况对本企业产品做出技术评估，但是分析技术、功能、外观和品质究竟与价格变动有多大的相关性，却不是研发部门的强项，这时需要市场部门和销售部门参与进来，共同研究市场价格与产品技术间的关系，确定技术因素与产品价格的关联系数。

【例5-3】ABC公司研发部门与市场部门对乙产品所做的关联系数表和价格决策表如表5-3所示。

表5-3　乙产品关联系数和价格决策表

技术因素	衰败程度/%	关联系数	价格变动幅度/%	基期价格/元	预算价格/元
关键技术	-10	0.2	-2		
功能增强	-20	0.4	-8		
外观改进	-40	0.3	-12		
品质保证	0	0.1	0		
价格调整			-22	3 000	2 340

通过表5-3可以看出，ABC公司经过研发部门和市场部门的共同评估后，从技术层面看，明年的销售价格应该从3 000元降至2 340元，降幅高达22%。一般而言，产品降价达到这个程度时，就意味着该产品已经进入衰败期，公司应该考虑让其慢慢退市了。

技术导向定价法的意义在于，该方法从四个方面向研发部门和市场部门提出了应该关注的问题，这对研发部门未来产品研发方向的确定具有重要意义。

3. 市场导向定价法

中国有句俗话："没有卖不出的东西，只有卖不出的价格。"成本导向定价法是从企业成本利润角度考虑产品定价的，技术导向定价法是从技术角度及在理性基础上给产品定价的。但是，产品究竟能卖到什么价格，最终还是由市场说了算，从根本上说是由市场供求关系决定的。因此，不少企业采用市场导向定价法。

市场导向定价法是依据客户对产品价值的感受和对产品的需求程度来定价的。其主要包括理解价值定价法、需求差别定价法、市场需求定价法、随行就市定价法、竞争导向定价法等。

（1）市场定价法的分类。

①理解价值定价法，亦称认知价值法，是指根据购买者对产品价值的认识和理解来确定价格。产品的价格并不取决于卖方的成本，而是取决于购买者对产品价值的理解和认知，卖方可以运用各种营销策略与手段，如优美的装修、高雅的环境和周到的服务，去影响买方对产品的认知和感受，使之形成对卖方有利的价值观念，然后再根据产品在买方心目中的价值来定价。

购买者对产品价值的理解与感受，很多时候不是由产品成本所决定的。例如一瓶雪花勇闯啤酒，在超市的价格是 5 元，在一般饭店的价格是 10 元，而在五星级酒店的价格是 30 元。这是因为环境气氛、服务等因素提高了产品的附加价值，使顾客愿意支付更高的价格，这就是购买者理解价值定价法。该方法定价的关键是准确估计购买者对企业产品的理解价值，然后根据这一点确定产品的价格。

②需求差别定价法是指根据购买者对产品需求的强弱不同，定出不同的价格。需求强则定价高，需求弱则定价低。需求差别定价可以分为以顾客为基础、以产品为基础、以地域为基础和以实践为基础四种类型。

③市场需求定价法是指企业根据市场能够接受的价格来确定产品价格，即企业先了解市场环境，确定市场上可以销售出去的产品零售价格，在这个市场零售价格的基础上，对各种中间费用和利润进行扣除，得到产品的出厂价，这个出厂价即是对产品的定价。

④随行就市定价法是指企业将本行业的平均价格水平作为产品定价的标准。在产品市场竞争激烈、成本复杂、需求弹性难以确定时，随行就市定价法可以反映本行业的集体智慧和市场供求情况，既能保证适当的利益，又能依照现有行情定价，同时易于处理与同行间的关系，避免恶性竞争的出现。

⑤竞争导向定价法主要是以竞争者的价格为定价基础，以成本和需求为辅助因素进行产品定价，使本企业的产品价格与竞争者的价格类似或保持一定的距离。其特点是，只要竞争者价格不变，即使成本或需求发生变动，本企业的价格也不变，反之亦然。

（2）市场导向定价法的操作。

基于上述对市场导向定价法的分类，我们可以看出，市场导向定价法就是从市场层面理解产品销售价格的一种方法。定价主要基于两个方面的因素：一是消费者的购买力，二是产品的竞争力。购买力的变化是改变供求关系的直接动力，竞争则是购买力再分配的重要手段。

要提高企业产品的竞争力，市场部门必须认清企业产品的竞争对手。通常情况下，在同一地区、同一客户群、同一价位上，竞争对手只有三五个。市场部门需要随时关注这些竞争对手的各种竞争动作，并随时评价这些竞争动作可能给本企业产品带来的价格压力。

竞争压力的大小取决于竞争对手对市场的影响力和控制力。市场部门在进行市场定价时，必须充分考虑竞争对手可能推出的新的竞争手段及其对本企业产品所产生的影响，从而随时调整本企业产品的价格。当然，市场部门也可以采取主动出击的方法，设计先发制人的竞争动作及期望得到的市场反应。

【例5-4】针对乙产品，ABC公司市场部门对明年市场购买力和竞争力做了分析，明年市场需求会增加30%，竞争对手会降价5%，具体情况如表5-4所示。

表5-4　乙产品销售价格预算表

市场因素	影响程度/%	关联系数	价格变动幅度/%	基期价格/元	预算价格/元
购买力	30	0.4	12		
竞争力	−5	0.6	−3		
价格调整			9	3 000	3 270

对比表5-3，从技术层面上看，ABC公司的乙产品应该降价22%，但是从市场层面上看，应该涨价9%，那么市场部门应该如何决策？一般而言，在具备涨价空间的市场面前，同时企业具有闲置生产能力或快速扩张供给能力的情况下，通常企业会选择以价换量，即不追求价格上涨，而是追求销量扩大。当然，这还取决于产品的需求弹性和所处行业的特征。

第三节　成本中心的预算编制

成本中心主要涉及生产部门、采购部门和研发部门等。其预算的内容包括产量预算、直接材料预算、直接人工预算、制造费用预算、产品成本预算等。

一、产量预算

一般而言，产量预算是由企业生产部门为主导编制的，在以销定产的前提下，其编制的直接依据是销售量预算，同时考虑企业的生产能力、存货数量、生产工艺、设备修理等因素，有的企业还要考虑季节性因素的影响。

因此，编制产量预算需要统筹规划，维持产品生产与销售及存货间的平衡，预算期内产品产量预算的基本公式为

$$产量=销售量+期末存货数量-期初存货数量$$

上式中的销售量可以直接从销售量预算中取得；对于预算期内产品期初、期末的库存量，一般可以根据产品的生产周期、一次发货量、发货时间等因素合理确定，

同时兼顾季节性生产或要求集中供货的订单的影响。其基本要求是，既不能耽误销售，又不能造成存货积压。

二、直接材料预算

直接材料预算是以产量预算为基础编制的企业在预算期内各种直接材料消耗量及其成本的预算。直接材料是企业产品制造成本的主要组成部分，搞好直接材料预算的编制，不仅可以保障预算期内产品生产的材料需要，而且可以通过严格的材料消耗定额和预算单价的控制有效降低产品的制造成本。

编制直接材料预算涉及产品产量、材料消耗定额、材料预算价格三类数据资料。其基本计算公式如下：

$$产品直接材料的消耗量 = \sum（产品产量 \times 材料消耗定额）$$

$$产品直接材料的消耗额 = \sum（产品产量 \times 材料消耗定额 \times 材料预算价格）$$

（一）材料消耗定额的预算编制

材料消耗定额是指在一定的生产技术组织的条件下，制造单位产品或完成单位劳务所必须消耗的物资数量标准。按照不同的要求，成本可以分为计划成本、定额成本和标准成本等，这一部分的内容我们将在第八章财务控制中做详细说明。

材料消耗定额包括主要原材料、辅助材料、燃料、动力等材料消耗定额。其制定的原则是：在保证产品质量的前提下，根据生产部门的具体条件，结合产品结构和工艺要求，以理论计算和技术测定为主，以经验估计和统计分析为辅来制定先进合理的消耗定额，其编制部门主要是生产部门和研发部门。

（二）材料预算价格

直接材料预算中的材料成本总额是由材料消耗量乘以材料预算价格得来的。因此材料预算价格的高低，将直接影响直接材料预算的数量和产品制造成本的高低。

材料预算价格是指企业编制直接材料预算、核算产品生产的材料成本时所采用的价格，是不含税的材料价格，一般由买价加运输费、装卸费、保险费、包装费、仓储费、运输途中的合理损耗、入库前的挑选整理费用和按规定应计入成本的税金组成。

编制直接材料预算所用的材料预算价格一般采用企业内部的计划价格或标准价格。这是由于编制预算期内直接材料预算时，材料的实际价格不可能确定下来，只能采用计划价格或标准价格。另外，生产部门在实际核算产品制造成本时，应采用计划价格或标准价格核算材料消耗成本，以保持材料消耗成本计算与直接材料消耗预算口径的可比性。材料预算主要的编制部门是采购部门。

三、直接人工预算

直接人工预算是企业在预算期内为完成产量预算所需的直接人工工资和福利的预算。直接人工范围应确定在基本生产车间、辅助生产车间中直接参加产品或劳务活动的工人的工资与福利。车间管理人员和技术人员的工资与福利在制造费用中体现；公司职能管理部门人员工资与福利在管理费用中列支；销售人员工资与福利在销售费用中列支；基建项目人员工资与福利在在建工程中列支。

编制直接人工预算涉及产品产量、生产工时定额、工资预算三类数据资料。

计算每种产品的直接人工总工时公式如下：

$$产品的直接人工总工时 = \sum （产品产量 \times 单位生产工时定额）$$

其中，产品产量可以从产量预算中直接获得；单位生产工时定额可以在综合考虑企业现有生产技术条件的基础上，根据直接生产人员生产单位产品所需要的合理时间来确定，该"合理时间"包括直接加工操作必不可少的时间以及必要的休息时间和设备调整时间。

计算产品耗用的直接工资公式如下：

$$产品直接人工的数额 = \sum （产品产量 \times 生产工时定额 \times 小时工资率）$$

上式中的小时工资率会因企业的工资制度而存在差异。

若采用计时工资制，小时工资率应根据正常生产技术条件下，一定时间的工资总额和一定时间内的工时量来确定。

若采用计件工资制，小时工资率为每生产一件合格产品预定的工资除以产品单位生产工时定额，它由不同技术等级工人的生产效率所决定。

直接人工工时预算一般由生产部门制定，小时工资率的预算由人力资源部门制定。对于其他岗位人员的工资，我们将在本章第四节"费用中心的预算编制"中说明。

四、制造费用预算

制造费用是企业各个生产部门（分厂、车间）为组织和管理生产而发生的各项费用。在企业生产机械化、自动化程度越来越高的情况下，生产设备的价值也越来越高，设备折旧费、维修费、保险费也会相应增加，车间管理人员、技术人员比重也越来越高，因此制造费用在产品制造成本中的比重越来越大，制造费用的预算与控制日益成为成本管理的重点。

有一个会计学的基础知识希望同学们了解，即制造费用属于成本，是资产类要素，计划成本法下可能有期末余额，代表了多种产品的在产品余额，所以制造费用预算属于成本预算，而不是费用预算。

由于制造费用属于生产部门发生的费用，最终会对象化到产品成本中，其预算一般由生产部门负责编制，财务部门负责指导与协助。

制造费用的预算编制远比直接材料和直接人工复杂，直接材料和直接人工作为变动成本，与产量存在直接的线性关系，而制造费用与产量间缺乏直接的因果关系，而且制造费用既有付现成本也有沉没成本；既有变动成本也有固定成本。更为复杂的是，制造费用中的很多项目以混合成本的形式出现，这需要通过高低点法、最小二乘法等方法将其分解为变动制造费用和固定制造费用。

在实务中，制造费用的编制方法有三种：

①变动成本法，即利用成本性态分析原理，将制造费用按其性态区分为变动制造费用和固定制造费用两个部分。其中，变动制造费用以产量预算为基础编制，如果企业拥有完善的标准成本资料，用单位产品的变动制造费用定额或变动制造费用标准分配率等系数与产量相乘，即可得到相应的预算金额，其编制原理和直接材料、直接人工预算类似。固定制造费用一般与产量不存在因果关系，需要运用零基预算法逐项测算。

②作业成本法，即运用作业预算的思想，分析成本动因，然后根据成本动因与制造费用间的因果关系，分别编制作业预算，再进一步汇总为制造费用预算。

③综合法，是一种对变动成本法和作业成本法折中运用的方法，先将制造费用分解为可控项目和不可控项目，接着对可控项目中那些数额较大或较为重要的项目分别编制业务活动计划，据以计算相应可控制造费用项目的数额；对于不可控项目，则按零基预算等方法逐项进行测算。

上述三种方法中，更常用的是第一种方法，即将制造费用分为变动制造费用与固定制造费用两个部分，分类时应注意尽量将更多的制造费用确定为固定成本以便于成本费用的控制与考核，这一点我们将在本章第四节费用中心的预算编制中做更详尽的说明。

五、产品成本预算

产品成本预算是反映预算期内为完成产量预算而发生的各种生产耗费的预算。它是在产品产量预算、直接材料预算、直接人工预算和制造费用预算的基础上汇总编制的，用以反映各种产品的总成本与单位成本。因此，当直接材料预算、直接人工预算和制造费用预算编制完成，加总后可得到产品单位成本，然后乘以产量预算数额即可得到产品总成本。

六、成本中心预算的责任归属

完成成本中心的预算编制，需要进一步说明产品成本各组成部分的责任归属问题。

直接材料、直接人工和变动制造费用的预算均包括数量与单价两个部分，由于受到不同部门的影响，其责任中心不同。对直接材料的消耗量、直接人工工时数、变动制造费用标准分配率、固定制造费用而言，很多同学可能马上想到生产部门，这是合理的，本书将在第九章"财务控制"中详细分析；工资率的确定与人力资源部有关，本书将在本章第四节"费用中心的预算编制"中说明。

这里重点说明研发部门和采购部门，采购部门主要对材料单价负责，而研发部门会影响直接材料、直接人工和制造费用的数量与价格。

（一）采购部门的预算控制问题

很多人对企业的采购部门有些误解，认为花钱比赚钱容易，所以采购比销售好做得多。很多人还把采购看成肥差，认为采购中存在很多寻租空间，而且很难控制采购人员中饱私囊的行为。有的企业只好由一把手亲自出马，或者让亲信出面，或者实行"人盯人"的"防守"。其实从控制原理上看，这些措施意义不大，因为利益对每个人都有诱惑，有的企业一把手亲自主管采购，也亲自贪污受贿。所以，要想阻止采购部门中饱私囊现象的出现，唯一正确的管理措施是实行预算控制。

在经济学的学习中，同学们对"买方垄断"这一概念并不陌生，比如美国的三大汽车公司对众多的零部件供应商而言就有买方垄断的优势，因此很多同学可能自然地认为下游企业比上游企业的利润高。但是，中国的现实情况是，以汽车行业为例，汽车制造企业的毛利率一般是15%~20%，而零部件供应企业的毛利率一般为30%~40%，上游企业是下游企业的一倍。

产生这一现象的原因主要有两个方面：

第一，中国企业的采购部门还没有建立起像销售部门那样合理的业绩考核制度，没有建立起良好的供应商的控制机制。

第二，作为第一个原因的延续，采购人员未能履行好自身的职责。很多人认为，采购人员吃回扣是个普遍现象，其实在真实采购实践中，拿回扣的情况还是少数，更多的是"人情采购"，即和自己朋友所在的企业做生意，一方面放心，另一方面也安心。当朋友所在的企业出现资金困难时，还会出现采购人员以各种理由诱导财务部门提早付款的情况，比如强调该供应商的重要性，如果不付款，对方就无法正常供货了。如果企业想压低供应商的价格，采购人员也会出来劝说，比如再压价对方就不挣钱了。因此，很多时候，公司采购部门成了供应商的"保护伞"。

那么如何杜绝这些现象的发生？答案是建立起合理的预算管理体系，找到问题的核心，这种方法有的时候叫作"杠杆预算"。采购预算的关键在于采购价格，而企业中最了解采购价格的当然是采购人员。那么如何让采购人员避免人情采购，主动压低原材料的采购价格？这需要对原材料进行合理的分类，对供应市场建立预算评价方案，而不是一味地"乱砍价"。这种评价方案如表5-5所示。

表5-5　供应市场分析方案

材料名称	规格	主要供应商	供应市场评价					采购定型	采购应对				
			供求关系	市场主导	价格走势	现行价格	价格预测		抢购	预定	竞价	延迟付款	其他

公司所需的原材料中，并不是每种材料都能降价，原材料的价格主要取决于供求关系和企业的主导能力。

企业首先需要把预算年度的采购材料列一个清单，包括采购的品种、数量、主要供应商，并将那些没有预算价值的零星小额采购合并到"其他项目"之中。其次,企业可以组织采购部门相关人员,对每一种材料的市场供应关系进行评价,包括材料的市场供应总量、市场主导能力、与供应商的关系、价格预测等。

做好上述工作后,企业接下来需要对采购进行分类,大体上说有两大类,即供应型采购和成本型采购。供应型采购就是以保证供应为主,供应商处于主导地位,能买到就是胜利,可以用抢购、预付款等方式获得原材料;成本型采购的材料具有与供应商谈判的空间,也是采购预算控制的重点。

在对采购进行分类的基础上,企业就可以开始进行采购方式调整预算方案的制定了。在这个方案里,针对不同的材料选择不同的采购方法、付款方法、经济订货批量等,同时明确招标、竞价、谈判等具体手段。

通过上述分析,企业也可以同时明确预算期每一种原材料的采购价格、控制目标和执行方案。

(二)研发部门的预算控制问题

一说到降低产品制造成本,很多人马上就会想到生产部门,似乎生产部门是成本上升的罪魁祸首。所以,很多企业会把车间主任送出去培训,学习生产组织、现场管理、精益生产等。学成归来,就让他们在车间里大干一场。结果却是,成本并没有怎么降低。

事实上,生产部门对生产成本的控制能力是较低的,真正对生产成本起作用的是研发部门。变动成本通常在工业设计阶段就已经基本确定,通常,产品成本中80%~90%的份额是由研发设计系统固化而来的,如果设计环节出现成本浪费,其损失是惊人而持久的,并且具有极强的隐蔽性。目前,设计环节的腐败也很严重,有的供应商买通企业的设计人员,在产品设计环节将其产品设计进去,在规格、品质上进行唯一设计,使得后续供应没有选择,采购部门有苦难言。研发部门人为地将成本型采购变为供应型采购,严重增加了后续成本。

那么,如何杜绝这些现象的发生?让研发部门自省吗?医者难自医,更何况还有那么多的利益诱惑。让生产部门给研发部门提意见吗?研发人员往往又和生产部门的工作人员缺乏主动交流。研发部门之所以没有降低成本的意愿,从制度层面来看,就是因为他们没有降低成本的目标和任务。因此,必须编制成本优化研发预算方案,给研发部门压力,研发部门也就自然有了降低成本的动力。研发部门成本优化预算方案如表5-6所示。

表5-6 研发部门成本优化预算方案

项目负责人	项目前期投入	本年项目预算										
		材料预算		人工预算		制造费用预算		其他支出		投入合计	成本降低预算		
		标准	金额	标准	金额	标准	金额	标准	金额		保守	进取	挑战

第四节　费用中心的预算编制

费用是企业为了获利而产生的必要的支出，是为了办事而提供的条件。企业中的费用中心主要有行政部门、财务部门、人力资源部门等，而非营利组织如行政单位、部分事业单位，也可以认为是费用中心。本节的内容主要包括费用预算的基本原则、费用的分类以及各种费用预算的编制。

一、费用预算的基本原则

费用预算是对人财物等资源消耗的事前配置，其基本原则是：从"办事结果"出发，同时考虑"办事条件"，避免"先资源还是先目的的争论"。

如果企业的费用预算均以"资源"为起点，以追求资源节省为目的，必然会进入从"少花钱、少办事"到"少办事、少花钱"的怪圈，最终变成"不花钱、不办事"。很多企业之所以走入如此怪圈，就是因为其热衷于将费用和目标的完成程度相关联，如将销售费用和销售目标联系起来，其基本理念是"只有挣到钱才可以花钱"，如此理念必然造成销售部门在"抢占商机"和"节约费用"间抉择，而抉择的结果多是"节约费用"，最终造成企业丧失商机。国有企业缺乏冒险精神、创新能力偏弱其实也是这一理念的一种结果。这就是第二章提及的"韦尔奇死结"的一种表现。

此外，本期的费用支出与上期费用支出无关，本期费用支出与本期业绩无关，与本期费用真正相关的是办事的过程。如果费用预算采用增量预算法，那么出现"两抢预算"，即"年初抢指标、年末抢花钱"，费用的增长会远远超过收入的增长，这是"韦尔奇死结"的另一种表现。因此，费用预算尤其是固定费用预算的编制应主要采用零基预算法。

二、费用的分类

（一）分类的方法

费用有三种分类方法，即按业务环节分类、按费用性态分类、按费用的经济内容分类。

按业务环节的不同，费用可以分为采购费用、研发费用、制造费用、销售费用、管理费用、技术支持费用等。

按费用性态的不同，费用可以分为变动费用和固定费用，这类似于变动成本与固定成本的分类。

按费用的经济内容的不同，费用可以分为工资性费用、差旅费、会议费、培训费、业务招待费、电话费、文具费等。其中工资性费用分为工资与奖金，工资是刚性费用或不可控费用，而奖金和其他费用均属于可控费用。

从预算管理的角度看，费用分类的着眼点应该是费用性态，不同的费用采用不同的预算编制方法。而在预算的具体编制中，企业则应按照经济内容的不同，编制不同费用的预算。

（二）费用预算编制中需要注意的问题

（1）在费用预算编制过程中，费用的处理方法与会计核算过程中的处理方法不同。如在成本会计中，车间一线生产工人工资，无论是固定工资还是变动工资，均记录于基本生产成本的"直接人工"的明细科目中。而费用预算编制中需要将两者分开，比如，生产工人的计件工资等变动性项目，应列入变动成本下的直接人工，而底薪则作为固定成本处理。再比如，在宾馆的费用预算中，所有公共区域的电费应该按照固定费用处理，而客房的电费则属于变动费用，应在会计核算中统一作为"电费"处理。

（2）与制造费用类似（注意，制造费用是成本），并不能简单地将很多费用项目划分为固定费用和变动费用，而是表现为混合费用或半变动费用。当然，企业可以采用一定的技术方法，如高低点法、最小二乘法等将其分开。当然，技术的方法无法做到精确，不过这对预算影响不大，因为预算管理本身也不追求精确。

针对这种情况，国外企业有一种惯例，即如果某项费用在业务停止后，仍会有20%左右的费用发生，那么这种费用就是固定费用，否则为变动费用。这种划分方法的基本原则是尽可能多地将混合费用归类为固定费用。这样做的原因有二：

一是将费用的控制方式由相对控制改为绝对控制。固定费用的控制是绝对的，预算确定后，无论业务量发生何种变化，固定费用都会受到总额的绝对控制；而变动费用的控制是相对的，主要控制的是费用与业务量的关系。从财务控制的效果看，绝对控制要好于相对控制。

二是符合稳健性原则。同学们在财务管理和管理会计的相关学科中，学过经营杠杆系数（DOL）、保本点分析等，应该知道固定费用越大，企业的盈亏平衡点越高、经营风险越大。如果将混合费用过多地定义为变动费用，就会造成经营错觉，低估企业的实际负担，不符合稳健性原则。

$$DOL = (息税前利润 + 固定成本) \div 息税前利润$$

$$盈亏平衡点销售量 = 固定成本 \div (销售单价 - 单位变动成本)$$

（3）变动费用预算的特点。变动费用是指与企业业务发展直接相关的支出，即业务量越大，变动费用越大。比较常见的变动费用有销售佣金、保修费用、业绩奖金等。变动费用不可能进行绝对额预算控制，因为它不可能固定在一个数据上，而是随着业务量的变化而变化，所以，变动费用预算需要确定的不是某一个绝对额，而是变化的程度。

在变动费用预算中，关注的重点是因变量（变动费用）与自变量的关系，而非自变量本身，即 $f: X \to Y$ 这个映射。"f"的设定与不同的自变量有关，如销售佣金与销量的关系由公司销售政策决定；销售费用与效率的关系由市场情况和公司的可接受能力决定；保修费用根据历史数据和公司政策等因素来预测。

（4）固定费用预算的特点。固定费用是指企业某项业务停止后仍会继续发生财务支出的费用，即在一定范围内不随销售量的变动而变动的费用。根据费用发生的强度，可以进一步将固定费用分类为刚性费用和柔性费用。刚性费用指已经支付、无法放弃或压缩的费用，如工资费用、折旧费用等。柔性费用是企业即期支付、即期承担的费用，如差旅费等，这些费用可以压缩，但难以停止。在企业实务中，为控制刚性费用的过度增长，有企业将费用分为工资性费用与非工资性费用。

此外，固定费用预算切忌使用弹性预算法。主要原因有两个：一是模糊了费用的习性，将所有费用都视为变动费用，随销售收入增长，无法合理控制费用增长。二是明年的费用预算建立在本年的实际支出基础上，从而出现"两抢预算"，即"年初抢资源、年末抢花钱"。

三、费用预算的编制

（一）工资性费用预算

1. 工资性费用的特点

工资性费用由工资和奖金两部分组成，两者性质差异很大，切忌将其混为一谈。

工资属于刚性费用，随着经济的发展、人民生活水平的提高，工资大概率只会上升不会下降。有一种观点是"工资是老板给的"，其实这是大错特错的，工资是员工用劳动力使用权换来的，通俗地说就是员工自己赚的。工资的多少并不是企业可以决定的，而是由劳动力市场供求和劳动力技能水平决定的。一个企业想付出低于市场水平的工资去雇佣人力，它唯一的选择就是雇佣劳动技能差的员工。

奖金是变动费用，将奖金与工资混为一谈，比如压低工资、提高奖金，其实是违背经济规律的，是将风险从企业向员工转移。虽然这种情况目前在保险、房屋中介等行业比较常见，但它不可能长久。工资是一种先行承诺的财务支出，由劳动力市场决定；奖金是由业绩决定的，员工的业绩越好，奖励的水平就应该越高。压低工资，尤其是工资低于主要竞争对手，这对企业来说是极度危险的，可能造成高水平员工的大量流失。

2. 工资性费用预算编制

工资性费用预算通常由人力资源部门主持完成，其预算编制主要包括以下四个方面：

（1）以业务为基础、以做事情为目的，合理确定企业的组织机构。预算编制的首要工作是根据企业预算期内经营目标，调整和完善组织机构。

（2）以业务量为前提，确定合理的用工人数。预算中既要考虑撤销人浮于事、冗员过度的岗位，同时也要将需要增加的岗位列入其中。

（3）以市场规律为指引，确定合理的工资水平。及时了解劳动力市场的价格水平，尤其是主要竞争对手的工资水平，这是人力资源部门一项长期而持续的工作。在工资预算中，人力资源部门必须对所有员工的工资水平进行市场对照，对那些明显低于市场水平的岗位及时进行工资调整。全员涨薪的做法是错误的，是违背市场规律的行为，起不到提高业绩的作用。

（4）严格按照国家法律规定，确定员工的基本社会福利。五险一金已经推行了很多年，在国有企业中早就得以执行，但是在部分私企中，少缴甚至不缴的情况仍然存在。对此，企业必须执行国家的规定，履行基本的责任。工资费用预算中应该考虑未来年份计算基数的变化。

同学们可以通过表5-7了解ABC公司销售部工资性费用预算的情况。

表5-7　ABC公司销售部工资性费用预算表

金额单位：元

岗位名称	当前人数	岗位调整	预算人数	基本工资	职务工资	市场价格	偏离率/%	预算调整比率/%	预算年度水平
经理	1		1	5 000	4 000	11 000	18	10	9 900
副经理	2		2	4 000	3 500	9 000	17	10	8 250
助理	1	1	2	3 500	3 000	8 000	19	10	7 150
科长	8		8	3 000	2 500	7 000	21	10	6 050
副科长	8	-1	7	2 500	2 500	5 500	9	10	5 500
职员	93	7	100	1 800	1 200	1 200	25	20	3 600
合计	113	7	120	227 900	165 600	539 500			487 600

可以看出，ABC公司销售部工资偏离问题极大，这是危险的，必须及时纠正。

（二）差旅费预算

差旅费在很多企业中实行总量控制，其属于固定费用的柔性费用，是最容易引发争夺的领域。

比如ABC公司西南销售分部，原有销售人员18人，2019—2022年销售额分别为500万元、700万元、960万元、1 550万元，差旅费分别为50万元、90万元、130万元、150万元。2023年销售人员将增加至20人，销售预算2 400万元，同学们认为2023年销售部门的差旅费应是多少？不管是"拍脑袋"，还是高低点或最小二乘法的计算结果，肯定都要比2022年的150万元高。

上述思维就是不知不觉将增量预算法的思想应用到了固定费用预算中来。长此以往，费用会越来越高，即便以后对其进行控制，依然会比以前要高。

因此，差旅费的预算必须使用零基预算法，即一切从零开始，既不考虑过去花了多少钱，也不考虑将来完成什么任务，因为差旅费只和第二年做事的过程相关。但是，零基预算如果从零开始，其抓手是什么？

还是以销售部门为例，去年差旅费的数额与去年的出差次数相关，而今年的差旅数额肯定和去年出差次数没有直接的因果关系，进而和去年的差旅费数额没有关系。因为去年去过的地方并不代表今年还要去，而且今年销售任务的完成情况良好也不代表出差次数多，因为如果是老客户的话，可能打电话就能解决问题，一分钱的差旅费都不需要。如果是新产品销售或开拓新客户，就需要多次出差，最坏的情况是一分钱的销售都没有实现。但是，进一步来想，没有销售就不出差了吗？恰恰相反，要出更多的差，花更多的差旅费。

因此，零基预算的关键或抓手就在于寻找做事与花钱的因果关系，这个因果关系被称为"成本动因（cost drivers）"。

那么，差旅费的成本动因是什么呢？如果询问销售部门全体人员，你们出差的动因是什么？估计他们很难回答。但是，如果征求每个单独的销售人员意见，理由就很多也很明确了，比如拜访客户、外地客户越多、出差要求越多，距离越远、交通费越高，等等。

因此零基预算的第一要务是"岗位预算"。差旅费的成本动因主要包括：

①外地客户量。外地客户越多，出差越多。

②出差时间。时间越长，差旅费越高。

③出差次数。次数越多，差旅费越高。

④出差距离。出差距离决定交通方式，坐飞机肯定比坐汽车的费用高。

⑤出差标准。职位越高，标准越高。

根据上述成本动因，对不同销售人员进行单独的"岗位预算"，最终合并为销售部门的差旅费预算。

（三）会议费预算

会议费是企业为了某种目的组织的群体活动而发生的各项支出。会议是群体活动，没有个人负责，因此群体活动很容易变成集体消费，从而失去控制。

（1）会议费预算编制应考虑的因素。

①会议目的。让资源的使用直接体现目的，既是最有效率的，也是最大的节约。会议费预算首先要明确会议的目的、会议要解决的问题。

②会议的规模。会议的规模包括会议地点、场所的选择，与会人数等，在预算中必须考虑会议的规模和需要解决的问题之间的关联程度，防止将会议变成"福利会议"，如借机旅游等。

③对会议支出进行事前设定。

④明确会议费预算包括的内容，主要目的是防止会计核算时与其他费用发生混淆，如会议的"资料费"很容易和"办公用品"相混淆，从而影响预算执行的核算与考核。

（2）会议费的成本动因包括参会人数、交通费、住宿费、餐费、设备及场地租赁费、资料费等，其中最根本的动因是参会人数。会议费的责任中心可以放在举办部门。表5-8是ABC公司的会议费预算表。

表 5-8 会议费预算表

会议名称	举办部门	举办地点	参加人数	制作费用	场租费	礼品费		餐饮费		娱乐费		其他	小计
						标准	金额	标准	金额	标准	金额		
合计													

会议费的责任归属是个具有争议的话题，有人认为应该由企业总预算承担，也有人认为应该由举办单位预算承担，对此，同学们可以自行思考。

（四）培训费、业务招待费、车辆费预算

1. 培训费预算

培训是提高员工人力资本价值的一种手段，在知识经济时代越来越受到重视。

（1）原则：坚持向骨干倾斜，向有提升空间的人倾斜。

（2）切忌：普及教育；干活的人没时间培训，不干活的人天天培训。

（3）会计核算：将所有与培训相关的费用计入其中，这类似于会议费，如既不能将会议中的教材费列入"办公用品"，也不能将"培训差旅费"列入"商务差旅费"。

2. 业务招待费预算

业务招待费是社会关系的"润滑剂"，对于高档白酒行业，它甚至是扩大内需的手段。业务招待费预算主要是控制招待的频率、标准、人数。

3. 车辆费预算

车辆费预算需要按照岗位预算的方法编制。需要注意的问题有：

第一，做好车辆相关费用的划分，变动费用如油费、保养费等；固定费用如保险、"五路一桥"费等。另外，还要考虑车型、新旧程度、油价波动程度等。

第二，重点关注保险费和保养费，多年前这曾经是专职司机收入的主要来源之一，是预算编制与控制的重点。

（五）电话费与文具费预算

之所以将这两种费用预算放在一起谈，是因为电话费和文具费都是公司中的"小钱"，对其加强预算管理的目的主要不是合理分配资源，而是改变资源使用风气、提倡节约。

1. 电话费预算

（1）明确电话费的种类。市话、国内长途、国际长途、手机信息费是电话费的组成部分，或许这种分类有点过时了，毕竟国内长途正在成为历史，而国际长途费用降低或许遥遥无期——一方面打国际长途电话的人少，不是社会关注的重点；另一方面随着网络视频的普及，国际长途业务也逐渐减少。

（2）确定开通权限。这里的重点当然还是国际长途。一个国际部经理，原本每月通话费用 1.5 万元，实行预算后只用 1 000 元，你能想到为什么吗？

（3）确定合理通话时间。电话联系超过半小时，不如改用其他通信方式。

2. 文具费预算

（1）特点：属于个体开支，但必须避免"100-1=0"的问题，如高档的打印机配备低档的打印纸。

（2）注意：该费用有的时候不好控制，那么就不用控制了，比如控制成本远远高于费用本身时。这其实也是一个经济学原理，比如烧烤店里的餐巾纸可以收费，但是盐不会收费。

总之，对于小的费用，不要以滴水不漏的管理为目标。

第五节　其他相关的预算编制

前面我们从收入中心、成本中心、费用中心的角度讲述了各种主要相关预算的编制方法及其需要注意的问题。但是，经营预算涵盖的内容很多，在本节中我们将讲述应收账款、应付账款、期间费用和应交税费的预算。而折旧费用预算将放在第六章专门预算中与固定资产预算一起说明。

一、应收账款预算

应收账款预算是反映预算期内企业应收账款的发生额、回收额及期末余额的预算。在买方市场的情形下，企业为了扩大销售，提高市场占有率，往往大量采用赊销的方式销售产品，所以当期的销售货款往往有一部分不能立即收回，从而形成应收账款。也就是说，企业预算期内的销售回款数额并不等于销售收入，而是等于销售收入减去应收账款的增加额。

为了管理和控制预算期内销售货款的应收及回收情况，同时为了编制现金收入预算，企业在销售预算编制完成后，还需要编制应收账款预算。

应收账款预算一般由销售部门和财务部门共同编制。主要的编制依据是预算期内的销售收入、现金需求、产品供求关系、应收账款政策、客户期初拖欠货款数额、客户付款能力及信用情况等信息资料。因为企业的应收账款是按照客户名称设置明细账户，所以编制预算时，应按客户名称进行排序，同时反映销售的内容，包括年销售额、累计销售额和累计销售比重，以便与销售收入预算相衔接。

当企业的应收账款客户过多时，其可采用重点管理法编制预算。具体做法是：首先，对所有客户按年销售额大小排序；其次，计算各个客户累计销售额占企业销售总额的比重；最后，根据客户排序进行分类管理并编制预算。其中，对累计销售占企业销售总额80%左右的客户实行重点管理（这个比例因企业而不同），在应收账款预算中要细化到每一个客户；对于其他客户群体，则实行一般性管理，在应收账款预收中按销售区域、销售部门或产品类别进行汇总列示。

此外，需要说明的是，为了全面反映预算期内应收账款的数额，企业应将预算期的销售收入全部纳入应收账款预算，会计人员做账时，也应将销售收入全部过渡到应收账款账户中，还要注意，应收账款预算中的销售收入是含税的销售收入。

应收账款预算表如表 5-9 所示。

表 5-9　应收账款预算表

序号	客户名称及分类	业务内容	2023 年预算			
			期初余额	本期应收	本期收现	期末余额
一	重点客户					
1	甲公司	A/B 产品				
2	乙公司	A/B/C 产品				
……						
7	庚公司	B/C 产品				
二	一般客户					
1	东北 21 户	A/B/C 产品				
2	华北 13 户	A/B/C 产品				
3	西南 21 户	A/B/C 产品				
……						
8	华南 10 户	A/B/C 产品				
三	合计					

二、应付账款预算

应付账款预算是反映预算期内企业应付账款发生额、付款额及期末余额的预算。在买方市场的情况下，企业一般可以用赊购的方式购买到所需的材料物资，当期采购材料的货款不一定等于当期的全部支付，这样就产生了应付账款。为了管理和控制预算期内采购货款的应付及支付情况，同时也为了编制现金预算，企业在材料采购预算之后，需要编制应付账款预算。

应付账款预算一般由采购部门和财务部门共同编制。主要编制依据是预算期内的材料采购预算、现金供给量、材料供应关系、货款支付政策、采购合同、期初应付账款余额等信息资料。因为企业的应付账款是按照供应商名称设置明细账户，所以编制应付账款预算时，也应按照供应商的名称进行排序，同时还要反映采购业务的内容，如材料采购额、累计采购额和累计采购比重等，一般与材料采购预算相衔接。企业应付账款户数较多时，可以采用上面提到的与应收账款预算类似的重点管理法编制应付账款预算。

需要说明两个问题：一是为了全面反映预算期内应付账款的数额，企业应将预算期内的材料采购货款全部纳入应付账款预算，会计人员做账时也应将采购货款全部过渡到应付账款账户；二是应付账款预算中的采购货款是含税的采购货款。

上述内容均与应收账款类似，在此不再举例说明。

三、管理费用预算

管理费用预算是预算期内企业为了维持基本组织结构和经营能力，保证生产经营活动正常进行而发生的各项费用支出的预算安排。管理费用的内容繁杂，包括董事会和行政管理部门在企业经营管理中发生的，或者应由企业统一负担的公司经费、工会经费、待业保险费、劳动保险费、董事会费、咨询费、诉讼费、业务招待费、房产税、车船使用税、土地使用税、印花税、技术转让费、无形资产摊销、职工教育经费、研发费用、排污费、存货盘盈和盘亏等。

管理费用预算由各个管理部门负责编制，其基本程序是：

首先，由财务部门将管理费用划分为变动费用和固定费用。

其次，将变动费用项目分解到各个相关职能部门进行编制。对于固定费用，企业应区分两种情形进行不同处理：一是与各职能部门直接相关的费用由归口管理部门核定分解后落实到各部门，如工资、福利、工会经费、劳动保险费等与员工人数相关的固定费用应首先由财务部门或人力资源部门核定每个部门的费用数额，然后分解到各个部门；二是与各职能部门不直接相关的费用由归口管理部门负责核定但不予分解，而是将总额留在归口管理部门或设置一个综合账户专门填列费用，如税金、无形资产摊销、矿产资源补偿费等与每个部门不直接相关的费用。

最后，由财务部门汇总编制整个企业的管理费用预算。

管理费用预算编制采用零基预算法，按管理费用的可控性差异分为约束性管理费用和酌量性管理费用，进行编制。具体案例可见第四章例4-6和表4-9。同时，本章第四节关于费用中心的预算编制，大多属于管理费用预算，如文具费、会议费、业务招待费等。

四、销售费用预算

销售费用也称营业费用，是指企业在销售产品或提供劳务过程中发生的各项费用以及专设销售机构的各项费用。销售费用具体包括应由企业负担的运输费、装卸费、包装费、保险费、展览费、销售佣金、委托代理手续费、广告费、租赁费、销售服务费，专设销售机构人员工资、福利费、差旅费、办公费、折旧费、修理费、材料消耗、低值易耗品摊销及其他费用。

销售费用预算是为了实现销售预算而需支付的费用预算。正常情况下，销售收入与销售费用成正比，加大销售力度必然会增加销售费用，不能盲目地压缩该项费用。编制销售费用预算时，必须与销售预算相互协调与配合。

销售费用预算的编制需要以销售收入预算为基础，分析销售收入与销售费用间的关系，力求达到销售费用投入产出的最佳效果。具体编制方法有三种，即销售百分比法、零基预算法和弹性预算法。后两种方法的基本原理我们在前面已经介绍过，这里主要说明销售百分比法。

销售百分比法是指用基期销售费用与基期销售收入的百分比，结合预算期的销售收入预算编制销售费用预算的方法。其基本公式如下：

销售费用预算＝预算期销售收入×（基期销售费用÷基期销售收入）

采用销售百分比法编制销售费用预算时，要注意以下几点：

第一，销售费用中包含一些固定费用，一般不会随销售收入的变动而变动，因此销售百分比法的基本计算公式只适合于核定变动销售费用。企业编制销售费用预算时，首先应将销售费用划分为变动费用和固定费用，然后按上述公式核定出预算期内的变动费用，固定费用则可以采用零基预算的方法编制。

第二，为了防止基期销售百分比的偶然性，企业可以采用近几年的销售费用与销售收入百分比加权平均的办法核定预算期的销售费用。第八章编制年度预算时就是采用的此种方法。

第三，在市场竞争激烈的环境下，企业每年的销售费用一般波动较大，编制销售费用预算必须充分考虑企业在预算期内有无新产品投放市场、新客户的开发以及企业采取的营销策略和促销手段等因素，同时还要考虑企业加强内部管理、压缩各项费用的要求等情况。

因此，企业采用销售百分比法核定销售费用时，必须将基本公式计算得到的数据经过加减校正并结合零基预算法后才能作为销售费用预算。

五、财务费用预算

财务费用预算是预算期内企业为了维持正常生产经营活动筹集资金而发生的费用安排。其主要内容包括利息支出、利息收入、汇兑损益、相关手续费和其他财务费用。

财务费用预算比较单纯，要结合企业的融资活动，由财务部门负责编制。其编制的依据有：①预算期内企业向银行及其他金融机构借款的金额和利率；②预算期内企业应付债券的余额和利率；③预算期内企业在银行办理票据贴现的额度和贴现率；④预算期内企业在银行的平均存款余额和存款利率；⑤预算期内企业结汇、购汇、调汇的种类、额度和汇率；⑥预算期内各种外币账户的外币期末余额与折合为人民币的损益率；⑦预算期内利息资本化的数额；⑧其他为筹集资金而发生的手续费和财务费用。

企业编制财务费用预算时，首先要将上述基础资料和数据搞清楚，然后按照各自的计算公式测算财务费用。

对财务费用的计算，要严格按照财务制度规定，切实分清列支渠道，既不能将应在损益中列支的财务费用计入固定资产成本或挂账不列，也不能将本应资本化的借款利息、融资费用进行费用化。

【例5-5】ABC公司财务部根据预算期公司借款额度、借款利率等各种情况编制2023年财务费用预算。其基础数据和预算结果如表5-10和表5-11所示。

表5-10　ABC公司2023年财务费用基础数据资料

项目	单位	一季度	二季度	三季度	四季度
银行借款	万元	2 000	2 200	1 900	2 000
借款利率	%	5	5	5	5
汇票贴现额	万元	0	200	300	400
汇票贴现天数	天		30	40	60
汇票贴现率	%	4	4	4	4
结汇额度	万美元	50	80	100	60
预计汇率	人民币/美元	6.94	6.92	6.9	6.85
开具汇票额度	万元	200	300	200	300
汇票手续费	%	0.5	0.5	0.5	0.5
存款平均余额	万元	600	500	500	600
存款利率	%	0.49	0.49	0.49	0.49

表5-11　财务费用预算表　　　　　　　　　　单位：万元

项目	一季度	二季度	三季度	四季度	2023年
借款利息支出	100	110	95	100	405
利息收入	−2.9	−2.5	−2.5	−2.9	−10.8
贴现利息支出	0	0.7	1.3	2.6	4.6
汇兑损益	−1	−0.8	−1.1	−1.2	−4.1
汇票手续费	1	1.5	1	1.5	5
其他手续费	2	2.1	2.2	1.9	8.2
合计	99.1	111	95.5	101.9	407.9

六、应交税费预算

应交税费预算是对企业预算期内发生的流转税、所得税、财产税、行为税、资源税和附加进行规划与安排的一种经营预算。应交税费主要包括增值税、消费税、城市维护建设税、所得税、房产税、土地使用税、印花税、车船使用税、教育费附加等。该预算由财务部门负责。

编制应交税费预算的关键是准确确定预算期内企业应交税费的种类、计税依据和适用税率，并据此计算应交税费数额。此外，要根据国家税收政策和企业具体情况安排应交税费的现金支出。应交税费的内容包括期初应交税费余额、期末应交税费余额、预算期应交税费数额、预算期内上缴税费数额等事项。

（一）应交税费的计算方法

（1）增值税是以产品销售收入或劳务收入额为计税依据，并根据预算期内销售收入和材料采购金额分别计算销项税额和进项税额，两者相抵后即为应交增值税额。其编制依据是销售预算、材料采购预算中的相关数据。

（2）消费税以产品销售收入或销售数量为计税依据。增值税和消费税作为两种最为重要的流转税，编制的依据是销售预算的相关数据。

（3）城市维护建设税和教育费附加是以增值税和消费税的税额为计税依据，按规定税费率计税缴纳的税额。两者预算编制的依据是预算期内增值税和消费税预算。

（4）所得税是以企业一定时期的所得额为计税依据，按照规定税率计算缴纳的税金。其预算编制资料主要来源于利润预算。

（5）房产税、车船使用税、土地使用税是以企业所拥有或支配的财产为计税依据，按规定税率计算缴纳的税金。三类预算的资料来源主要是企业财务账目中有关房产、车船和土地的资料和数据。

（6）印花税是以企业经济活动中书立、领受的应税经济凭证为计税依据，按照规定税率计算缴纳的税金。编制印花税预算的资料来源主要是预算期内企业书立的具有合同性质的凭证、产品转移书据和营业账簿。

需要指出的是，应交税费的种类繁多，本书介绍的只是一些重要的税种及其基本内容，同学们如果想详细了解税费构成及缴纳规定，还需要专门学习税法相关课程。

最终，企业预算期内的应交税费总额的计算公式如下：

$$应交税费总额 = \sum 计税（费）依据 \times 适用税（费）率（额）$$

（二）应交税费预算编制案例

编制应交税费预算如表 5-12 所示。

表 5-12　ABC 公司 2023 年应交税费预算

金额单位：元

项目	期初余额	计税依据	缴费标准	应交税费	上缴税费	期末余额
计算关系	①	②	③	④=②×③	⑤=①+④-②	⑥
增值税	70 000	28 823 600	17%	4 900 012	4 480 012	490 000
销项税额	150 000	60 000 000	17%	10 200 000	9 330 000	1 020 000
减：进项税额	80 000	31 176 400	17%	5 299 988	4 849 988	530 000
消费税	0	0		0	0	0
城市维护建设税	4 900	4 900 012	7%	343 000	313 600	34 300
房产税	0	7 000 000	1.2%	84 000	84 000	0
印花税	0	5 000 000	1‰	5 000	5 000	0

表5-12（续）

项目	期初余额	计税依据	缴费标准	应交税费	上缴税费	期末余额
土地使用税	0	600 000平方米	1元/平方米	600 000	600 000	0
车船使用税	0	10辆	360元/辆	3 600	3 600	0
企业所得税	100 000	5 800 000	25%	1 450 000	1 822 600	191 400
教育费附加	2 100	4 900 012	3%	147 000	134 400	14 700
地方教育费附加	1 400	4 900 012	2%	98 000	89 600	9 800
合计	178 400	—	—	8 094 612	7 532 812	740 200

第六章
专门预算

专门预算是指企业不经常发生的、一次性的重要决策预算，主要包括长期投资预算和筹资预算两类。其中长期投资预算主要包括固定资产投资预算、权益性投资预算、债券投资预算、研发预算，本书主要针对制造类企业，因此主要讲述固定资产投资预算和研发预算两个部分。本章的很多内容是在财务管理基础上的延伸，同学们在学习本章内容的过程中可以同时参考财务管理教材中的筹资管理和项目投资管理的相关内容。

第一节　长期投资预算

一、长期投资概述

长期投资是指企业以收回本金并获利为基本目的，将货币、实物资产等作为资本投放于某一特定对象，以在未来较长时间获取预期经济利益的经济行为。按照不同标准，企业长期投资分为三个种类。

1. 项目投资与证券投资

按投资活动与企业本身的生产经营活动的关系以及投资对象存在的经济形态和性质，企业投资分为项目投资与证券投资。

项目投资，也称直接投资，是指将资金直接投放于形成生产经营能力的实体性资产，直接谋取经营利润的企业投资。项目投资的目的在于改善生产条件、扩大生产能力，以期实现企业发展战略并获得更多的利润。

证券投资，也称间接投资，是指将资金投放于股票、债券等权益性资产，通过证券资产赋予的权利获取投资收益的企业投资。

2. 独立投资与互斥投资

按投资项目之间的相互关联程度，企业投资可以分为独立投资和互斥投资。

独立投资是相容性投资，各个投资项目之间互不关联、互不影响，可以并存。例如建造一个酿酒厂和一个纺织厂，它们之间并不冲突，可以同时进行。对独立投资项目而言，其他投资项目是否被采纳或放弃，对本项目的决策并无显著影响，其投资决策的目的是就各独立项目在融资约束的前提下选择投资顺序。

互斥投资是非相容性投资，各个投资项目之间相互替代，不能并存。例如新旧固定资产更新决策中，购买新资产还是继续使用旧资产就是互斥的。对一个互斥投资项目而言，其他投资项目是否被采纳或放弃，直接影响本项目的决策，是一种多选一的决策。

3. 财务会计对投资的分类

财务会计中投资属于金融资产的范畴，主要是对外的证券投资，包括交易性金融资产、长期股权投资、持有至到期投资、可供出售金融资产。

交易性金融资产是指企业以进行交易为目的，准备近期内出售而持有的金融资产。例如，为了利用闲置资金，以赚取价差为目的而购入的股票、债券、基金、权证等。交易性金融资产属于短期投资得到内容。

长期股权投资是指通过投出各种资产取得被投资企业股权且不准备随时出售的投资，其主要目的是为了长远利益而影响、控制其他在经济上相关联的企业。

持有至到期投资是指到期日固定、回收金额固定或可确定，且企业有明确意图和能力持有至到期的非衍生金融资产。通常情况下，企业持有的、在活跃市场上有公开报价的国债、企业债券、金融债券等，可以划分为持有至到期投资。

可供出售金融资产是指初始确认时即被指定为可供出售的非衍生金融资产，以及没有划分为"持有至到期投资、贷款和应收款项、以公允价值计量且其变动计入当期损益的金融资产"的金融资产。通常情况下，划分为此类的金融资产应当在活跃的市场上有报价，因此，企业从二级市场上购入的、有报价的债券投资、股票投资、基金投资等，可以划分为可供出售金融资产。通俗地说，可供出售金融资产就像一个"回收站"，当对外投资不能确认为交易性金融资产、长期股权投资和持有至到期投资三个项目时，就确认为可供出售金融资产。

二、长期投资预算概述

长期投资预算是指预算期内企业进行长期投资活动的总体安排，它涉及企业对长期投资活动进行规范、评价、决策、实施的全过程。

（一）长期投资预算的内容

（1）固定资产投资预算，是指企业在预算期内为构建、改建、扩建、更新固定资产而进行的资本投资预算，其主要根据企业相关投资决策资料和预算期内固定资产投资计划编制。

（2）权益性资本投资预算，是指企业在预算期内为获得其他企业的股权及收益分配权而进行的资本投资预算，其主要根据企业相关投资决策资料和预算期内权益性资本投资计划编制。

（3）债权性资本投资预算，是指企业在预算期内购买国债、企业债券、金融债券及委托贷款等的预算，其主要根据企业相关投资决策资料和预算期内债权性资本投资计划编制。

（4）研发投资预算，是指企业在预算期内为取得专利权、非专利技术、新产品研发等进行的资本支出预算，其主要根据企业相关投资决策和预算期内研发投资计划编制。

（二）长期投资预算的特点

长期投资预算的特点源于长期投资活动的特性，与经营预算相比，长期投资预算具有以下特点：

（1）长期投资预算的对象具有一次性特点，随着长期投资活动的完成，针对该项目的长期投资预算也随之结束。

（2）长期投资预算的编制具有很强的专业技术性。长期投资活动不仅涉及基本建设、更新改造、研发等技术性很强的活动，而且涉及股票、债券等专业特点明显的资本运作，这就决定了长期投资预算编制的专业性和技术性。

（3）长期投资预算具有风险性。其预算编制的依据主要是现金流量分析研究报告和企业长期投资决策，而现金流量都是根据大量预测结果得出的，预测结果具有不确定性。此外，无论是对内的项目投资，还是对外的股权投资，不仅需要大量投入资金，而且投资项目完成后会形成大量的沉没成本和长期资产，若市场、技术、价格等外部经济环境发生变化，都会给企业的长期投资带来风险。这些都决定了长期投资预算的风险性和不确定性。

（4）长期投资预算期间具有长期性。长期投资活动通常跨越数年，其预算期间与长期投资活动的周期保持一致，而且不受会计期间的制约。

鉴于本书针对的是制造类企业，本章主要讲述固定资产投资预算和研发投资预算，前者也可称为项目投资预算。

三、项目投资预算

项目投资预算主要包括四个方面的内容，一是项目投资的现金流量分析，二是项目投资的财务评价，三是项目投资的风险评价，四是项目预算表的编制。

（一）项目投资的现金流量分析

现金流量，在投资决策中是指特定投资项目引起的现金流出量、现金流入量和现金净流量。在项目投资决策中，决策分析所依据的基础数据不是基于权责发生制确认的收入、成本和利润，而是以收付实现制来计算的现金流入、现金流出和净现金流量。这主要基于两个原因：①现金流量不受会计方法选择等主观因素的影响，具有客观性；②基于收付实现制分析确定的现金流量排除了企业信用政策等非系统因素的影响，有利于按照统一基础和标准来计算时间价值指标，也有利于在不同企业甚至不同行业之间比较项目的预期效益。

需要注意的是，财务管理和财务预算中的"现金流量"概念与会计学中的"现金流量"概念有相似的地方，即收付实现制。但是，两者间也有重大差异——财务管理和财务预算中的现金流量包括机会成本，而会计学则不考虑该问题。

1. 现金流量的内容

（1）按项目类型考察的现金流量。

投资项目有不同的类型，而不同类型项目的现金流量在内容上存在着差异。

①单纯固定资产投资项目的现金流量。

单纯固定资产投资项目是指只涉及固定资产投资，而不涉及其他长期投资和营运资金垫支的建设项目，其特点是：在投资中只包括为取得固定资产而发生的垫支资本投入而不涉及周转资本的投入。单纯固定资产投资项目的现金流入量包括该项投资新增的营业收入、回收固定资产余值等；现金流出量包括固定资产投资、新增经营成本以及增加的各项税款等。

②完整工业投资项目的现金流量。

完整工业投资项目也称新建项目，它是以新增工业生产能力为主的投资项目，其特点是：不仅包括固定资产投资，还涉及营运资金垫支以及其他长期资产（如无形资产、长期待摊费用等）的投资。

完整工业投资项目的现金流入量包括营业收入、回收固定资产余值、回收营运资金垫支和其他现金流入量。现金流出量包括建设投资、流动资金垫支、经营成本、维持运营投资、各项税款和其他现金流出。

③固定资产更新改造投资项目的现金流量。

固定资产更新改造投资项目可分为以恢复固定资产生产效率为目的的更新项目和以改善企业经营条件为目的的改造项目两种类型。

固定资产更新改造项目的现金流入量包括因使用新固定资产而增加的营业收入、处置旧固定资产的变现净收入和新旧固定资产回收余值的差额等；现金流出量包括购置新固定资产的投资、因使用新固定资产而增加的经营成本、因使用新固定资产而增加的营运资金垫支和增加的各项税款等内容。其中，因提前报废旧固定资产所发生的清理净损失而发生的抵减当期所得税额用负值表示。

（2）按时间考察的现金流量。

项目投资的现金流量除按项目类型区分外，还可以按时间划分为初始现金流量、营业现金流量和终结现金流量。

①初始现金流量是指在项目建设期内所发生的现金流量，它包括固定资产投资、无形资产投资、营运资金垫支等。

②营业现金流量是指在项目建成投入运营后，在整个经营期间发生的现金流量，它可以按照下面的公式计算：

$$营业现金流量=营业收入-付现成本$$
$$=营业收入-（营业成本-非付现成本）$$
$$=营业利润+非付现成本$$

③终结现金流量是指在项目寿命周期结束时发生的现金流量，它包括固定资产

余值收入、回收所垫支的营运资金等。

2. 现金流量的估算

在项目进行投入和回收的各个阶段，都有可能产生现金流量，因此，企业应当估计每一时点上的现金流入量和现金流出量。下面我们以完整工业投资项目为例介绍现金流量的估算方法。

（1）现金流入量的估算。

如前所述，完整工业投资项目的现金流入量包括营业收入、回收固定资产余值、回收营运资金和其他现金流入量。其中，营业收入是运营期内最主要的现金流入量，应按项目在运营期内有关产品的各年预计单价和预测销售量进行估算；回收固定资产余值需要根据固定资产技术特征、要素市场价格预测以及财务制度规定等因素进行估算；回收营运资金等于各年垫支的营运资金的合计数。

（2）现金流出量的估算。

①建设投资的估算。建设投资主要应当根据项目规模和投资计划所确定的各项建筑工程费用、设备购置成本、安装工程费用和其他费用的预算资料进行估算。

无形资产投资和开办费投资，应根据需要和可能，逐项按有关的资产评估方法和计价标准进行估算。

企业在估算构成固定资产原值的资本化利息时，可根据建设期长期借款本金、建设期借款利息率按复利方法计算，且假定建设期资本化利息只计入固定资产的原值。

②营运资金垫支的估算。企业首先应根据与项目有关的经营期每年流动资产需用额和该年流动负债可用额的差额来确定本年营运资金需用额，然后将本年营运资金需用额减去截至上年末的营运资金占用额（即以前年度已经投入的流动资金累计数），差额即为本年需要追加的营运资金。

本年营运资金追加额＝本年营运资金需用额–截至上年末的营运资金占用额

本年营运资金需用额＝本年流动资产需用额–本年流动负债可用额

其中，流动资产需考虑存货、货币资金、应收账款和预付账款等内容；流动负债需考虑应付账款和预收账款等内容。

③付现成本的估算。付现成本是指在经营期内为满足正常生产经营而动用货币资金支付的成本费用。它可以按照以下公式估算：

预算期付现成本＝预算期的总成本费用（含期间费用和所得税）–预算期固定资产折旧额和无形资产摊销额–该年计入财务费用的利息支出

预算期付现成本也可以采用分项列示的方法进行估算，即：

预算期付现成本＝预算期外购材料燃料和动力费＋工资及福利费＋维修费＋其他费用

其中，其他费用是指从制造费用、管理费用和销售费用中扣除了折旧费、摊销费、材料费、维修费、工资及福利费以后的剩余部分。

④税金及附加的估算。在项目投资决策中，应按在预算期内应交纳的消费税、

土地增值税、资源税、城市维护建设税和教育费附加等估算。

3. 估算投资项目现金流量时应注意的问题

为正确估算投资项目的增量现金流量，我们需要正确识别引起企业总现金流量变动的支出项目。对此，我们需要考虑以下几个方面的原则：

（1）区分相关成本和非相关成本。

相关成本是指与特定决策有关的、在分析评价时必须加以考虑的成本，如差额成本、未来成本、重置成本、机会成本等。相反，非相关成本是指与特定决策无关的、在分析评价时无须考虑的成本，如沉没成本、账面成本等。

（2）不要忽视机会成本。

在投资方案的选择中，如果选择了一个投资方案，则必须放弃投资于其他途径的机会，而其他投资机会可能取得的收益就是选择本方案的一种代价，其便被称为该投资方案的机会成本。机会成本不是我们通常意义上的"成本"，它不是一种实际发生的费用或支出，而是一项失去的潜在收益。

（3）要考虑投资方案对公司其他部门或其他产品的影响。

我们采纳一个新的投资方案后，要重视该方案可能对公司其他部门造成的有利或不利的影响。例如，某企业开发的新能源项目产品上市后，该企业原有其他产品的销售量可能减少，而且整个企业的销售额也许不增反减。因此在进行投资分析时，企业不能简单地将新能源项目的销售收入作为增量收入处理，而是应当扣除其他产品因此减少的销售收入。

（4）要考虑投资方案对净营运资金的影响。

一方面，随着项目投资的完成和销售额的不断扩大，存货和应收账款等流动资产的需求也会增加，公司必须筹措新的资金以满足这种额外需求；另一方面，公司扩充，也会使应付账款与一些应付费用等流动负债同时增加，从而降低公司流动资金的实际需要。所谓净营运资金的需要，是指增加的流动资产与增加的流动负债之间的差额。

相对而言，项目投资涉及面广，其基础资料的搜集和现金流量的估算需要由企业内部的众多部门和人员共同参与，各司其职，各负其责。例如，产品售价和销量的预测一般需由销售人员负责，产品研制、设备购建等资本性支出的估算需要项目技术人员负责，财务部门的职责是根据各个相关部门和人员的预测和估算，对项目的财务效益进行综合性评价。

（二）项目投资的财务评价

项目投资的财务评价就是借助特定的评价指标，对项目的预期收益和价值进行定量测算，判断项目的财务可行性，据以为项目投资决策提供依据。项目投资财务评价的指标主要有两大类，即非贴现类指标和贴现类指标，前者包括静态投资回收期、投资收益率等，后者包括净现值、净现值率、获利指数、内部收益率和动态投资回收期等。非贴现类指标和贴现类指标的主要区别在于前者没有考虑资金的时间价值，后者则考虑了资金的时间价值因素。

1. 静态投资回收期

静态投资回收期是指在不考虑资金时间价值的情况下，通过投资项目的经营净现金流量收回全部原始投资所需要的时间，通常以"年"表示。该指标能够反映项目投资的回收能力，回收期越短，表明资金回收越快，项目不可预见的风险也就越小。静态投资回收期又可以分为"包括建设期的投资回收期（PP）"和"不包括建设期的投资回收期（PP'）"两种形式。

静态投资回收期指标的计算方法可以分为公式法和列表法。

（1）公式法。

如果某一项目的投资均集中发生在建设期内，投产后若干年（设为 m 年）内每年经营净现金流量相等，并且 m 年×投产后 m 年内每年相等的净现金流量（NCF）≥原始总投资，则可按以下简化公式直接计算静态投资回收期：

不包括建设期的回收期（PP'）= 原始总投资合计÷投产后若干年内相等的净现金流量

包括建设期的回收期（PP）= 不包括建设期的回收期+建设期（$PP = PP' + s$）

【例6-1】某企业拟建造一项生产用固定资产，需要一次性投入资金 1 000 万元，建设期为 1 年，建设期的资本化利息为 100 万元。该固定资产预计寿命为 10 年，按直线折旧法提计折旧，预计净残值 100 万元。预计投产后 2~10 年净现金流量 $\mathrm{NCF}_{2\sim10} = 200$ 万元。预计投产后每年可获息税前利润 100 万元。

要求判断是否可利用公式法计算静态回收期，如果可以请计算其结果。

解答：依题意，建设期 $s = 1$ 年，投产后第 2~10 年净现金流量相等，$m = 9$ 年，经营期前 9 年每年净现金流量 $\mathrm{NCF}_{2\sim10} = 200$ 万元，原始投资 $I = 1\,000$ 万元。

由于 m×经营期前 m 年每年相等的净现金流量 = 9×200 万元 = 1 800 万元>原始投资 1 000 万元，故可以使用简化公式计算静态回收期。

不包括建设期的投资回收期 $PP' = 1\,000 \div 200 = 5$ 年。

包括建设期的投资回收期 $PP = PP' + s = 5 + 1 = 6$ 年。

（2）列表法。

列表法是指通过列表计算"累计净现金流量"的方式，来确定包括建设期的投资回收期，进而再推算出不包括建设期的投资回收期的方法。无论什么情况下，都可以用列表法来计算静态投资回收期。

该法的原理是：按照回收期的定义，包括建设期的投资回收期（PP）满足以下关系式：$\sum_{t=0}^{pp} \mathrm{NCF}_t = 0$。

该式表明在现金流量表的"累计净现金流量"一栏中，包括建设期的投资回收期 PP 恰好是累计净现金流量为零的年限。

如果无法在"累计净现金流量"栏上找到零，则必须按下式之一计算包括建设

91

期的投资回收期PP：

①包括建设期的投资回收（PP）=最后一项为负值的累计净现金流量对应的年数+（最后一项为负值的累计净现金流量绝对值÷下年净现金流量）

②包括建设期的投资回收期（PP）=（累计净现金流量第一次出现正值的年份-1）+（该年初尚未回收的投资÷该年净现金流量）

【例6-2】根据【例6-1】的资料，可编制"累计净现金流量"表如下：

表6-1　投资项目累计净现金流量表

单位：万元

项目计算期 /年	建设期		经营期								合计
	0	1	2	3	4	5	6	…	10	11	
…	…	…	…	…	…	…	…	…	…	…	…
净现金流量	-1 000	0	200	200	200	200	200	…	200	300	1 100
累计净现金流量	-1 000	-1 000	-800	-600	-400	-200	0	…	+800	+1 000	/

由表可见，该项目第六年的累计净现金流量为零，故PP=6年，PP'=6-1=5年。

相对而言，静态投资回收期指标的优点在于：①能够直观地反映原始总投资的返本期限；②便于理解，计算简单；③可以直接利用回收期之前的净现金流量信息。其缺点在于：①没有考虑货币时间价值因素；②不能正确反映投资方式的不同对项目的影响；③没有考虑回收期满后继续发生的净现金流量，可能导致错误的投资决策。

2. 投资收益率

投资收益率，又称投资报酬率（ROI），是指达产期正常年份的年息税前利润或运营期年均息税前利润占投资总额的百分比：

投资收益率（ROI）=年息税前利润或年均息税前利润÷投资总额×100%

只有投资收益率大于或等于基准投资收益率（资本成本率）的投资项目才具有财务可行性。

【例6-3】在【例6-1】资料的基础上，假设项目投产后每年可获得息税前利润100万元，则该项目的投资收益率可计算如下：

年息税前利润P=100万元，项目总投资I'=1 000+100=1 100万元，则投资收益率（ROI）=100÷1 100×100%≈9.09%。

投资收益率的优点在于：简单易懂，容易计算。其缺点在于：①没有考虑货币时间价值因素；②没有反映建设期长短、投资方式等因素对项目的影响；③无法直接利用净现金流量信息；④分子、分母计算口径的可比性较差。

3. 净现值法

（1）净现值的含义及决策原则。

净现值（NPV），是指在项目计算期内，按行业基准收益率或其他设定贴现率计算的各年净现金流量现值的代数和。通过计算、比较投资方案的净现值，据以进行投资方案决策的方法即为净现值法。

运用该方法进行决策的基本原则是：

①对于独立方案决策来说，只要其净现值为正值，就说明投资方案的预期报酬率高于基准收益率，方案可以接受；反之，若净现值是负值，说明投资方案的预期报酬率低于基准收益率，方案应予拒绝。也就是说，只有净现值指标大于或等于零的投资方案才具有财务可行性，净现值越大，投资方案的预期效益越好。

②对于互斥方案决策来说，企业则应选择净现值相对较大的方案。所谓互斥方案决策，是指在存在多个备选方案的情况下，由于受资金规模、企业能力需求等因素的限制，企业只能选择其中之一，而不能同时选择多个方案的决策。

净现值的基本计算公式为

$$NPV = \sum_{t=0}^{n} (第\ t\ 年的净现金流量 \times 第\ t\ 年的复利现值系数)$$

影响净现值的因素主要有：①各年的预测现金流量；②预计现金流量发生的时间与持续期限（项目寿命周期）；③贴现率。贴现率是投资项目或方案的机会成本，它可以根据社会或者行业平均资金收益率来确定。

【例6-4】某企业拟购置设备以扩充生产能力。设备需投资 30 000 元，使用寿命预计为 5 年，采用直线法计提折旧，5 年后设备无残值。5 年中每年销售收入为 15 000 元，每年的付现成本为 5 000 元。假设所得税率为 40%，资金成本率为 10%。

要求：①计算方案的营业现金流量；②计算方案的净现值。

解答：①计算方案的营业现金流量，见表6-2。

表6-2　投资方案的营业现金流量计算表

单位：元

年份	1~5
销售收入	15 000
付现成本	5 000
折旧	6 000
税前利润	4 000
所得税	1 600
税后利润	2 400
年营业现金流量	8 400

②计算方案的净现值。

方案的净现值 = 8 400 × (P/A, 10%, 5) - 30 000

= 8 400 × 3.790 8 - 30 000

= 1 842.72（元）

（2）不同情况下的净现值计算。

①建设期为零，投产后的净现金流量表现为普通年金形式。在这种情况下，净现值按下式计算：

$$NPV = NCF_0 + NCF_{1 \sim n} \times (P/A, i_c, n)$$

【例6-5】某企业拟购置一台不需安装的设备，预计买价100万元。设备预计使用寿命为10年，按直线法计提折旧，无残值。该设备投产后预计每年可增加企业净利润10万元。投资的机会成本率为10%。计算该项投资的净现值。

解答：$NCF_0 = -100$万元，$NCF_{1 \sim 10} = 10 + 100 \div 10 = 20$万元。

则，$NPV = -100 + 20 \times (P/A, 10\%, 10) = 22.8914$万元。

本例中，假定固定资产预计残值收入为10万元，则该项投资的净现值计算如下：

$NCF_0 = -100$万元，$NCF_{1 \sim 9} = 10 + （100-10） \div 10 = 19$万元，$NCF_{10} = 19 + 10 = 29$万元。

则，$NPV = -100 + 19 \times (P/A, 10\%, 9) + 29 \times (P/F, 10\%, 10)$

或　　　　$= -100 + 19 \times (P/A, 10\%, 10) + 10 \times (P/F, 10\%, 10)$

　　　　　$= 20.6020$（万元）

②建设期不全为零，全部投资在建设期开始时一次性投入，投产后每年净现金流量为递延年金形式。在这种情况下，净现值按下式计算：

$$NPV = NCF_0 + NCF_{(s+1) \sim n} \times [(P/A, i_c, n) - (P/A, i_c, s)]$$

或　　　　$= NCF_0 + NCF_{(s+1) \sim n} \times (P/A, i_c, n-s) \times (P/F, i_c, s)$

【例6-6】沿用【例6-5】资料，假定建设期为1年，无残值，其他条件不变。计算该项投资的净现值。

解答：$NCF_0 = -100$万元，$NCF_1 = 0$，$NCF_{2 \sim 11} = 20$万元。

则，$NPV = -100 + 20 \times [(P/A, 10\%, 11) - (P/A, 10\%, 1)] = 11.7194$（万元）

或　　　　$= -100 + 20 \times (P/A, 10\%, 10) \times (P/F, 10\%, 1) = 11.7194$（万元）

③建设期不为零，全部投资在建设期内分次投入，投产后每年净现金流量为递延年金形式。在这种情况下，净现值按下式计算：

$$NPV = NCF_0 + NCF_1 \times (P/F, i_c, 1) + ... + NCF_s \times (P/F, i_c, s)$$
$$+ NCF_{(s+1) \sim n} \times [(P/A, i_c, n) - (P/A, i_c, s)]$$

【例6-7】沿用【例6-5】的资料，假定建设期为1年，无残值，建设资金分别于年初、年末各投入50万元，其他条件不变。计算该项投资的净现值。

解答：$NCF_0 = -50$万元，$NCF_{2 \sim 11} = 20$万元。

则，$NPV = -50 - 50 \times (P/F, 10\%, 1) + 20 \times [(P/A, 10\%, 11) - (P/A, 10\%, 1)]$

　　　　　$= 16.2648$（万元）

（3）净现值法的优点是：①综合考虑了货币时间价值，不仅估算了现金流量的数额，还考虑了现金流量的时间和投资风险；②能够反映投资项目在其整个经济年限内的总效益；③能够体现企业价值最大化的财务目标。

（4）净现值法的缺点是：①无法从动态的角度直接反映投资项目的实际收益率水平；②它是一个绝对量指标，不便于比较不同投资项目的获利能力；③不能用于期限不同的投资方案的比较；④贴现率的选择往往具有主观性。

4. 净现值指数法

净现值指数（NPVR）又称净现值比、净现值率，是指投资项目的净现值占全部原始投资额现值之和的比率。

净现值指数（NPVR）＝项目的净现值÷原始投资额现值之和×100%

净现值指数表示单位投资额现值所获得的净现值。净现值指数小，单位投资的收益率就低，反之，单位投资的收益率高。利用净现值指数的决策原则是：只有净现值指数指标大于或等于 0，投资项目才具有财务可行性，反之则应当拒绝投资。

【例 6-8】根据【例 6-7】的资料，计算该项目的净现值指数的方法如下：

净现值 ＝ 16. 264 8 万元，原始投资现值 ＝ $-[-50-50\times(P/F,10\%,1)]$ ＝ 95. 454 5 万元

NPVR ＝ 16. 264 8÷95. 454 5 ≈ 0. 170 4

净现值指数法的优点是：①可以从动态的角度反映项目的资金投入与净产出之间的关系，有利于在不同投资项目之间进行比较；②计算简单、易于理解。净现值指数法的缺点是：无法直接反映投资项目的实际收益率。

5. 现值指数

现值指数（PI）又称现值比率，是指投产后按行业基准收益率或设定贴现率折算的各年净现金流量的现值合计与原始投资的现值合计之比。

现值指数（PI）＝投产后各年净现金流量的现值合计÷原始投资的现值合计

现值指数与净现值指数的关系可用下列公式表示：

现值指数 ＝ 1+净现值指数；净现值指数 ＝ 现值指数-1

利用现值指数的决策原则是当现值指数大于或等于 1 时，投资项目才具有财务可行性，反之则应当拒绝投资。

现值指数的优缺点与净现值指数基本相同。

6. 内部收益率

内部收益率（IRR）又称内部报酬率，是指能够使未来现金流入量现值等于现金流出量现值的贴现率，或者说它是能使投资项目的净现值等于零时的贴现率，可用以下公式表示：

$$\sum_{t=0}^{n}\left[NCF_t\times(P/F,\ IRR,\ t)\right]=0$$

一般来说，内部收益率的计算需要逐次测试，然后再用插值法原理求解。逐次测试法就是要通过逐次测试找到两个相近的贴现率，一个能够使净现值大于零，另一个使净现值小于零，然后采用一定的计算方法，确定能使净现值等于零的贴现

率——内部收益率 IRR 的方法。具体步骤为：

（1）先设定一个贴现率 r_1，代入计算净现值的公式，求出按 r_1 为贴现率的净现值 NPV_1，然后再进行下面的判断：①若净现值 $NPV_1 = 0$，则内部收益率 $IRR = r_1$，计算结束；②若净现值 $NPV_1 > 0$，则内部收益率 $IRR > r_1$，应重新设定 $r_2 > r_1$，再将 r_2 代入有关计算净现值的公式，求出净现值 NPV_2，继续进行下一轮的判断；③若净现值 $NPV_1 < 0$，则内部收益率 $IRR < r_1$，应重新设定 $r_2 < r_1$，再将 r_2 代入有关计算净现值的公式，求出净现值 NPV_2，进行下一轮的判断。

（2）经过逐次测试判断，有可能找到内部收益率 IRR。每一轮判断的原则相同。若设 r_j 为第 j 次测试的贴现率，NPV_j 为按 r_j 为贴现率计算的净现值，则有：①当 $NPV_j > 0$ 时，$IRR > r_j$，继续测试；②当 $NPV_j < 0$ 时，$IRR < r_j$，继续测试；③当 $NPV_j = 0$ 时，$IRR = r_j$，测试完成。

（3）若经过有限次测试，仍未从时间价值系数表中找到内部收益率 IRR，则可利用最为接近零的两个净现值正负临界值 NPV_m 和 NPV_{m+1} 及相应的贴现率 r_m 和 r_{m+1}，应用内插法计算近似的内部收益率。即，如果"$NPV_m > 0$，$NPV_{m+1} < 0$，$r_m < r_{m+1}$，$r_{m+1} - r_m \leqslant d$（$2\% \leqslant d < 5\%$）"关系成立，可按下列具体公式计算：

$$IRR = r_m + \frac{NPV_m - 0}{NPV_m - NPV_{m+1}} \times (r_{m+1} - r_m)$$

【例6-9】某投资项目只能用一般方法计算内部收益率。按照逐次测试逼近法的要求，自行设定贴现率并计算净现值，据此判断调整贴现率。经过 5 次测试，得到表 6-3 所示的数据。

表 6-3　内部收益率计算测试表

测试次数 j	设定贴现率 r_j	净现值 NPV_j（按 r_j 计算）
1	10%	+918.383 9
2	30%	−192.799 1
3	20%	+217.312 8
4	24%	+39.317 7
5	26%	−30.190 7

计算该项目的内部收益率。

解答：因为 $NPV_m = +39.317\,7 > NPV_{m+1} = -30.190\,7$，$r_m = 24\% < r_{m+1} = 26\%$，故 $24\% < IRR < 26\%$ 由内插法得出：

$$IRR = 24\% + \frac{39.317\,7 - 0}{39.317\,7 - (-30.190\,7)} \times (26\% - 24\%) \approx 25.13\%$$

以上介绍了内部收益率计算的一般方法。当项目投产后的净现金流量表现为普通年金的形式时，我们可以直接利用年金现值系数计算内部收益率，其公式为

$$(P/A, \text{IRR}, n) = \frac{I}{\text{NCF}}$$

上式中，I 为在建设期开始时一次投入的原始投资；$(P/A, \text{IRR}, n)$ 是期限为 n、贴现率为 IRR 的年金现值系数；NCF 为投产后 $1 \sim n$ 年每年相等的净现金流量（$\text{NCF}_1 = \text{NCF}_2 = \cdots = \text{NCF}_n$，NCF 为一常数，$\text{NCF} \geq 0$）。

运用该方法的条件有二：一是项目的全部投资均于建设期开始时一次性投入，建设期为零；二是投产后每年净现金流量相等。

【例6-10】某投资项目在建设起点一次性投资 254 580 元，当年完工并投产，投产后每年可获净现金流量 50 000 元，经营期为 15 年。

要求：①判断该项目能否用内部收益率法；②计算该指标。

解答：①因为 $\text{NCF}_0 = -1$，$\text{NCF}_{1 \sim 15} = 50\,000$，所以此题可采用内部收益率法来计算该项目的内部收益率 IRR；

② $(P/A, \text{IRR}, 15) = \dfrac{254\,580}{50\,000} = 5.091\,6$，查表可知 15 年的年金现值系数为 $(P/A, 18\%, 15) = 5.091\,6$，所以最终得到 $\text{IRR} = 18\%$。

7. 动态投资回收期

动态投资回收期，是指在考虑资金时间价值的情况下，通过投资项目的经营净现金流量收回全部原始投资所需要的时间，通常以"年"表示。该指标能够反映项目投资的回收能力，回收期越短，表明资金回收越快，项目不可预见的风险也就越小。

动态投资回收期就是从项目投建之日起，用项目各年的已贴现现金流量将全部投资现值收回所需的期限，其表达式为

$$\sum_{t=0}^{n} \frac{(I_k - O_k)}{(1 + i)^t} = 0$$

上式中，n 为动态投资回收期（年）；I_k 为第 k 年的现金流入量；O_k 为第 k 年的现金流出量；i 为贴现率。

【例6-11】在贴现率为 10% 的情况下，现有一个投资方案，在年初投入 40 000 元，第一年净收益为 3 600 元，现金净流量为 23 600 元，第二年净收益为 6 480 元，现金净流量为 26 480，求其动态回收期。

解答：由公式 $\sum_{t=0}^{n} \dfrac{(I_k - O_k)}{(1 + i)^t} = 0$ 求得折现率 i 为 0.909 1，该投资方案的现金流量表如表6-4所示。

表 6-4 现金流量表

单位：元

时间	现金净流量	回收额	未回收额
第 0 年	（40 000）		
第 1 年	23 600	21 454（23 600×0.909 1）	18 546
第 2 年	26 480	21 884	0

回收期 = 1+（18 546÷21 884）≈1.85（年）

相对于静态投资回收期来说，动态投资回收期的最大优点是考虑了现金流量的取得时间。其缺点是计算工作比较复杂，同时依然未考虑回收期以后的现金流量，从而可能导致错误的投资决策。

7. 基本贴现类指标之间的关系

（1）基本贴现类指标的变动关系。

从以上阐述可以看出，基本贴现类指标有净现值、净现值指数、现值指数和内部收益率，这些指标之间存在同方向变动关系。

当净现值>0 时，净现值指数>0，现值指数>1，内部收益率>基准收益率；

当净现值=0 时，净现值指数=0，现值指数=1，内部收益率=基准收益率；

当净现值<0 时，净现值指数<0，现值指数<1，内部收益率<基准收益率。

（2）基本贴现类指标的相同点。

①都考虑了资金的时间价值。②都考虑了项目计算期全部的现金流量。③都要受项目建设期长短、现金流量大小以及有无回收额等因素的影响。④都体现为正指标，在评价方案可行与否时，结论一致：当 NPV≥0 时，NPVR≥0，PI≥1，IRR≥I_c。

（3）基本贴现类指标间的区别如表 6-5 所示。

表 6-5 动态指标的区别点

指标	净现值	净现值率	获利指数	内部收益率
相对量指标/绝对量指标	绝对量指标	相对量指标	相对量指标	相对量指标
是否可以反映投入与产出的关系	不能	能	能	能
是否受设定贴现率的影响	是	是	是	否
能否反映投资项目本身报酬率	否	否	否	是

（三）项目投资的风险评价

由于项目投资涉及的时间比较长、面临的不确定性因素多、风险程度相对较大，因此我们需要运用一定的方法，对这些不确定性或者风险进行估量和评价。考虑了影响投资项目的不确定性因素的投资决策叫作风险投资决策。风险投资决策的方法主要有风险调整贴现率法、肯定当量法、决策树法、敏感性分析法、场景概况分析法及蒙特卡罗模型分析法等。本章主要对风险调整贴现率法、肯定当量法、决策树法和敏感性分析法进行介绍。

1. 风险调整贴现率法

我们知道，贴现率是投资者进行项目投资所要求的最低报酬率，它与项目的风险程度息息相关：项目投资风险大，贴现率越高，反之则贴现率越低。风险调整贴现率法就是根据的这一理论。首先根据项目的风险程度调整贴现率，再根据调整后的贴现率计算投资项目的净现值，进而再根据该净现值进行投资决策。

根据风险调整贴现率的方法主要有以下几种：

（1）运用资本资产定价模型进行调整。

按照这种方法，特定投资项目的风险调整贴现率按下式计算：

$$k_j = r_f + \beta_j \times (k_m - r_f)$$

上式中，k_j 为项目 j 的风险调整贴现率；r_f 为无风险利率；β_j 为项目 j 的 β 系数；k_m 为所有项目的平均投资报酬率。

（2）根据投资项目的风险等级进行调整。

这种方法是对影响项目投资风险的各种因素进行评分，根据评分来确定风险等级，再根据风险等级来调整贴现率。表6-6、表6-7可以说明该方法的具体运用。

表6-6 投资项目风险状况及评分表

因素	A		B		C		D		E	
	状况	得分	状况	得分	状况	得分	状况	得分	状况	得分
市场竞争	无	1	较弱	2	一般	5	较强	8	很强	11
战略协调性	很好	1	较好	2	一般	5	较差	8	很差	11
投资回收期	1.5年	5	1年	1	2.5年	8	3年	9	4年	13
资源供应	一般	7	很好	1	较好	4	很差	15	较差	11
总分	/	14	/	6	/	22	/	40	/	46
贴现率		9%		7%		12%		17%		≥25%

表6-7 得分对应贴现率表

总分	风险等级	调整后的贴现率
0~8	很低	7%
8~16	较低	9%
16~24	一般	12%
24~32	较高	15%
32~40	很高	17%
40以上	最高	25%以上

表 6-6 中的分数、风险等级、贴现率的确定都是根据以往的经验来设定的，具体评分工作可由销售、生产、技术、财务等部门组成专家小组来进行。

（3）按投资项目的类别调整贴现率。

为满足项目投资决策的需要，对于经常发生的项目投资，企业可以根据经验或者历史资料预先按风险大小规定高低不等的贴现率。表 6-8 是某公司对不同类型的项目投资预先规定的贴现率。

表 6-8　项目投资类别对应贴现率表

投资项目类别	风险调整贴现率（边际资本成本+风险补偿率）
重置型项目	10%+2%＝12%
改造、扩充现有产品生产项目	10%+5%＝15%
增加新生产线项目	10%+8%＝18%
研发开发项目	10%+15%＝25%

风险调整贴现率法的优点是：①容易理解；②企业可以根据自己对风险的偏好来确定风险调整贴现率，有利于实际运用。其缺点是：①贴现过程的计算较为复杂；②把风险因素和时间因素混为一谈，人为地假定风险随时间的延长而增大，这不一定符合实际情况。

2. 肯定当量法

由于项目的未来现金流量具有不确定性，使得项目投资存在投资风险。对此，除采用风险调整贴现率法外，还可以运用肯定当量法。肯定当量法的运用程序是：首先根据投资项目的风险程度将不确定的现金流量调整为确定的现金流量，其次将确定的现金流量按无风险报酬率进行折现，计算投资项目的净现值，最后根据该净现值来进行项目投资决策。肯定当量法计算公式如下：

$$风险调整后的净现值 = \sum_{t=0}^{n} \frac{a_t \times 现金流量期望值}{(1 + 无风险报酬率)^t}$$

式中，a_t 是 t 年现金流量的肯定当量系数，它处于 0~1。

肯定当量系数是指不确定的 1 元现金流量期望值相当于确定的现金流量的系数。运用该系数，可以将各年不确定的现金流量换算成确定的现金流量。

$$a_t = 肯定的现金流量 \div 不肯定的现金流量期望值$$

确定的 1 元钱比不确定的 1 元钱更受欢迎。不确定的 1 元钱，其价值要低于确定的 1 元钱的价值，两者的差额与不确定性程度高低有关。一般我们依据标准离差率来确定肯定当量系数，因为标准离差率能够较好地反映现金流量的不确定性程度。表 6-9 列示了变化系数（标准离差率）与肯定当量系数之间的经验关系。

表6-9 变化系数（标准离差率）与肯定当量系数的经验关系表

变化系数	肯定当量系数
0.00～0.07	1
0.08～0.15	0.9
0.16～0.23	0.8
0.24～0.32	0.7
0.33～0.42	0.6
0.43～0.54	0.5
0.55～0.70	0.4

【例6-12】某企业准备进行一项投资，其各年的现金流量和分析人员确定的肯定当量系数如表6-10所示，无风险贴现率为10%，试判断此项目是否可行。

表6-10 现金净流量与肯定当量系数表

时间/年	0	1	2	3	4
现金净流量/元	−20 000	7 000	9 000	8 000	8 000
肯定当量系数 t	1.0	0.95	0.9	0.85	0.8

解答：根据以上资料，计算项目净现值如下：

$$净现值 = \sum_{t=0}^{n} \frac{a_t \times 现金流量期望值}{(1 + 无风险报酬率)^t}$$

$$= 0.95 \times 7\,000 \times 0.909\,1 + 0.9 \times 9\,000 \times 0.826\,4 + 0.85 \times 8\,000 \times 0.751\,3 + 0.8 \times$$
$$8\,000 \times 0.683 - 20\,000 \approx 2\,219.40（元）$$

由于净现值为正，故项目可以投资。

肯定当量法的优点是：①计算比较简单；②克服了风险调整贴现率法夸大远期风险的缺点。其局限性在于：由于没有公认的客观准则，即便有变化系数与肯定当量系数的对照关系，准确合理地确定肯定当量系数仍是个十分困难的问题。

3. 决策树法

决策树法又称网络分析法，是通过分析投资项目未来各年各种可能的净现金流量及其发生的概率，并计算投资项目的期望净现值来评价风险投资的一种决策方法。决策树法考虑了投资项目未来各年现金流量之间的相互依存关系，涉及了条件概率和联合概率问题。为了便于考察项目未来各年可能的净现金流量及其发生的概率，我们往往使用简单树枝图形，以明确地说明投资项目各方案的情况。

应用决策树法的主要步骤是：

（1）画出决策树图形。

决策树图形用于反映某个决策问题的分析和计量过程，其主要分为以下几个部分：

101

①决策点，指几种可能方案选择的结果，即最后选择的决策方案，一般用"□"表示。

②方案枝，即决策点从左到右的若干条直线，代表一种备选方案。

③机会点，即代表备选方案的经济效果，是方案直线末端的一个圆"○"。

④概率枝，即代表各备选方案不同自然状态的概率，是机会点向右的若干条直线。

（2）预计各种状态可能发生的概率。

（3）计算期望值。

（4）选择最佳方案。

分别将各方案期望总和与投资总额之差标在机会点上方，并对各机会点的备选方案进行比较权衡，选择权益最大的方案为最佳方案。

【例6-13】ABC公司拟开发一种新产品，预计市场情况为：畅销的概率 $p_1 = 0.6$，滞销的概率 $p_2 = 0.4$。备选方案有：A方案，建造一个新车间，使用期为10年；B方案，对现有资产进行技术改造，既维持原来的生产，又组成新产品的生产线，使用期为10年；C方案，前期与B方案相同，如果市场情况好，3年后进行扩建，扩建项目使用期为7年。该公司要求的最低报酬率为10%，其他有关数据如表6-11所示。

表6-11　不同投资方案数据预测表

单位：万元

方案	投资额		年收益			
	当前	三年后	前三年		后七年	
			畅销	滞销	畅销	滞销
A	240	0	80	−20	80	−20
B	120	0	30	20	30	20
C	120	180	30	20	90	20

解答：首先，绘制决策树，如图6-1所示。

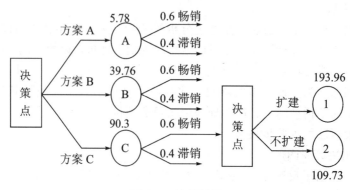

图6-1　决策树图

财务预算与控制

其次，计算各机会点的期望收益值。

机会点 A 的期望净现值 $= 80 \times (P/A, 10\%, 10) \times 0.6 + (-20) \times (P/A, 10\%, 10) \times 0.4$
$\qquad -240$

$\qquad = 80 \times 6.144\ 6 \times 0.6 + (-20) \times 6.144\ 6 \times 0.4 - 240$

$\qquad \approx 5.78$（万元）

机会点 B 的期望净现值 $= 30 \times (P/A, 10\%, 10) \times 0.6 + 20 \times (P/A, 10\%, 10) \times 0.4$
$\qquad -120$

$\qquad = 30 \times 6.144\ 6 \times 0.6 + 20 \times 6.144\ 6 \times 0.4 - 120$

$\qquad \approx 39.76$（万元）

机会点 C 的期望净现值：

$\qquad$ 点①期望净现值 $= 90 \times (P/A, 10\%, 7) \times (P/F, 10\%, 3) - 180 \times (P/F, 10\%, 3)$
$\qquad\qquad = 90 \times 4.868\ 4 \times 0.751\ 3 - 180 \times 0.751\ 3 \approx 193.95$（万元）

$\qquad$ 点②期望净现值 $= 30 \times (P/A, 10\%, 7) \times (P/F, 10\%, 3) - 0$
$\qquad\qquad = 30 \times 4.868\ 4 \times 0.751\ 3 - 0 \approx 109.73$（万元）

比较①和②的期望净现值，选择①。

机会点 C 的期望收益值 $= [193.96 + 30 \times (P/A, 10\%, 3)] \times 0.6 + 20 \times (P/A, 10\%,$
$10) \times 0.4 - 120 \approx 90.3$（万元）

因为各个方案经营期一致，故可直接比较各方案期望收益值的大小，比较结果是放弃期望收益值较小的方案 A 和 B，选择期望收益值大的方案 C。

决策树法的优点是：①考虑了投资项目未来各年现金流量之间的相互依存关系；②为决策人员提供了投资项目未来各年所有可能的现金流量及其概率分布；③全面反映了投资项目的风险特征。决策树法的缺陷是：当项目的经济年限较长以及现金流量的可能性较多时，计算相对复杂，并且决策树图绘制的工作量较大。

4. 敏感性分析法

敏感性分析法是研究当制约投资项目评价指标（如 NPV、IRR 等）的内外部环境因素发生变动时，对评价指标所产生影响的一种定量分析方法。进行敏感性分析的基本步骤如下：

（1）确定影响项目评价的内外部环境因素，这些环境因素主要有市场需求、市场价格、成本水平等，它们构成了项目财务评价的各种环境变量。

（2）在保持其他条件不变的情况下，调整某个环境变量的取值，并计算环境变量调整后的项目评价指标。不断重复这一步骤，分别对各个变量进行分析，由此可以得到每一个环境变量的变动对 NPV 或 IRR 的影响。

（3）将项目评价指标的变动与对应的环境变量的变动联系起来，计算项目评价指标对环境变量的敏感系数，再根据敏感系数的大小判断项目的风险。

表 6-12 列举的是某投资项目的五个主要环境变量增长 1% 时对 NPV 的影响。

103

表 6-12 主要变量对净现值的影响（基本状态下 NPV = 200 000 元）

增长 1%的主要环境变量	NPV 增长量/元	增长百分比/%
销售增长率	2 328	1.16
营业利润率	3 644	1.82
资本投资	-1 284	-0.64
营运资金投资	-1 412	-0.71
贴现率	-4 929	-2.46

由上表可见，该项目评价指标对贴现率的变化最为敏感，其次是营业利润率，最后是销售增长率。也就是说，该项目的最大风险来自贴现率，即资本成本的变化，其次是营业成本水平。对此，企业应当有针对性地采取成本控制措施，努力降低成本，控制项目风险。

敏感性分析法是项目风险评价最常用的方法，它能够帮助我们找到导致项目风险的各主要因素，以便我们能够在事前制定风险防范和控制措施。但该方法仍存在着以下局限性：①该分析法提供了针对一组数值的分析结果，却无法给出每一个数值发生的可能性。②该方法是假设其他环境变量保持不变的情况下，分别考察某一个环境变量发生变动对评价指标的影响，但在现实生活中这些环境变量通常是相互联系的，一个环境变量发生变动往往会同时引起其他变量发生变动。③对于同一个敏感性分析结果，一些决策者可能会拒绝该项目而其他决策者却可能接受这一项目，这往往取决于决策者对项目风险的厌恶程度。

（四）项目预算表的编制

上面我们介绍了项目投资决策的一般原理和方法，下面我们将以例解的方式介绍项目投资决策方法在一些具体情况下的运用。

1. 期限不同的项目投资决策

前面已经提及，净现值法不能应用于期限不同的投资方案的选择，原因在于净现值法没有考虑到期限较短的投资方案在寿命周期结束后的再投资问题，这样一来，如果简单地套用净现值比较，难免造成决策错误。

【例 6-14】有甲、乙两个互斥的投资方案，所需一次性投资均为 10 000 元。甲方案预计使用 8 年，残值 2 000 元，年净利润 3 500 元；乙方案预计使用 5 年，无残值，第一年净利润 3 000 元，以后每年递增 10%。假设资本成本率为 10%，计算两个方案的净现值。

解答：

①现金流量分析：

甲、乙两方案初始现金流出量均为 10 000 元；

甲方案的营业现金净流量 = 3 500 + （10 000 - 2 000）÷ 8 = 4 500（元）

乙方案各年营业现金流量的计算如下：

第一年=3 000+10 000÷5=5 000（元）

第二年=3 000×（1+10%）+10 000÷5=5 300（元）

第三年=3 000×（1+10%）^{2}+10 000÷5=5 630（元）

第四年=3 000×（1+10%）^{3}+10 000÷5=5 993（元）

第五年=3 000×（1+10%）^{4}+10 000÷5≈6 392（元）

甲方案终结现金流入量2 000元，乙方案无终结现金流入量。

②计算净现值。

根据前述净现值的计算方法，可计算甲、乙两个方案的净现值分别为14 941.5元和11 213.77元。

如果仅仅按照净现值的大小来进行方案选择，那么本例无疑应当选择净现值较大的甲方案。然而，由于两个方案的期限不同，使得这种选择是错误的，因为它没有考虑期限为5年的乙方案在收回投资后的再投资问题。具体来说，乙方案在第5年末收回全部投资后，可以用于下一个周期的再投资，使其在第5年至第8年也能够获得净现金流入，但上述净现值法却未能考虑这部分现金流量。因此，当两个互斥投资方案的期限不同时，不能直接采用净现值法进行决策，对此，我们可采用年金净流量法或年营运成本法。

年金净流量法是净现值法的辅助方法。按照这种方法，首先需要计算年金净流量，计算公式为：年金净流量=现金流量总现值/年金现值系数；然后根据年金净流量的大小进行方案选择，决策的原则是选择年金净流量大的方案。当各方案的寿命期限相同时，它实质上就是净现值法。

【例6-15】沿用【例6-14】的资料。

甲方案年金净流量=14 941.5÷$(P/A,10\%,8)$≈2 801（元）

乙方案年金净流量=11 213.77÷$(P/A,10\%,5)$≈2 958（元）

可见，尽管甲方案的现值大于乙方案，但乙方案的年金净流量大于甲方案，如果乙方案也按8年计算，则净现值为15 781元（2 958×5.335）。故本例应当选择乙方案。

年金净流量法是从现金流入的角度进行计算、比较和决策的。与此不同的另一种方法是年营运成本法，它是从现金流出的角度进行计算、比较和决策的，其具体运用我们将结合固定资产更新决策进行介绍。

2. 固定资产更新决策

在项目投资决策中，固定资产更新决策相对比较频繁，其分析评价工作也较为复杂。下面我们通过简例来介绍固定资产更新决策问题。

【例6-16】ABC公司打算以新设备替换旧设备。旧设备的账面价值为220万元，预计售价为20万元；购买新设备的成本为130万元。新旧设备的预计未来使用年限均为10年。使用新设备年营业收入可增加14万元，可节约成本（未含折旧因素）11万元。假定所得税率为40%，资本成本率为15%。要求计算该更新方案的净现值，并进行决策。（有关现金流量的时间假设为：①年初用现金购买新设备；②年初销售旧设备并马上收到现金；③销售旧设备的所得税利益在年末实现；④未来 10 年每年的净现金流量均在年末收到。）

解答：计算现金流量：

（1）初始现金流量的现值 = 200 000 - 1 300 000 + 800 000 × 0.869 6
= -404 320（元）

（2）年经营现金流量：

①年净收益增加额 = [140 000（增加的收入）+ 110 000（节约的不含折旧的成本）+ 90 000（减少的折旧额）] × (1 - 40%)
= 204 000（元）

②年经营现金流量增加额 = 204 000 + (-90 000) = 114 000（元）

或 = 140 000 + 110 000 - 136 000
= 114 000（元）

③年经营现金流量增加额的现值 = 114 000 × 4.833 2 ≈ 550 985（元）

④方案现金净现值 = 550 985 - 404 320 = 146 665（元）

由于以新换旧方案的净现值大于 0，故应选择以新设备替换旧设备的方案。

3. 综合例题

【例 6-17】ABC 公司是一家生产和销售软饮料的企业。该公司产销的甲饮料持续盈利，目前供不应求，公司正在研究是否扩充其生产。有关资料如下：

（1）该种饮料批发价格为每瓶 5 元，变动成本为每瓶 4.1 元。本年销售 400 万瓶，已经达到现有设备的最大生产能力。

（2）市场预测显示明年销量可以达到 500 万瓶，后年将达到 600 万瓶，然后以每年 700 万瓶的水平持续 3 年。5 年后的销售前景难以预测。

（3）投资预测：为了增加一条年产 400 万瓶的生产线，需要设备投资 600 万元；预计第 5 年末设备的变现价值为 100 万元；生产部门估计需要增加的营运资本为新增销售额的 16%，在年初投入，在项目结束时收回；该设备能够很快安装并运行，可以假设没有建设期。

（4）设备开始使用前需要支出培训费 8 万元；该设备每年需要运行维护费 8 万元。

（5）该设备也可以通过租赁方式取得。租赁公司要求每年交纳租金 123 万元，租期 5 年，租金在每年年初支付，租赁期内不得退租，租赁期满设备所有权不转移。设备运行维护费由 G 公司承担。租赁设备开始使用前所需的培训费 8 万元由 ABC 公司承担。

（6）公司所得税率为 25%；税法规定该类设备使用年限为 6 年，采用直线法折旧，残值率 5%；假设与该项目等风险投资要求的最低报酬率为 15%；银行借款（有担保）利息率为 12%。

要求：（1）计算自行购置方案的净现值，并判断其是否可行。（2）根据我国税法的规定，该项设备租赁属于融资租赁还是经营租赁？具体说明判别的依据。（3）编制租赁的还本付息表，计算租赁相对于自购的净现值，并判断该方案是否可行，说明理由。

已知：$(P/A,1\%,4)=3.902\,0$，$(P/A,2\%,4)=3.807\,7$，$(P/F,15\%,1)$
$\approx 0.869\,6$

$(P/F,15\%,2)=0.756\,1$，$(P/F,15\%,3)=0.657\,5$，$(P/F,15\%,4)$
$\approx 0.571\,8$

$(P/F,15\%,5)=0.497\,2$，$(P/F,9\%,1)=0.917\,4$，$(P/F,9\%,2)\approx 0.841\,7$

$(P/F,9\%,3)=0.772\,2$，$(P/F,9\%,4)\approx 0.708\,4$

解答：

（1）自行购置的净现值见表6-13。

表6-13 净现值计算表

单位：万元

时间（年末）	0	1	2	3	4	5
营业收入		500	1 000	1 500	1 500	1 500
税后收入		375	750	1 125	1 125	1 125
税后付现成本		4.1×100×(1−25%) = 307.5	615	922.5	922.5	922.5
折旧抵税		95×25%=23.75	23.75	23.75	23.75	23.75
税后维护费		8×(1−25%)=6	6	6	6	6
税后培训费	8×(1−25%)=6					
税后营业现金流量	−6	85.25	152.75	220.25	220.25	220.25
设备投资	−600					
营运资本投资	500×16%=80	80	80			
回收残值流量						106.25
回收营运资本						240
项目增量现金流量	−686	5.25	72.75	220.25	220.25	566.5
折现系数	1	0.869 6	0.756 1	0.657 5	0.571 8	0.497 2
现值	−686	4.57	55.01	144.81	125.94	281.66
净现值	−74.01					

说明：年折旧=600×（1−5%）÷6=95（万元）

终结点账面净值=600−5×95=125（万元），变现损失=125−100=25（万元）

回收残值流量=100+25×25%=106.25（万元）

（2）租赁的税务性质判别：

租赁期/寿命期限＝5÷6≈83.33%>75%，所以应该属于融资租赁。

（3）编制租赁的还本付息表（表6-14），计算租赁相对于自购的净现值（表6-15），并判断该方案是否可行，说明理由。

设内含利息率为 i，则：

$600=123+123\times(P/A,i,4)$

即 $(P/A,i,4)=3.878\ 0$

由于 $(P/A,1\%,4)=3.902\ 0$，$(P/A,2\%,4)=3.807\ 7$

所以：$(i-1\%)/(2\%-1\%)=(3.878\ 0-3.902\ 0)/(3.807\ 7-3.902\ 0)$

解得：$i=1.25\%$

表6-14　租赁的还本付息表

单位：万元

时间（年末）	0	1	2	3	4
支付租金	123	123	123	123	123
内含利息率	1.25%	1.25%	1.25%	1.25%	1.25%
支付利息	0	5.963	4.5	3.018	1.519
归还本金	123	117.037	118.5	118.982	121.481
未还本金	600-123=477	359.963	241.463	121.481	0

说明：第五年初（第四年末）支付的利息是倒挤出来的，即 123－121.481＝1.519。

表6-15　租赁相对于自购的净现值

单位：万元

时间（年末）	0	1	2	3	4	5
避免设备成本支出	600	0	0	0	0	0
租金支付	-123	-123	-123	-123	-123	0
利息抵税	0	1.491	1.125	0.755	0.38	0
租赁期差额现金流量	477	-121.509	-121.875	-122.245	-122.62	
折现系数（9%）	1	0.917 4	0.841 7	0.772 2	0.708 4	
租赁期差额现金流量现值	477	-111.472	-102.582	-94.398	-86.864	
丧失的回收残值流量	0	0	0	0	0	-106.25
折现系数（15%）	—	—	—	—	—	0.497 2
丧失的回收残值流量现值	—	—	—	—	—	-52.828
租赁相对自购的净现值	28.86					

由于租赁方案的净现值为-74.01+28.86=-45.15 万元，小于零，所以租赁方案也不可行。

说明：12%×（1-25%）= 9%。

四、固定资产预算与研发预算

企业实务中，长期投资预算种类很多，本书仅以固定资产预算与研发为例，说明长期投资预算编制的特点与注意的问题。

（一）固定资产预算

固定资产投资是一种现金预支性支出，这意味着固定资产一旦投入，企业将承担其寿命期内所有预支的费用。无论该项固定资产是否使用，无论企业经营状况的好坏，企业都必须承担其寿命期内的"折旧费"。而且固定资产一旦运行，就必然会出现维护费用。这在前面的案例中都可以看出来。

固定资产预算的编制应该按岗位进行，这个岗位承担着对该资产使用、保管和维护的责任，这是固定资产管理的基础。在会计实务中，固定资产的编号、卡片也是在这个基础上建立的。对于一些共同使用的财产，如厂房、道路等，它们难以进行岗位化预算，故通常会将预算具体到某个群体，如财务部门、行政管理部门、工程维修部门等。

岗位化的固定资产预算，为固定资产折旧和维护找到了明确的责任中心。因此，固定资产折旧费用和维护费用的预算编制也可以直接归结到某个岗位、群体或责任中心。

ABC 公司固定资产与折旧费用预算表如表 6-16 所示。

表 6-16　固定资产与折旧费用预算

机构名称	使用单位	预算编号	新增（减）固定资产					年末固定资产余额					预算期折旧预算				
			资产名称	数量	预算金额	购置时间	分类标识	房屋及建筑物	机器设备	运输设备	办公设备	合计	房屋及建筑物	机器设备	运输设备	办公设备	合计
残值率																	
折旧年限																	
行政部门	总经理																
	副总																
	财务总监																
生产部门	电器工																
	装配工																
销售部门	销售经理																
	副经理																
财务部门	财务经理																
	成本主管																
	总账主管																
…	…	…	…	…	…	…	…	…	…	…	…	…	…	…	…	…	…
合计																	

本例题中并未填列具体数值，主要是由于 ABC 公司固定资产众多，不可能一一列出，同学们只要对其有一个大概的了解。在此，有以下几点需要说明：

（1）在固定资产预算的表格设计中，企业必须遵循固定资产管理理念和基本原则，即使用岗位对资产负有保管、维护和使用的责任，该资产所在的责任中心承担该项资产的经济责任，如承担修理、维护、折旧费用等。

（2）表格中的第三列"预算编号"是该资产的唯一编号，如同人的身份证号。这样做是便于 ERP 系统进行有效的预算控制。通常情况下，预算批准后，进行预算控制设定时，企业要将所有预算指标进行系统设置，而固定资产预算设置就是其中的一项。所有已经列入预算的资产项目，系统都会按照预算编号输入。这样，当使用单位申请购置该项资产时，系统就会自动按照预算编号检索该资产项目。如果未检索到，系统会自动将该申请转入预算外审批程序。而当该项资产成功购置后，预算编号会自动转换为资产编号。因此，固定资产预算编号是系统控制、会计核算和资产管理的关键。

（3）表格中第七列"购置时间"是指某岗位或部门在预算中希望购买资产的月份。设置该项目的目的是便于财务部门调整现金支付节奏和编制折旧费用预算。这正是第五章经营预算中没有讲述"折旧费用预算"的原因，即固定资产预算与折旧预算是同时编制的。

（4）表格中的第八列"分类标识"是为了表明该项新增或新减资产的资产类别，从而便于系统进行主动归类，其一般使用字母标识。字母可以是企业从 A 开始依次规定固定资产类别，也可以使用英文名字开头字母标识，如机器设备（machinery）可以用 M 标识，办公设备（office equipment）用 O 标识。在期末计算固定资产余额时，新增减的固定资产会通过"分类标识"自动加入某个资产类别，在 Excel 报表的输入公式为：机器设备＝if（分类标识＝"M"，"预算金额"，0）。

（二）研发预算

企业针对新产品、新技术的研发周期通常超过一年，所以采用年度预算编制方式显然不合理，因此研发预算也属于长期投资预算的组成部分。而且，一个项目可能会研发好几年，企业需要持续地投入，不确定因素甚至未知因素很多，所以必须随着时间的推移、情况的变化，调整、修改、细化预算，这也是一种"滚动预算"。

在新产品、新技术领域推行预算管理的目的是通过预算控制研发的价值流向。正如第五章销售价格预算中的技术导向定价法中所谈到的，产品价值靠四个方面构成，即技术、功能、外观和品质。如果企业产品的重心在于关键技术，那么就必须保证研发投入持续集中在关键技术上，并且要评估企业持续投入的能力，如果不可能在这个方面做持续、大规模的投入，那就必须果断停止投入。同时，企业必须将有限的资源集中到某个点上，只有这样才能有真正的新产品和新技术出现。研发预算控制方案如表 6-17 所示。

表 6-17　研发预算控制方案

研发项目	持续时间	投入预算						价值流向				
		人力预算	材料预算	设备预算	费用预算	其他	合计	技术突破	功能改进	外观改进	品质改进	其他
合计												

第二节　筹资预算

一、企业筹资概述

(一) 企业融资含义和分类

企业融资是指企业为了满足生产经营、对外投资和调整资本结构的需要，通过一定的渠道，采用适当的方式，筹措和集中所需资金的财务活动，它是企业资金运动的起点。企业融资的主要目的有：①满足企业生产经营活动的需要；②用于扩大生产经营规模；③用于追加对外投资；④调整和优化资本结构。融资活动是企业资金运动的起点，是决定资金运动规模和企业生产经营活动的重要环节。

企业融资可按不同的标准做以下分类：

(1) 按照资金来源的性质不同，企业融资可分为所有者权益融资（以下简称为权益融资）和负债融资。权益融资是指通过发行股票、吸收股东投资、企业内部积累等方式进行的融资。权益融资在企业账务上体现为权益资本，其特征是融资风险小，但资本成本相对较高。

负债融资通过发行债券、借款、融资租赁等方式进行。负债融资在企业账务上体现为债务资本，相对而言，它具有财务风险大、资本成本低的特征。

(2) 按照资金使用期限的长短，企业融资可分为短期融资和长期融资。短期融资是指通过短期借款、短期债券和商业信用等方式筹集可供企业在一年以内使用的资金，它主要是为满足企业临时性流动资金需要而进行的融资活动。短期融资具有融资速度快、资本成本低、融资风险大等特征。长期融资是指通过吸收直接投资、发行股票、发行债券、长期借款、融资租赁和留存收益等方式筹集可供企业长期（一般为一年以上）使用的资本。长期融资主要用于企业新产品、新项目的开发投资，或者用于扩大生产经营规模，或者用于设备的更新与改造。相对而言，长期融资具有融资规模大、资本成本高、影响时间长等特征。

（二）企业融资的渠道和方式

1. 融资渠道

融资渠道是指融资的方向与通道，其回答的问题是"钱在哪里"。目前，我国企业的融资渠道主要有以下几种：

（1）国家财务资金。

国家财务资金是代表国家投资的政府部门或者机构以国有资本投入企业的资金。国家财务资金大部分以直接投资的方式投入企业，其产权归属于国家。国家财务资金是国有企业特别是国有独资企业获得资金来源的重要渠道。

（2）银行信贷资金。

银行信贷资金是企业重要的融资来源。在我国，银行一般可分为商业银行和政策性银行。商业银行是以盈利为目的、从事信贷资金投放的金融机构，主要为企业提供各种商业贷款；政策性银行主要为特定企业提供政策性贷款。

（3）非银行金融机构资金。

非银行金融机构是除商业银行和专业银行以外的所有金融机构，主要包括信托、证券、保险、融资租赁等机构以及农村信用社、财务公司等。它们为企业提供各种金融服务，包括信贷资金投放、物资融通、为企业承销证券等。

（4）其他企业资金。

企业在生产经营过程中，往往有部分暂时闲置的资金，甚至有长期可使用资金，可以互相融通或投资。企业从其他企业融通资金不仅可以解决企业的资金需求，还有利于企业之间加强经济联系。

（5）民间资金。

企业职工和居民手中有暂时不用的结余资金，企业可通过发行股票、债券等方式，将民间的闲散资金集中起来，为企业所用。

（6）企业自留资金。

企业自留资金，是企业内部形成的资金，主要包括提取公积金和未分配利润等。

2. 融资方式

融资方式是指企业融资所采取的具体形式，不同的融资方式形成不同性质的资金来源，其回答的问题是"钱怎么来"。目前，我国企业的融资方式主要有以下几种：①吸收直接投资；②发行股票；③收益留存；④利用商业信用；⑤银行借款；⑥发行债券；⑦融资租赁。其中，前三种方式为权益资金的筹集方式，后四种则是债务资金的筹集方式。

3. 融资渠道和融资方式的对应关系

融资渠道和融资方式之间存在着一定的对应关系，一般来说，一定的融资方式可能只适用于某一特定的融资渠道，但同一融资渠道的资金往往可以采用多种不同的方式取得。两者的对应关系如表6-18所示。

表 6-18 融资渠道和融资方式的对应关系

	吸收直接投资	发行股票	利用留存收益	利用商业信用	银行借款	发行债券	融资租赁
国家财务资金	√	√					
银行信贷资金					√		
非银行金融机构资金	√	√			√	√	√
其他企业资金	√	√		√			
民间资金	√	√				√	
企业自留资金			√				

（三）企业融资的原则

为了有效地筹集企业所需资金，企业融资应遵循三个原则。

1. 规模适当原则

资金是企业生产经营的基础，也是财务能力的源泉。一般来说，企业可支配的资金越多，其财务能力越强，财务灵活性（弹性）越好。但企业资金并不是多多益善，而是有适度的规模限制。首先，企业融资规模的选择要受到注册资本、债务契约等制度性因素的约束，企业不能随心所欲；其次，企业融资规模的选择需要考虑生产经营和投资的实际需求，避免超需求的资金筹集和占用，否则只能导致资金闲置和浪费，降低资金效率。因此，企业在选择资金规模时，一方面要考虑法律、契约等制度性约束，另一方面则需要做好资金需要量的预测，确保资金具有适度性。

2. 适时筹措原则

企业融资不仅有规模限制，也有时间要求。相对于资金实际需求来说，融资时间超前，可能导致资金闲置，影响资金效益，而融资时间滞后，又可能导致资金供应中断，影响生产经营或投资的正常进行。因此，企业财务管理人员必须树立资金时间价值观念，根据资金需求的具体情况，合理安排资金的筹集时间，适时获取所需资金。

3. 结构合理原则

企业融资有不同的渠道和方式，并由此形成不同性质的资金：权益资金和债务资金。不同渠道、不同方式和不同性质的资金，有着不同的成本、不同的收益和不同的风险，进而会对企业价值产生不同的影响。因此，企业财务人员在选择融资渠道和方式时，应根据企业价值最大化的财务目标要求，认真研究资金市场环境，分析不同来源资金的成本、收益与风险，选择资金来源的最佳结构，即综合资本成本最低、企业价值最大的资本结构。

二、筹资预算

筹资预算是企业对预算期内资金筹资活动的总体安排。由于企业的日常经营活动和长期投资活动均需要资金的支持，因此筹资预算可以细分为经营筹资预算和长期投资筹资预算。因此，筹资预算的主要工作是在经营预算、长期投资预算和资金需要量预测的基础上，编制经营活动和长期投资活动的所需资金的预算。

（一）筹资预算的编制依据

（1）企业关于资金筹措的决策资料。这些资料包括企业制定的财务战略、筹资战略、年度资金计划和企业决策层对财务部门筹资方案的审批意见。

（2）预算期企业经营预算和长期投资预算中对资金的需求情况。预算期经营预算的现金净流入对筹资预算的编制有重大影响，长期投资预算对项目资金的用途、使用时间、使用金额等事项均做了详细规划，这些都是决定企业筹资时间和筹资金额的主要依据。

（3）企业现有负债在预算期的偿还时间与金额。现有短期负债和一年内到期的长期负债的偿还时间和金额对企业筹资时间和金额同样具有重大影响，它们是筹资预算编制的依据。

（4）企业筹资渠道和方式的选择。筹资渠道回答的问题是"钱在哪里"，筹资方式回答的问题是"钱怎么来"。优序融资理论和企业实践经验都告诉我们，企业首选的融资是内部融资，主要包括实收资本、资本公积、未分配利润等所有者权益和企业通过计提折旧、摊销而形成的资金来源，因此企业要从挖掘内部资金潜力入手，筹集尽量多的内部资金。在外部筹资方面，企业应该在了解金融市场情况的基础上，对不同的筹资方式进行决策，尤其是已经取得发行股票和债券资格的企业，应根据股票和债券发行计划编制筹资预算。

（5）企业预算期内资金需求量预测。对生产经营活动需要的资金进行科学预测，是财务部门资金管理的一项重要内容，通过资金预测，企业可以做到心中有数，有效避免资金筹集的盲目性。这也是编制筹资预算的首要工作。

（二）资金需求量预测

预测企业资金需要量的方法有定性预测法和定量预测法，其中，定性预测法是指预测人员根据历史资料和环境信息，凭借自身的知识、经验和能力，对企业未来资金需要量进行主观推测和判断的方法。定性预测法简便，易于组织和操作，但由于它不能揭示资金需要量与有关因素之间的数量关系，因而缺乏准确性和可靠性，一般适用于在缺乏完整、准确的历史资料时采用。定量预测法是指预测人员根据历史数据和环境信息，借助数学模型进行定量测算的方法，具体有比率预测法（主要是销售额比率法）和资金习性预测法（高低点法和线性回归分析法）等。

1. 比率预测法

比率预测法，是依据有关财务比率与资金需要量之间的数量关系来预测资金需要量的方法。最常用的比率预测法是销售额比率法，它是以资金占用与销售额的比率为基础，对企业未来资金需要量进行预测的方法。

运用销售额比率法预测资金需要量是建立在以下假设基础上的：①企业的部分

资产和负债与销售额同比率变化；②企业各项资产、负债与所有者权益结构已达到最优。

运用销售额比率法预测的一般步骤是：①预计销售额增长率；②确定随销售额变动而变动的资产、负债项目，这些项目通常只限于流动性项目；③根据历史数据，分别计算各变动性资产、负债项目对销售额的比率；④确定需要追加的营运资金净额（随销售额增加的流动资产减去随销售额增加的经营性流动负债）；⑤根据利润分配政策等约束条件，确定对外筹资额。

从企业内部来看，对外筹资额就是需要追加的营运资金净额与增加的留存收益的差额。有关的计算如下：

外部资金需要量=增加的资产-增加的负债-增加的留存收益

（1）增加的资产=销售的变动额×基期变动资产占基期销售额的百分比

＝基期变动资产的合计数×销售增长率

（2）增加的负债=销售的变动额×基期变动负债占基期销售额的百分比

＝基期变动负债的合计数×销售增长率

（3）增加的留存收益=预测期销售收入×销售净利率×收益留存比率

（4）上述销售额比率法的应用是建立在企业的部分资产和负债与销售额同比率变化的基础上，实践中也应考虑非变动资产的变化。即：

外部资金需求量 $= A/S_1 \cdot \Delta S - B/S_1 \cdot \Delta S - S_2 \cdot P \cdot E + \Delta$ 非变动资产

上式中：A 为随销售变化的资产（变动资产）；B 为随销售变化的负债（变动负债）；S_1 为基期销售额；S_2 为预测期销售额；ΔS 为销售的变动额；P 为销售净利润率；E 为收益留存比率；A/S_1 为单位销售额所需的资产数量，即变动资产占基期销售额的百分比；B/S_1 为单位销售额所产生的自然负债数量，即变动负债占基期销售额的百分比。

【例6-18】已知 ABC 公司 2022 年销售收入为 20 000 万元，销售净利润率为 12%，净利润的 60% 分配给投资者。公司 2022 年 12 月 31 日的资产负债表（简表）如表 6-19 所示。

表 6-19　资产负债表

单位：万元

资产	期末余额	负债及所有者权益	期末余额
货币资金	1 000	应付账款	1 000
应收账款净额	3 000	应付票据	2 000
存货	6 000	长期借款	9 000
固定资产净值	7 000	实收资本	4 000
无形资产	1 000	留存收益	2 000
资产总计	18 000	负债与所有者权益总计	18 000

该公司 2023 年计划销售收入比上年增长 30%，为实现这一目标，公司需新增设备一台，价值 148 万元。据历年财务数据，公司流动资产与流动负债随销售额同比率增减。假定该公司 2023 年销售净利率和利润分配政策与上年保持一致。

根据销售额比率法预测 2023 年对外筹资额的步骤如下：

（1）分别确定随销售收入变动而变动的资产合计（A）和负债合计（B）。

变动资产额 = 1 000+3 000+6 000 = 10 000（万元）

变动负债额 = 1 000+2 000 = 3 000（万元）

（2）根据基期数据分别计算 A 和 B 占销售收入（S_1）的百分比（表 6-20），并以此为依据计算在预测期销售收入（S_2）水平下资产和负债的增加数（如有非变动资产增加也应考虑）。

表 6-20　变动性资产、负责项目与销售额的比率

资产	占销售额的比率/%	负债及所有者权益	占销售额的比率/%
货币资金	5	应付账款	5
应收账款净额	15	应付票据	10
存货	30	长期借款	不变
固定资产净值	不变	实收资本	不变
无形资产	不变	留存收益	不变
资产总计	50	负债与所有者权益总计	15

预测期销售收入 = 20 000×（1+30%）= 26 000（万元）

预测期销售收入水平下需要增加的流动资产 = $A/S_1 \cdot \Delta S$ = 50%×6 000 = 3 000（万元）

预测期销售收入水平下需要增加的经营性流动负债 = $B/S_1 \cdot \Delta S$ = 15%×6 000 = 900（万元）

Δ 非变动资产 = 148（万元）

（3）确定预测期收益留存数（$S_2 \cdot P \cdot E$）。

预测期收益留存数 = 20 000×（1+30%）×12%×（1-60%）= 1 248（万元）

（4）确定外部资金需求量。

外部资金需求量 = $A/S_1 \cdot \Delta S - B/S_1 \cdot \Delta S - S_2 \cdot P \cdot E + \Delta$ 非变动资产

　　　　　　　= 3 000-900-1 248+148 = 1 000（万元）

2. 资金习性预测法

资金习性预测法，是根据资金习性采用统计学原理预测未来资金需要量的一种方法。所谓资金习性，是指资金变动与产销量变动之间的依存关系。按照资金习性可将资金分为不变资金、变动资金和半变动资金。

不变资金是指在一定的产销量范围内，不随产销量变化而变化的那部分资金，包括为维持经营所需占用的最低数额的现金、原材料的保险储备、必要的成品储备，

以及厂房、机器设备等固定资产占用的资金。

变动资金是随产销量的变动而同比率变动的那部分资金，包括直接构成产品实体的原材料、外购件等占用的资金，以及最低储备以外的现金、存货、应收账款等。

半变动资金指虽然受产销量变化影响，但不成同比率变动的资金，如一些辅助材料所占用的资金。半变动资金可采用一定的方法分解为不变资金和变动资金两个部分。

资金习性预测法有两种形式：一种是根据资金占用总额与产销量的关系来预测资金需要量；另一种是采用先分项后汇总的方式预测资金需要量。

设产销量为自变量 x，资金占用量为因变量 y，它们之间的关系可用下列直线方程式表示：

$$y = a + bx$$

上式中，a 为不变资金，b 为单位产销量所需要的变动资金，资金占用量可以采用高低点法或回归直线法求得。

（1）高低点法。

高低点法是根据两点可以决定一条直线的原理，首先确定产销业务量的历史高点和低点，再分别将高点和低点的相关数据（产销业务量及对应的资金占用量）代入直线方程，求出 a 和 b。

最大产销业务量对应的资金占用量 = a + b × 最大产销业务量

最小产销业务量对应的资金占用量 = a + b × 最小产销业务量

解方程得：

b =（最大产销业务量对应的资金占用量-最小产销业务量对应的资金占用量）/（最大产销业务量-最小产销业务量）

a = 最大产销业务量对应的资金占用量-b × 最大产销业务量

或　　 = 最小产销业务量对应的资金占用量-b × 最小产销业务量

应注意的是：高点产销业务量最大，但对应的资金占用量却不一定最大；同样，低点产销业务量最小，但对应的资金占用量也不一定最小。

【例6-19】某企业2017—2022年产销业务量与资金占用资料如表6-21所示。

表6-21　产销量与资金占用变化情况表

年度	产销量/万件	资金占用/万元
2017	102	280
2018	100	300
2019	108	290
2020	111	310
2021	115	330
2022	120	350

预测 2023 年的产销量为 128 万件。

运用高低点法测算企业 2023 年资金需要量的步骤如下：

①根据历史资料，确定产销业务量的历史高点和低点，分别出现在 2022 年和 2017 年。

②将高、低点的产销业务量与资金占用量代入上述计算式，分别求出 a 和 b。

$b = （350-300）÷（120-100）= 2.5$

$a = 350-2.5×120 = 50$

③根据资金需要量的预测模型 $y = a + bx$ 预测 2023 年的资金需要量。

2023 年资金需要量 $= 50+2.5×128 = 370$（万元）

高低点法含义明确，简便易行，适用于资金变动趋势比较稳定的情况。

（2）回归分析法。

回归分析法是根据若干期业务量和资金占用的历史资料，运用最小二乘法原理计算不变资金（a）和单位销售额变动资金（b）的一种资金习性分析方法。计算公式如下：

$$a = \frac{\sum x_i^2 \sum y_i - \sum x_i \sum x_i y_i}{n \sum x_i^2 - （\sum x_i）^2}$$

$$b = \frac{n \sum x_i y_i - \sum x_i \sum y_i}{n \sum x_i^2 - （\sum x_i）^2}$$

$$或 = \frac{\sum y_i - na}{\sum x_i}$$

【例 6-20】ABC 公司 2018—2022 年产销量与资金占用资料如表 6-22 所示。

表 6-22　产销量与资金占用变化情况表

年度	产销量/万件	资金占用/万元
2018	6.0	500
2019	5.5	475
2020	5.0	450
2021	6.5	520
2022	7.0	550

预测 2023 年的产销量为 8 万件。

运用回归直线法测算企业 2009 年的资金需要量的步骤如下：

①运用公式计算不变资金 a 和单位销售额变动资金 b。

由上表可得：$\sum x_i = 30$　$\sum x_i^2 = 182.5$　$\sum y_i = 2\ 495$　$\sum x_i y_i = 15\ 092.5$

$$a = \frac{\sum x_i{}^2 \sum y_i - \sum x_i \sum x_i y_i}{n \sum x_i{}^2 - \left(\sum x_i\right)^2} = \frac{182.5 \times 2\,495 - 30 \times 15\,092.5}{5 \times 182.5 - (30)^2} \approx 205 \,（万元）$$

$$b = \frac{n \sum x_i y_i - \sum x_i \sum y_i}{n \sum x_i{}^2 - \left(\sum x_i\right)^2} = 49 \,（万元）$$

②根据预测模型 $y = a + bx$ 预测资金需要量。

企业 2023 年资金需要量 = 205 + 49×8 = 597（万元）

（三）筹资预算的编制方法

长期投资筹资预算和长期投资预算有明显的对应关系，本部分我们主要介绍经营筹资预算。在经营预算和经营所需资金预测完成后，企业的财务部门就可以着手编制经营筹资预算了。

1. 经营筹资预算的编制程序

（1）汇总经营预算中的各项现金收付事项及收付时间和金额，在审核无误后计算企业预算期内经营预算的现金余缺额。

（2）将经营预算中的现金余缺额与资金需求预测得出的资金需求量进行对比，如果两者有较大差异，应仔细分析并找出差异的原因。

（3）对企业在预算期内各项短期债务的种类、偿还时间和偿还金额进行排列，确定预算期内企业需要偿还的原有短期债务数量。

（4）将经营预算中的现金余缺额与企业在预算期内需要偿还的短期债务进行累加，确定企业预算期内的现金余缺总量。

（5）针对企业预算期内的现金余缺总量，结合预算期内资金市场总体情况的预测，制定预算期内具体的筹资方案。如果出现现金结余，应制定提前偿还借款或将结余的资金投向资本市场的方案；如果出现资金短缺，则应首先制定从企业内部挖掘自有资金潜力的措施，如清理应收账款、处理积压物资、压缩库存、盘活存量资产等，然后再根据预算期内资本市场情况和资金成本与风险制定外部举债的方案。

（6）在组织有关人员对预算期的筹资方案进行评审的基础上，编制经营筹资预算。

2. 经营筹资预算编制案例

【例 6-21】ABC 公司 2023 年经营预算编制完毕，财务部门开始编制经营筹资预算。公司在对 2023 年经营资金需求量进行预测的基础上，与经营预算的现金余缺额进行对比，最终确定 2023 年需要增加现金 2\,000 万元，经营活动现金余缺额情况如表 6-23 所示。

表 6-23　2023 年经营活动现金余缺额情况表

单位：万元

项目	现金收入	现金支出	净流入
收入中心预算	20 000	500	19 500
成本中心预算	0	16 300	-16 300
费用中心预算	0	200	-200
经营预算小计	20 000	17 000	3 000
偿还建设银行借款	0	4 000	-4 000
偿还农业银行借款	0	1 000	-1 000
短期负债小计	0	5 000	-5 000
合计	20 000	22 000	-2 000

　　根据现金余缺情况的分析，财务部门提出如下筹资方案：①加强存量资金管理，压缩资金占用 80 万元，收回关联方长年应收账款 20 万元；②利用商业信用融资 200 万元；③利用银行信用筹资 1 700 万元。根据上述方案编制经营筹资预算，如表 6-24 所示。

表 6-24　ABC 公司 2023 年经营筹资预算表

单位：万元

项目	筹资方式	筹资费用率	金额	季度分解			
				一季度	二季度	三季度	四季度
经营活动净支出			-3 000	-700	-500	-800	-1 000
偿还到期借款	经营活动	0	5 000	2 200	1 000	1 000	800
现金短缺额			2 000	1 500	500	200	-200
盘活存量资产	内部挖潜	0	80	20	20	20	20
清理应收账款	内部挖潜	0	20	20	0	0	0
内部筹资额			100	20	40	40	40
工商银行借款	短期借款	4%	500	320	540	240	-160
招商银行借款	短期借款	6%	1 200	1 200	0	0	0
银行借款额			1 700	1 520	540	240	-160
现金收支差额			0	0	0	0	0

第七章
财务预算（上）：年度预算

在第五、六章关于经营预算与专门预算的基础上，如何编制利润表、资产负债表和现金流量的年度预算，并进一步将年度预算在各个月份之间分解，是财务预算编制的主要工作。鉴于财务预算表格较多，本书将财务预算分为上下两篇，上篇主要讲述年度预算，下篇即第八章将讲述月度预算。

第一节　财务预算概述

一、财务预算的概念与内容

财务预算亦称总预算，是在预测与决策的基础上，围绕企业战略目标，对企业预算期的经营成果、财务状况及资金的取得与投放所做的总体安排。其内容主要包括反映企业经营成果的利润表预算、反映企业财务状况的资产负债表预算和反映现金收支活动的现金预算。

（1）利润表预算是按照利润表的内容和格式编制的，综合反映企业预算期内经营成果的预算。它以动态指标总括反映了企业预算期内执行经营预算和其他相关预算的效益情况。

（2）资产负债表预算是按照资产负债表的内容和格式编制的，综合反映企业预算期内期初与期末财务状况的预算。它以静态指标的形式反映了企业预算期内执行经营预算、长期投资预算和筹资预算前后财务状况的变动情况。

（3）现金预算是对预算期内企业现金收入、现金支出及现金余缺的投放与筹措等现金收付活动的具体安排。它以经营预算、长期投资预算、筹资预算、利润表预算、资产负债表预算为基础，反映了企业预算期内现金流量及其结果。

二、财务预算与其他预算的关系

经营预算、长期投资预算、筹资预算与财务预算共同组成了企业的全面预算体系。财务预算作为预算编制的最后环节，在全面预算体系中起到统驭全局的作用，是全面预算管理的核心，因此其也被称为总预算，其他预算相应称为辅助预算或分预算。

（1）经营预算的内容是财务预算的展开与细化，其所有内容均被财务预算所涵盖。尽管从表面而言，财务预算是对经营预算的汇总，但这种汇总绝不是简单的数字累加，而是按照企业战略目标对经营预算的深化、分析、修订和综合平衡，换言之，财务预算与经营预算是统驭与被统驭的关系。

（2）长期投资预算从属于财务预算，受到财务预算的制约。长期投资预算是规划企业长期投资活动的预算，而企业进行长期投资活动的目的正是在长期中实现企业利润最大化。同时，长期投资预算还要受到资产负债表预算和现金预算的制约，如果企业资产负债表预算和现金预算反映的企业财务状况不佳、现金流捉襟见肘，企业是没有能力进行长期投资活动的。

（3）筹资预算是经营预算、长期投资预算的补充，受制于财务预算。企业运行需要资金支持，就本质而言，筹资预算就是经营预算和长期投资预算的有机组成部分，没有经营活动和长期投资活动，企业就不需要筹资。经营预算和长期投资预算从属于财务预算，则筹资预算自然也从属于财务预算，受制于财务预算。

三、年度预算与月度预算

年度财务预算需要进行月度分解。将预算年度的收入、费用、利润、资产、负债、所有者权益在各个月度进行科学分解，可以对企业各月的经营成果和财务状况进行有效预测和合理控制。

进行月度分解更重要的原因在于月度资金计划管理，即现金预算的分解。月度资金计划管理就是建立在预算管理基础上并使之逐月落实的有效管理工具，它可以提高资金使用效率，降低企业财务风险，加强成本和费用控制，强化生产经营全过程控制，变"事后管理"为"事前管理"。

月度资金计划管理工作应当在年度预算的指导下，由总经理具体负责，计划部牵头会同财务部等部门共同开展。资金计划管理人员通过与目标管理、预算管理、项目成本管理等岗位的协调，实施资金计划管理，负责月度资金计划的编报工作。财务部是资金计划的执行部门，由专人对批准后的月度资金计划进行日常签批管理，各部门负责人是本部门资金计划的第一责任人，可以指派部门其他人员协助其工作。

在公司经营过程中，各部门按照实际业务制订月度工作计划，包括销售计划、生产计划、采购计划等。在开展市场调研与科学预测分析的基础上，本期预算工作计划开展所需的资金支出或可实现收入要填报资金计划表，应当保证资金计划指标数量的准确性和可操作性，并与本部门预算指标进行对比分析，严格控制预算支出，加快资金回流。计划部将各部门上报的资金计划进行初步审核，对与年度预算分解指标和公司总体资金管理要求相冲突的地方进行客观合理的调整，汇编成月度资金计划方案。方案由资金计划汇总表、各部门资金计划明细表、指标详细说明的支撑性附件以及对上月执行资金计划的总体分析说明等部分构成。资金计划汇总表应当反映经营活动、投资活动和筹资活动等资金收支情况，部门资金计划明细表中按照各部门年度预算中所列出的会计科目，反映以往年度的预算执行情况以及本期的资金计划的执行情况并与年度预算相对照，便于加强事中控制。部分费用应由各部门向归口管理部门汇总后上报资金计划。资金计划方案出台后报总经理审核，计划部在月初组织召开资金计划会，向各部门分析上月资金计划完成情况并下达本月资金计划，同时向财务部通报资金信息以利于其合理调度资金。

第二节　年度预算编制的准备工作

现实中，大型企业一般采用专门的预算软件，如 Oracle、SAP、用友、金蝶等开发的软件，进行预算的编制工作。中小型企业可以采用最常用的 Excel 工具。本书从教学的角度出发，主要介绍如何利用 Excel 工具进行手工预算编制，让大家了解预算编制的基本原理。

首先，建立一个工作簿，命名为"预算报表 1"，并将第一个工作表改名为"空白表"。报表的设置如表 7-1 所示。

表 7-1　预算报表格式

ABC 公司						预算模式：进取型		
2022 年预算与执行情况						2023 年预算		
预算项目	变量指标			标识	实际数	滚动预算	单位：万元		
	实际变量	预测变量	预算变量				利润表	资产负债表	现金预算

表 7-1 中假定，现在处于 2022 年第四季度初，准备编制 2023 年的财务预算，即 2022 年为预算编制年度，2023 年为预算年度。报表中的内容含义如下：

（1）预算项目，是指各项预算指标的名称。

（2）变量指标，是预算指标计算的依据，其中"实际变量"是根据预算编制年度年前三季度实际数计算的指标；"预测变量"是根据预算编制年度年前三季度预算执行情况和预算调整目标，对实际变量适当调整；"预算变量"是根据预算年度企业经营目标，在前期基础和行业分析的基础上确定的指标。

（3）标识，是指财务预算指标的数据来源，一般分为原生项目和派生项目两类，其中原生项目直接输入，派生项目依据原生项目、变量指标计算而得。标识方法并没有原则规定，本书将直接输入的原生项目标识为"A"，派生项目不作标识。

（4）实际数，是预算编制年度前三季度已实现的财务指标数据。

（5）滚动预算，是指对预算编制年度剩余月份的财务指标预测。

本书将以 ABC 公司作为案例，按照由简入繁的顺序，讲述年度预算的编制。首先假设 ABC 公司在预算编制年度未开业，我们讲述在没有期初余额的前提下年度预算的编制；然后，加入预算编制年度，并假设 ABC 公司在预算编制年度开业，讲述如何编制滚动预算和下个年度的年度预算。

第三节　无期初余额的年度预算编制

一、已知条件

ABC 公司 2023 年度的营业收入预算为 10 亿元，营业成本率为 70%，变动经营费用率为 8%，固定经营费用为 1.2 亿元，存货周转天数、应收账款周转天数、应付账款周转天数分别为 45 天、60 天、60 天，存货跌价率为 4%，坏账率为 6%，购买固定资产 1 000 万元，综合折旧率 15%，借款 3 000 万元，利率 6%，预提费用 1 800 万元。

假定：ABC 公司 2023 年开业，固定资产年初购入并在当月计提折旧，借款年初借入，年底不分红。

要求：根据已知条件，编制 2023 年 ABC 公司年度预算。

二、编制思路

（1）由于假定预算编制期公司尚未开业，因此表 7-1 的第二、三、五、六列不需要填列数字。

（2）明确三个预算报表数值的正负关系：利润表中收入为正、费用为负；资产负债表中资产为正、负债与所有者权益为负；现金预算中现金流入为正、现金支出为负。

（3）建立三个预算报表的平衡关系：现金预算的现金净流入等于资产负债表的货币资金余额；利润表的净利润将结转到资产负债表的"本年利润结转"；资产负债表的合计数为"资产－负债－所有者权益＝0"。其中，第三个平衡关系是关键，该项为 0 则预算表编制正确，否则说明编制存在错误。

（4）明确预算编制的起点，即营业收入，在考虑营业收入的直接财务后果和间接财务后果后，填写相关预算项目内容与金额。

（5）明确预算编制流程，即营业收入→营业成本→经营费用→存货→应收账款→应付账款→固定资产与折旧费用→借款与利息→预提费用→损失与准备。应该指出的是，在具体编制中可以根据个人偏好改变编制流程。

三、具体编制过程

（1）建立一个33行10列的表格，同时建立三组平衡关系公式，如表7-2所示。其中：

①在A33单元格中填列预算项目"合计"，H33、I33、J33中建立第5行至第32行的求和公式。

②在A32单元格中填列预算项目"本年利润结转"，在I32单元格中建立公式"=－H33"。

③在A22单元格中填列预算项目"货币资金"，在I22单元格中建立公式"=J33"。

通过上述操作，我们可以将利润表、资产负债表和现金预算合计出来，同时将利润表中的本年利润结转到资产负债表中的"利润结转"，将现金预算中的现金净流入结转到资产负债表中的"货币资金"。

表7-2　预算报表模版

	A	B	C	D	E	F	G	H	I	J
1		ABC 公司							预算模式：进取型	
2		2022 年预算与执行情况							2023 年预算	
3	预算项目	变量指标			标识	实际数	滚动预算	单位：万元		
4		实际	预测	预算				利润表	资产负债表	现金预算
5	营业收入									
6										
7										
8										
9										
10										
11										
12										
13										
14										
15										
16										
17										

表7-2（续）

18								
19								
20								
21								
22	货币资金						=J33	
23								
24								
25								
26								
27								
28								
29								
30								
31								
32	本年利润结转						=-H33	
33	合计					=SUM(H5:H32)	=SUM(I5:I32)	=SUM(J5:J32)

（2）对基本业务的处理，包括营业收入、营业成本和经营费用。

①营业收入是预算报表编制的起点。收入的出现，会出现什么样的间接财务后果？答案是"销售回款"，即收入转换成现金流入。在此，先假定全部为现金销售，而不存在赊销。

本例中，在A5单元格中输入预算项目"营业收入"，在H5单元格中直接输入"100 000"（注意预算表单位是万元），并在E5中输入标识"A"代表直接输入，同时在A13和A14单元格中分别输入预算项目"现金流入"和"销售回款"，在J14单元格中建立公式"=H5"。

②营业成本是利润表中的第二个变量。营业成本是一个概括性的项目，在不同行业中差异极大。如在零售业中，营业成本主要是各种采购成本，而在制造业中，营业成本不仅包括原材料的采购成本，还包括生产工人工资等项目。本书在此不做细化，简单假设全部都是现金购入。因此，营业成本的间接财务后果就是现金预算中的"采购支出"。

本例中，在A6单元格中输入预算项目"营业支出"，在D6单元格中直接输入营业费用率"0.7"这一预算变量，在H6单元格中建立公式"=-H5*D6"。作为间接财务后果，在A16和A17单元格中输入预算项目"现金流出"和"采购支出"，在J17单元格中建立公式"=H6"。

③经营费用是利润表中第三个基本变量。从财务会计的角度来看，它主要包括期间费用中的管理费用和销售费用；从成本习性的角度来看，它可以分为变动经营

费用和固定经营费用两类。在预算管理中，更加关注的是后一个角度，而且应该将更多的混合型费用定义为固定经营费用。在国外企业中有一个惯例，即某项业务停止后，仍会有 20% 左右的费用发生，应将其视为固定费用，否则为变动费用。这样做的好处有二：一是体现谨慎性原则。固定费用大，则盈亏平衡点高、经营风险大、生产边际贡献量大，能够避免经营错觉、低估企业背负的实际包袱。二是将费用的控制方式由相对控制更多转变为绝对控制。变动费用的控制是相对的，主要控制的是费用与业务量之间的变动率；而固定费用的控制是绝对的，一旦确定，无论业务量如何变动，都受到总额的绝对控制。

经营费用若全部按变动费用计算，会造成严重危害，一是忽视了经营费用中固定费用的存在，二是在每个月份中的月度预算中会出现严重的财务状况扭曲，如管理部门的职工薪酬，更多情况下其工资的大部分是按照月份固定发放的，而不是随销售量的变动而变动。所以将本不应该变动的费用做成变动费用，预算编制将偏离企业的基本事实，也就失去了管理和控制的意义。

本例中，在 A7 和 A8 单元格中输入预算项目"变动经营费用"和"固定经营费用"，在 D7 单元格中直接输入变动经营费用率"0.08"这一预算变量，在 H7 单元格中建立公式"=-H5*D7"，在 H8 单元格中直接输入"-12 000"，并在 E8 单元格中输入标识"A"代表直接输入。

两类经营费用的间接财务后果是现金预算中费用支出的增加，因此完成上述操作后，在 A19 单元格中输入预算项目"费用支出"，在 J19 单元格中建立公式"=H7+H8"。

基本业务的公式设置结果和预算结果如表 7-4 和表 7-5 所示。

④小结。通过对基本业务的预算编制，我们可以看出，预算年度 10 亿元的营业收入，在没有存货、应收与应付款项的前提下，可以带来 1 亿元的利润和现金。

（3）存货的财务后果。

存货是企业在生产经营过程中为销售或者耗用而储备的物资，其外延很广，如材料、燃料、低值易耗品、在产品、半成品、产成品等。20 世纪 60 年代，日本丰田公司提出了著名的准时制（just in time，JIT）生产模式，也被称作零存货（zero inventory）模式。1973 年以后，这种方式对丰田公司渡过第一次能源危机起到了突出的作用，后引起其他国家生产企业的重视，并逐渐在欧洲和美国的日资企业及当地企业中推行开来。这一方式与源自日本的其他生产、流通方式一起被西方企业称为"日本化模式"。

JIT 的核心内容就是"零存货"，通俗地说就是在企业需要原材料时，采购人员通知供应商，就可以马上拿到存货。理论上，如此组织采购、生产和销售，效率是最高的。但是现实中为了保证生产和销售的稳定以及商业折扣等问题，JIT 可行性不高。随着日本经济的衰落，其也被扔进了历史的垃圾堆。

存货是现代企业的一种必然的存在，同时它是一个动态的指标，其余额与交易

127

量和交易速度紧密相关。预算编制中，计算存货的方法类似于财务分析中的"运营能力指标"中存货周转率的公式。

$$存货周转天数 = 365 \div 存货周转次数$$

$$存货周转次数 = 营业成本 \div 存货余额$$

$$存货周转天数 = 365 \div 营业成本 \times 存货余额$$

$$存货余额 = 存货周转天数 \times （营业成本 \div 365）$$

通过上述公式推导，结合本例题的条件，我们应在 A23 单元格中输入预算项目"存货"，在 D23 单元格中直接输入存货周转天数"45"这一预算变量，在 I23 单元格中建立公式"$= -H6/365 * D23$"。存货的间接财务后果是引起采购支出的增加，即采购支出 = 营业支出 + 存货，考虑到正负号的问题，应在 J17 单元格输入公式"$= H6-I23$"。

当然，存货还有两个财务后果，即增加了存货跌价准备和存货跌价损失，鉴于对三张预算表的影响不同，本书将在后文中专门说明。

财务学中经常提到，存货会占用企业的资金，但是到底占用多少、占用到何种程度，很多财务初学者无法理解。通过这个部分的预算表编制，我们可以明显看出，由于存货的出现，企业货币资金从 1 亿元下降到 1 370 万元，剩余部分转化为流动性相对较差的存货。

结合财务报表比率分析，流动比率虽作为短期偿债能力的核心指标，但存在很多缺陷，其中存货就是一个重要内容。由于存货变现能力弱、估价方法影响存货余额、部分存货可能被抵押、残背冷次造成存货价值毁损四方面的原因，影响了流动比率衡量短期偿债能力的准确性，这才出现了速动比率指标。本例题中，超过 86% 的流动资产由现金转化为存货，极大降低了企业的短期偿债能力。

存货相关业务的公式设置和预算结果如表 7-6 和表 7-7 所示。

（4）应收账款的财务后果。

应收账款是因对外销售产品、材料、供应劳务及其他原因，应向购货单位或接受劳务的单位及其他单位收取的款项。每个企业都希望进行现金销售，但是现实中由于商业竞争的原因，赊销成为扩大销售的重要手段。应收账款的存在增加了企业的机会成本、管理成本和坏账成本。与存货类似，应收账款也很难用一个定额来控制，它受到交易量、应收账款政策等因素的综合影响。预算编制中，计算应收账款应运用到类似于财务分析中"运营能力指标"中应收账款周转率的公式。

$$应收账款周转天数 = 365 \div 应收账款周转次数$$

$$应收账款周转次数 = 营业收入 \div 应收账款余额$$

$$应收账款周转天数 = 365 \div 营业收入 \times 应收账款平均余额$$

$$应收账款平均余额 = 应收账款周转天数 \times （营业收入 \div 365）$$

通过上述公式推导，结合本例题的条件，我们应在 A25 单元格中输入预算项目

"应收账款"，在 D25 单元格中直接输入应收账款周转天数"60"这一预算变量，在 I25 单元格中建立公式"= H5/365 * D25"。存货的间接财务后果是引起销售回款的减少，即销售回款＝营业收入－应收账款，故在 J14 单元格修改公式为"= H5−I25"。

应收账款相关业务的公式设置和预算结果如表 7−8 和表 7−9 所示。

当然，与存货类似，应收账款也还有两个财务后果，即增加了坏账准备和坏账损失，鉴于对三张预算表的影响不同，本书将在后面与存货的两个经济后果一起对其加以说明。

通过该部分的预算表编制可以明显看出，由于存货和应收账款的共同作用，虽然公司利润未发生变化，但已使得企业资金链断裂，出现了超过 1.5 亿元的资金缺口，存货和应收账款对资金的影响可见一斑。同样结合财务报表比重分析，从流动比率到速动比率的转化，主要是剔除了存货的影响；而从速动比率到超速动比率的转化，则主要是剔除了应收账款的影响。

解决资金链断裂问题，可以考虑增加存货和应收账款的周转率，比如将存货的周转天数降至 30 天，即将单元格 D23 的数值从 45 改为 30，资金缺口将减少至 1.2 亿元；再比如将应收账款的周转天数降至 40 天，即将单元格 D25 的数值从 60 改为 40，资金缺口将减少至 1 亿元以下。但需要指出的是，加快存货周转率需要在采购、生产、销售三个环节入手，难度较大；加快应收账款周转率，意味着增加现金销售比重或实行较为严格的应收账款政策，这都会影响企业的销售，实践中难度也不低。因此，解决资金链断裂的问题，还需要考虑融资问题。

（5）应付账款的财务后果。

应付账款是在商品交易中由于延迟付款而形成的企业间的借贷关系，它是商业信用的一种形式，是所谓的"自发性筹资"。前面的预算编制中，存货和应收账款的出现，使得企业出现资金短缺问题，因此可以考虑融资解决。实践中常用的融资手段无外乎三种，即应付账款、借款、发行股票。由于发行股票时间较长，企业经常在应付账款和银行借款之间选择。借款的成本很明显，即借款利率，而应付账款是否存在成本？当存在现金折扣时，会存在极大的机会成本即放弃现金折扣成本；而不存在现金折扣时，大多数人会认为不存在成本，但是实践中采用延期付款和立即付款两种方式的采购单价肯定有差异，这其实就是一种成本。因此，无论是否有现金折扣，应付账款的成本都是存在的，这点对预算的编制有一定影响。

本例题中，假定企业首先选择的融资方式是应付账款。预算编制中，计算应付账款应运用类似于财务分析中"运营能力指标"中应付账款周转率的公式。

应付账款周转次数＝（营业成本＋存货期末余额－存货期初余额）÷应付账款平均余额

应付账款周转天数＝365÷应付账款周转次数＝应付账款余额×［365÷（营业成本＋存货余额）］

应付账款余额＝应付账款周转天数×（营业成本+存货余额）÷365＝应付账款周转天数×采购支出÷365

通过上述公式的推导，结合本例题的条件，应在 A29 单元格中输入预算项目"应付账款"，在 D29 单元格中直接输入应付账款周转天数"60"这一预算变量，在 I29 单元格中建立公式"＝J17/365＊D29"。应付账款的间接财务后果是引起"采购支出"现金流出的减少，为单独反映这一问题，应在 A18 单元格中输入预算项目"付款延迟"，在 J18 单元格建立公式"＝-I29"。

应付账款相关业务的公式设置和预算结果如表 7-10 和表 7-11 所示。

通过该部分的预算表编制可以明显看出，由于应付账款这种自发性融资的出现，企业资金缺口大为缩减，短缺数减少至 2 143 万元。

（6）固定资产的财务后果。

要完成 10 亿元的销售预算，必然要有相应的人、财、物的资源支持，营业成本和经营费用就是一种对人财物耗费的费用性支出。固定资产则是资本性支出，是指企业使用期限较长、单位价值较高，并且在使用过程中保持原有实物形态的有形资产，包括房屋及建筑物、机器设备和运输设备等。固定资产的特点有二：一是使用寿命超过一个预算年度，二是为生产产品、提供劳务、出租或经营管理而持有，不出售。

本例中假设 ABC 公司 2023 年将有 1 000 万元的新增固定资产，那么编制预算时首先应在 A27 单元格中输入预算项目"固定资产"，在 I27 单元格中直接输入"1 000"，并在 E8 单元格中输入标识"A"代表直接输入。新增固定资产引发的间接财务后果是现金流出的增加，因此需要在 A21 单元格中输入预算项目"资本支出"，并在 J21 单元格中建立公式"＝-I27"。

固定资产相关业务的公式设置和预算结果如表 7-12 和表 7-13 所示。

当然，固定资产还有两个财务后果，即折旧费用和累计折旧，我们将在后面的存货与应收账款的损失与准备中一起说明。

（7）银行借款的财务后果。

通过固定资产部分的预算表编制，可以看出由于资本支出的增加，ABC 公司资金缺口又开始放大，为弥补资金短缺，在不考虑股票融资的前提下，公司需要在应付账款和银行借款两种筹资方式中选择。由于该公司已经存在近 1.3 亿元的应付账款，占到采购支出的 16%，若进一步增加赊购力度，一方面供货商可能拒绝或者加价，另一方面应付账款还款期较短会增加公司的财务风险，因此在本例中假定 ABC 公司最终选择了银行借款 3 000 万元。

在预算编制中，首先应在 A30 单元格中输入预算项目"银行借款"，在 I30 单元格中直接输入"-3 000"，并在 E30 单元格中输入标识"A"代表直接输入。银行借款的出现，会引发两个间接财务后果，即现金流入和利息费用的增加，因此要在 A15 单元格中输入预算项目"贷款注入"，在 J15 单元格中建立公式"＝-I30"，然后在 A11 单元格中输入预算项目"利息费用"，在 D11 单元格中输入利率"0.06"这一预算变量，在 H11 单元格中建立公式"＝I30＊D11"。最后修改 J19 单元格"费用支出"的计算公式为"＝H7+H8+H11"，最终费用支出项目包含了经营费用和利息费用，从会计的角度而言，费用支出包括的是管理费用、销售费用和财务费用三类期间费用的付现部分。

通过该部分的预算表编制可以看出，基本业务→存货→应收账款→应付账款→固定资产→银行借款这一过程中，利润首次发生变化，即减少了 180 万元，这是由于利息费用造成的，而公司的现金流缺口接近弥合。

银行借款相关业务的公式设置和预算结果如表 7-14 和表 7-15 所示。

（8）预提费用的财务后果。

预提费用是指企业按规定预先提取但尚未实际支付的各项费用，企业还没支付，但应该要支付的，属于负债的范畴。我国 2006 年企业会计准则已废除该科目，原属于预提费用的业务现应计入"其他应付款"科目。预提费用的特点是受益、预提在前，支付在后。作为内部管理活动，预算编制中可以保留该项目。预提费用的种类有很多，在这里为便于理解，我们就以年终奖为例：2023 年的年终奖将于 2024 年初春节前发放，但费用归属于 2023 年。按照本例中的已知条件，应在 A31 单元格中输入预算项目"预提费用"，在 I31 单元格中直接输入"－1 800"，并在 E31 单元格中输入标识"A"代表直接输入。预提费用的发生引发的间接财务后果是"费用支出"造成的现金流出的减少，其与应付账款引发"采购支出"减少类似。为单独反映这一问题，我们应在 A20 单元格中输入预算项目"付费延迟"，在 J20 单元格中建立公式"＝－I31"。"付费延迟"的概念类似于财务管理中的"非付现成本"。

通过该部分的预算表编制可以看出，公司的现金缺口得以弥补，并有了 1 447 万元的现金流入。

预提费用相关业务的公式设置和预算结果如表 7-16 和表 7-17 所示。

（9）资产减值与固定资产折旧。

前面已经提到，存货、应收账款引发的间接财务后果还包括资产减值准备和减值损失，固定资产引发的间接财务后果还包括累计折旧和折旧费用，这三者对于预算报表的影响十分相似，因此我们在这里单独说明。

存货的财务风险有两方面，一是降低了资产的流动性，二是作为实物形态存在的有形资产，从物理的角度来看有损毁的风险，从价值的角度来看有滞库贬值的风险。所以在预算编制中，必须考虑滞库贬值风险发生的概率和可能造成的危害，并在资产负债表中提取风险准备、在利润表中确认由此带来的损失。首先，应在 A24 单元格中输入预算项目"存货跌价准备"，在 D9 单元格中输入存货跌价率"0.04"这一预算变量，在 I24 单元格中建立公式"＝－I23＊D9"，然后在 A9 单元格中输入预算项目"存货跌价损失"，在 H9 单元格中建立公式"＝I24"。

应收账款的财务风险有三个方面，一是降低了资产的流动性，二是由于客户延迟付款可能造成公司资金链的紧张甚至断裂，三是债务人完全或部分丧失还款能力而造成公司全部或部分货款无法收回，最终形成坏账。因此在预算编制中，公司必须考虑坏账发生的概率和可能造成的危害，并在资产负债表中提取风险准备、在利润表中确认由此带来的损失。首先，应在 A26 单元格中输入预算项目"坏账准备"，在 D10 单元格中输入坏账率"0.06"这一预算变量，在 I26 单元格中建立公式"=-I25 * D10"，然后在 A10 单元格中输入预算项目"坏账损失"，在 H10 单元格中建立公式"=I26"。

固定资产作为企业最重要的非流动资产之一，是企业提高生产能力的重要手段，因此企业扩大再生产必须投入一定数量的固定资产。但是固定资产的投入存在两类主要风险，即固化企业资金和贬值风险，这两点与存货类似，在编制预算表时应该考虑提取固定资产的减值准备和减值损失，为简化起见本书暂不考虑该问题。此外，固定资产的价值转移方式与存货不同，在长期的使用过程中，固定资产实物形态保持不变而价值逐渐转移到产品或劳务之中，因此固定资产需要提取折旧。依据例题的已知条件，首先应在 A28 单元格中输入预算项目"累计折旧"，在 D12 单元格中输入综合折旧率"0.15"这一预算变量，在 I28 单元格中建立公式"=-I27 * D12"，然后在 A12 单元格中输入预算项目"折旧费用"，在 H12 单元格中建立公式"=I28"。

通过该部分的预算表编制可以看出，资产减值损失和准备、固定资产折旧影响的是资产负债表和利润表，作为未实现的损失，两者并不影响企业的现金流量，现金预算并未发生变化。

资产减值与固定资产折旧业务的公式设置和预算结果如表 7-18 和表 7-19 所示。同时，表 7-19 也是 2023 年度预算的最终结果。

四、结论

1. 预算编制方法的特点

至此，我们已经将编制预算时可能涉及的一些主要财务指标列入三大预算表中。同学们学习方法后可以结合具体的案例有选择地加入其他一些未考虑的财务指标，如无形资产、增值税、所得税、长期股权投资、投资收益，等等。

上述的预算编制方法是对弹性预算法的一种改良，同学们可以在报表编制完成后，有目的地调整各个原生项目和预算变量的数值，可以得到不同的利润、现金流量结果，以此模拟企业预算编制。

2. 从预算表中获得的结论

对于 ABC 公司，如果其 2023 年实现 10 亿元的销售预算，则可以产生利润 8 338 万元，现金流入 1 477 万元，资产负债率为 68%，2023 年对其来说将是一个具有发展潜力的年度。

公司现金状况与销售预算的实现关系紧密。通过调整预算表中的营业收入，可以发现当营业收入下降至 8.5 亿元时，公司会出现 2 万元的资金短缺，即实际销售低于预算大约 15% 时，公司将面临现金断裂点。从这个角度来看，公司存在一定的风险，从而影响到公司的举债能力。

这一内容可以通过表 7-20 得出结论。

3. 关键绩效指标的确定

例题中的预算表是一种进取型的预算，正如第二章所指出的，设定单一目标可能引发"棘轮效应"或"摔破罐效应"，因此在制定进取型预算的基础上，应该根据企业的历史情况和行业特点，在纵向与横向比较的基础上结合企业现实情况和发展战略，进一步确定保守型预算与挑战型预算的关键绩效指标，得到不同类型的预算结果。

2023 年三类预算方案的关键绩效指标如表 7-3 所示。

表 7-3 关键绩效指标（key performance indicator）

	保守型	进取型	挑战型
营业收入	850 000（万元）	100 000（万元）	140 000（万元）
利润		8 338（万元）	
现金		1 477（万元）	
资本支出		1 000（万元）	
存货周转天数		45（天）	
应收账款周转天数		60（天）	
应付账款周转天数		60（天）	

4. 预算表的缺陷

前面介绍的预算编制虽然有很多优点，但其仍存在四个主要缺陷：

（1）未考虑期初余额。例题中假定企业在预算期内开业，这点不符合大多数企业的现实情况。这个问题我们将在本章第四节中解决。

（2）未进行月度分解。年度预算的执行需要在各个月份间配合，而各个月份间存在天数的差异和销量的差异，尤其在企业经营的淡季与旺季差异较为明显，同时现金预算无法在年度预算中看到所有问题，因此对年度预算进行月度分解极为重要。这个问题我们将在第八章中解决。

（3）未对存货进行分类。作为资产负债表的重要项目，存货是一个外延宽泛的概括性项目。从财务会计的角度来看，存货分为材料、燃料、低值易耗品、在产品、半成品、产成品等；而从预算管理的角度来看，存货分为采购阶段存货、生产阶段存货和销售阶段存货，不同阶段存货的责任主体不同，编制预算时有必要将之进行细分。这个问题我们将在第八章第三节中与营业成本一起研究。

（4）未对营业成本进行分类。正如经营费用有变动经营费用与固定经营费用，营业成本也应该分为变动成本与固定成本两类。就制造类企业而言，营业成本主要由产成品转化而来，这个问题我们将在第九章财务控制中为同学们解释。

表 7-4　基本业务公式设置

	A	B	C	D	E	F	G	H	I	J
1	ABC 公司							预算模式：进取型		
2	2022 年预算与执行情况							2023 年预算		
3	预算项目	变量指标			标识	实际数	滚动预算	单位：万元		
4		实际	预测	预算				利润表	资产负债表	现金预算
5	营业收入				A			100 000		
6	营业成本			0.7				=H5*D6		
7	变动经营费用			0.08				=H5*D7		
8	固定经营费用				A			−12 000		
9										
10										
11										
12										
13	现金流入									
14	销售回款									=H5
15										
16	现金流出									
17	采购支出									=H6
18										
19	费用支出									=H7+H8
20										
21										
22	货币资金								=J33	
23										
24										
25										
26										
27										
28										
29										
30										
31										
32	本年利润结转								=−H33	
33	合计							=SUM(H5:H32)	=SUM(I5:I32)	=SUM(J5:J32)

表 7-5　基本业务预算结果

预算项目	变量指标			标识	实际数	滚动预算	利润表	资产负债表	现金预算
ABC 公司							预算模式：进取型		
2022 年预算与执行情况							2023 年预算		
	实际	预测	预算				单位：万元		
营业收入				A			100 000		
营业成本			0.7				−70 000		
变动经营费用			0.08				−8 000		
固定经营费用				A			−12 000		
现金流入									
销售回款									100 000
现金流出									
采购支出									−70 000
费用支出									−20 000
货币资金								10 000	
本年利润结转								−10 000	
合计							10 000	0	10 000

表 7-6　存货相关业务公式设置

	A	B	C	D	E	F	G	H	I	J
1	ABC 公司							预算模式：进取型		
2	2022 年预算与执行情况							2023 年预算		
3	预算项目	变量指标			标识	实际数	滚动预算	单位：万元		
4		实际	预测	预算				利润表	资产负债表	现金预算
5	营业收入				A			100 000		
6	营业成本			0.7				=-H5*D6		
7	变动经营费用			0.08				=-H5*D7		
8	固定经营费用				A			-12 000		
9										
10										
11										
12										
13	现金流入									
14	销售回款									=H5
15										
16	现金流出									
17	采购支出									=H6-I23
18										
19	费用支出									=H7+H8
20										
21										
22	货币资金								=J33	
23	存货			45					=-H6/365*D23	
24										
25										
26										
27										
28										
29										
30										
31										
32	本年利润结转								=-H33	
33	合计							=SUM（H5：H32）	=SUM（I5：I32）	=SUM（J5：J32）

表 7-7 存货相关业务预算结果

预算项目	ABC 公司						预算模式：进取型		
	2022 年预算与执行情况						2023 年预算		
	变量指标			标识			单位：万元		
	实际	预测	预算		实际数	滚动预算	利润表	资产负债表	现金预算
营业收入				A			100 000		
营业成本			0.7				−70 000		
变动经营费用			0.08				−8 000		
固定经营费用				A			−12 000		
现金流入									
销售回款									100 000
现金流出									
采购支出									−78 630
费用支出									−20 000
货币资金								1 370	
存货			45					8 630	
本年利润结转								−10 000	
合计							10 000	0	1 370

表7-8 应收账款相关业务公式设置

	A	B	C	D	E	F	G	H	I	J
1	ABC 公司							预算模式：进取型		
2	2022 年预算与执行情况							2023 年预算		
3	预算项目	变量指标			标识	实际数	滚动预算	单位：万元		
4		实际	预测	预算				利润表	资产负债表	现金预算
5	营业收入				A			100 000		
6	营业成本			0.7				=−H5*D6		
7	变动经营费用			0.08				=−H5*D7		
8	固定经营费用				A			−12 000		
9										
10										
11										
12										
13	现金流入									
14	销售回款									=H5−I25
15										
16	现金流出									
17	采购支出									=H6−I23
18										
19	费用支出									=H7+H8
20										
21										
22	货币资金								=J33	
23	存货			45					=−H6/365*D23	
24										
25	应收账款			60					=H5/365*D25	
26										
27										
28										
29										
30										
31										
32	本年利润结转								=−H33	
33	合计							=SUM(H5:H32)	=SUM(I5:I32)	=SUM(J5:J32)

表 7-9 应收账款相关业务预算结果

ABC 公司					预算模式：进取型				
2022 年预算与执行情况					2023 年预算				
预算项目	变量指标			标识	单位：万元				
	实际	预测	预算		实际数	滚动预算	利润表	资产负债表	现金预算
营业收入				A			100 000		
营业成本			0.7				−70 000		
变动经营费用			0.08				−8 000		
固定经营费用				A			−12 000		
现金流入									
销售回款									83 562
现金流出									
采购支出									−78 630
费用支出									−20 000
货币资金								−15 068	
存货			45					8 630	
应收账款			60					16 438	
本年利润结转								−10 000	
合计							10 000	0	−15 068

表 7-10 应付账款相关业务公式设置

	A	B	C	D	E	F	G	H	I	J
1		ABC 公司						预算模式：进取型		
2		2022 年预算与执行情况						2023 年预算		
3	预算项目	变量指标			标识	实际数	滚动预算	单位：万元		
4		实际	预测	预算				利润表	资产负债表	现金预算
5	营业收入				A			100 000		
6	营业成本			0.7				=−H5∗D6		
7	变动经营费用			0.08				=−H5∗D7		
8	固定经营费用				A			−12 000		
9										
10										
11										
12										
13	现金流入									
14	销售回款									=H5−I25
15										
16	现金流出									
17	采购支出									=H6−I23
18	付款延迟									=−I29
19	费用支出									=H7+H8
20										
21										
22	货币资金								=J33	
23	存货			45					=−H6/365∗D23	
24										
25	应收账款			60					=H5/365∗D25	
26										
27										
28										
29	应付账款			60					=J17/365∗D29	
30										
31										
32	本年利润结转								=−H33	
33	合计							=SUM(H5:H32)	=SUM(I5:I32)	=SUM(J5:J32)

表 7-11 应付账款相关业务预算结果

预算项目	变量指标			标识	实际数	滚动预算	利润表	资产负债表	现金预算
	实际	预测	预算						
ABC 公司									

预算项目	实际	预测	预算	标识	实际数	滚动预算	利润表	资产负债表	现金预算
营业收入				A			100 000		
营业成本			0.7				−70 000		
变动经营费用			0.08				−8 000		
固定经营费用				A			−12 000		
现金流入									
销售回款									83 562
现金流出									
采购支出									−78 630
付款延迟									12 926
费用支出									−20 000
货币资金								−2 143	
存货			45					8 630	
应收账款			60					16 438	
应付账款			60					−12 926	
本年利润结转								−10 000	
合计							10 000	0	−2 143

预算模式：进取型

2022 年预算与执行情况 ／ 2023 年预算

单位：万元

注：此表仅保留整数，数字出入系四舍五入所致。

表 7-12　固定资产相关业务公式设置

	A	B	C	D	E	F	G	H	I	J
1		ABC 公司						预算模式：进取型		
2		2022 年预算与执行情况						2023 年预算		
3	预算项目	变量指标			标识	实际数	滚动预算	单位：万元		
4		实际	预测	预算				利润表	资产负债表	现金预算
5	营业收入				A			100 000		
6	营业成本			0.7				=−H5 * D6		
7	变动经营费用			0.08				=−H5 * D7		
8	固定经营费用				A			−12 000		
9										
10										
11										
12										
13	现金流入									
14	销售回款									=H5−I25
15										
16	现金流出									
17	采购支出									=H6−I23
18	付款延迟									=−I29
19	费用支出									=H7+H8
20										
21	资本支出									=−I27
22	货币资金								=J33	
23	存货			45					=−H6/365 * D23	
24										
25	应收账款			60					=H5/365 * D25	
26										
27	固定资产				A				1 000	
28										
29	应付账款			60					=J17/365 * D29	
30										
31										
32	本年利润结转								=−H33	
33	合计							=SUM（H5:H32）	= SUM（I5:I32）	= SUM（J5:J32）

表 7-13　固定资产相关业务预算结果

预算项目	变量指标			标识	实际数	滚动预算	利润表	资产负债表	现金预算
	实际	预测	预算						
营业收入				A			100 000		
营业成本			0.7				−70 000		
变动经营费用			0.08				−8 000		
固定经营费用				A			−12 000		
现金流入									
销售回款									83 562
现金流出									
采购支出									−78 630
付款延迟									12 926
费用支出									−20 000
资本支出									−1 000
货币资金								−3 143	
存货			45					8 630	
应收账款			60					16 438	
固定资产				A				1 000	
应付账款			60					−12 926	
本年利润结转								−10 000	
合计							10 000	0	−3 143

ABC 公司　预算模式：进取型　2022 年预算与执行情况　2023 年预算　单位：万元

注：此表仅保留整数，数字出入系四舍五入所致。

143

表 7-14　银行借款相关业务公式设置

	A	B	C	D	E	F	G	H	I	J
1	ABC 公司							预算模式：进取型		
2	2022 年预算与执行情况							2023 年预算		
3	预算项目	变量指标			标识	实际数	滚动预算	单位：万元		
4		实际	预测	预算				利润表	资产负债表	现金预算
5	营业收入				A			100 000		
6	营业成本			0.7				=−H5 * D6		
7	变动经营费用			0.08				=−H5 * D7		
8	固定经营费用				A			−12 000		
9										
10										
11	利息费用			0.06				=I30 * D11		
12										
13	现金流入									
14	销售回款									=H5−I25
15	贷款注入									=−I30
16	现金流出									
17	采购支出									=H6−I23
18	付款延迟									=−I29
19	费用支出									=H7+H8+H11
20										
21	资本支出									=−I27
22	货币资金								=J33	
23	存货			45					=−H6/365 * D23	
24										
25	应收账款			60					=H5/365 * D25	
26										
27	固定资产				A				1 000	
28										
29	应付账款			60					=J17/365 * D29	
30	银行借款				A				−3 000	
31										
32	本年利润结转								=−H33	
33	合计							=SUM（H5：H32）	=SUM（I5：I32）	=SUM（J5：J32）

表 7-15 银行借款相关业务预算结果

预算项目	ABC 公司						预算模式：进取型		
	2022 年预算与执行情况						2023 年预算		
	变量指标			标识	实际数	滚动预算	单位：万元		
	实际	预测	预算				利润表	资产负债表	现金预算
营业收入				A			100 000		
营业成本			0.7				−70 000		
变动经营费用			0.08				−8 000		
固定经营费用				A			−12 000		
利息费用			0.06				−180		
现金流入									
销售回款									83 562
贷款注入									3 000
现金流出									
采购支出									−78 630
付款延迟									12 926
费用支出									−20 180
资本支出									−1 000
货币资金								−323	
存货			45					8 630	
应收账款			60					16 438	
固定资产				A				1 000	
应付账款			60					−12 926	
银行借款				A				−3 000	
本年利润结转								−9 820	
合计							9 820	0	−323

注：此表仅保留整数，数字出入系四舍五入所致。

表 7-16　预提费用相关业务公式设置

	A	B	C	D	E	F	G	H	I	J
1	ABC 公司							预算模式：进取型		
2	2022 年预算与执行情况							2023 年预算		
3	预算项目	变量指标			标识	实际数	滚动预算	单位：万元		
4		实际	预测	预算				利润表	资产负债表	现金预算
5	营业收入				A			100 000		
6	营业成本			0.7				=−H5＊D6		
7	变动经营费用			0.08				=−H5＊D7		
8	固定经营费用				A			−12 000		
9										
10										
11	利息费用			0.06				=I30＊D11		
12										
13	现金流入									
14	销售回款									=H5−I25
15	贷款注入									=−I30
16	现金流出									
17	采购支出									=H6−I23
18	付款延迟									=−I29
19	费用支出									=H7+H8+H11
20	付费延迟									=−I31
21	资本支出									=−I27
22	货币资金								=J33	
23	存货			45					=−H6/365＊D23	
24										
25	应收账款			60					=H5/365＊D25	
26										
27	固定资产				A				1 000	
28										
29	应付账款			60					=J17/365＊D29	
30	银行借款				A				−3 000	
31	预提费用				A				−1 800	
32	本年利润结转								=−H33	
22	合计							=SUM（H5：H32）	=SUM（I5：I32）	=SUM（J5：J32）

表 7-17 预提费用相关业务预算结果

预算项目	变量指标			标识	实际数	滚动预算	利润表	资产负债表	现金预算
	实际	预测	预算						
营业收入				A			100 000		
营业成本			0.7				−70 000		
变动经营费用			0.08				−8 000		
固定经营费用				A			−12 000		
利息费用			0.06				−180		
现金流入									
销售回款									83 562
贷款注入									3 000
现金流出									
采购支出									−78 630
付款延迟									12 926
费用支出									−20 180
付费延迟									1 800
资本支出									−1 000
货币资金								1 477	
存货			45					8 630	
应收账款			60					16 438	
固定资产				A				1 000	
应付账款			60					−12 926	
银行借款				A				−3 000	
预提费用				A				−1 800	
本年利润结转								−9 820	
合计							9 820	0	1 477

ABC 公司 / 预算模式：进取型
2022 年预算与执行情况 / 2023 年预算 / 单位：万元

注：此表仅保留整数，数字出入系四舍五入所致。

表 7-18 折旧与减值相关业务公式设置

	A	B	C	D	E	F	G	H	I	J
1	ABC 公司							预算模式：进取型		
2	2022 年预算与执行情况							2023 年预算		
3	预算项目	变量指标			标识	实际数	滚动预算	单位：万元		
4		实际	预测	预算				利润表	资产负债表	现金预算
5	营业收入				A			100 000		
6	营业成本			0.7				=−H5＊D6		
7	变动经营费用			0.08				=−H5＊D7		
8	固定经营费用				A			−12 000		
9	存货跌价损失			0.04				=I24		
10	坏账损失			0.06				=I26		
11	利息费用			0.06				=I30＊D11		
12	折旧费用			0.15				=I28		
13	现金流入									
14	销售回款									=H5−I25
15	贷款注入									=−I30
16	现金流出									
17	采购支出									=H6−I23
18	付款延迟									=−I29
19	费用支出									=H7+H8+H11
20	付费延迟									=−I31
21	资本支出									=−I27
22	货币资金								=J33	
23	存货			45					=−H6/365＊D23	
24	存货跌价准备								=−I23＊D9	
25	应收账款			60					=H5/365＊D25	
26	坏账准备								=−I25＊D10	
27	固定资产				A				1 000	
28	累计折旧								=−I27＊D12	
29	应付账款			60					=J17/365＊D29	
30	银行借款				A				−3 000	
31	预提费用				A				−1 800	
32	本年利润结转								=−H33	
33	合计							=SUM(H5:H32)	=SUM(I5:I32)	=SUM(J5:J32)

表 7-19 折旧与减值相关业务预算结果

ABC 公司						预算模式：进取型		
2022 年预算与执行情况						2023 年预算		
预算项目	变量指标			标识	单位：万元			
	实际	预测	预算		实际数	滚动预算	利润表	资产负债表	现金预算
营业收入				A			100 000		
营业成本			0.7				−70 000		
变动经营费用			0.08				−8 000		
固定经营费用				A			−12 000		
存货跌价损失			0.04				−345		
坏账损失			0.06				−986		
利息费用			0.06				−180		
折旧费用			0.15				−150		
现金流入									
销售回款									83 562
贷款注入									3 000
现金流出									
采购支出									−78 630
付款延迟									12 926
费用支出									−20 180
付费延迟									1 800
资本支出									−1 000
货币资金								1 477	
存货			45					8 630	
存货跌价准备								−345	
应收账款			60					16 438	
坏账准备								−986	
固定资产				A				1 000	
累计折旧								−150	
应付账款			60					−12 926	
银行借款				A				−3 000	
预提费用				A				−1 800	
本年利润结转								−8 338	
合计							8 338	0	1 477

注：此表仅保留整数，数字出入系四舍五入所致。

149

表 7-20 企业资金断裂点

预算项目	变量指标			标识	2023 年预算 单位：万元				
ABC 公司					预算模式：进取型				
2022 年预算与执行情况					2023 年预算				
预算项目	实际	预测	预算	标识	实际数	滚动预算	利润表	资产负债表	现金预算
营业收入				A			85 000		
营业成本			0.7				−59 500		
变动经营费用			0.08				−6 800		
固定经营费用				A			−12 000		
存货跌价损失			0.04				−293		
坏账损失			0.06				−838		
利息费用			0.06				−180		
折旧费用			0.15				−150		
现金流入									
销售回款									71 027
贷款注入									3 000
现金流出									
采购支出									−66 836
付款延迟									10 987
费用支出									−18 980
付费延迟									1 800
资本支出									−1 000
货币资金								−2	
存货			45					7 336	
存货跌价准备								−293	
应收账款			60					13 973	
坏账准备								−838	
固定资产				A				1 000	
累计折旧								−150	
应付账款			60					−10 987	
银行借款				A				−3 000	
预提费用				A				−1 800	
本年利润结转								−5 238	
合计							5 238	0	−2

注：此表仅保留整数，数字出入系四舍五入所致。

财/务/预/算/与/控/制

第四节　有期初余额的年度预算编制

无期初余额的年度预算编制仅仅适用于新开业企业和项目预算，而现实中的企业，其资产负债表中均存在期初余额，本节将从这个现实出发，讲述加入期初数后的年度预算编制方法。

一、案例说明

2023 年度预算的期初数，也是 2022 年的期末数。从财务会计报表编制的角度来看，这是个很简单的问题。但是在预算编制中，期初数并不存在，因为 2023 年度预算的编制工作一般发生于 2022 年第四季度初，此时只有前三季度的实际数额。因此，编制有期初余额的年度预算首先要解决的问题就是如何预测预算编制年度的期末数。

确定预算编制年度期末余额的方法就是滚动预算，其一方面可以估计年末数，为 2023 年年度预算做准备，另一方面还能起到对 2022 年预算调整的作用。这种方法在实践中被广泛采用。现实中，ABC 公司在很多年前已经存在，因此编制滚动预算也要考虑 2022 年度的期初余额，但本着由简入繁的原则，我们在本案例中假定 ABC 公司开业于 2022 年，即预算编制年度没有期初余额。

二、已知条件

2023 年年度预算的条件与本节第二部分相同，即 ABC 公司 2023 年度的营业收入预算为 10 亿元，营业成本率为 70%，变动经营费用率为 8%，固定经营费用为 1.2 亿元，存货周转天数、应收账款周转天数、应付账款周转天数分别为 45 天、60 天、60 天，存货跌价率 4%，坏账率 6%，购买固定资产 1 000 万元，综合折旧率 15%，借款 3 000 万元，利率 6%，预提费用 1 800 万元。

2022 年三季度报表相关数值如表 7-21 所示。对比表 7-18，其主要变化有如下几个方面：

（1）预算表增加了三行，即第 5 行增加"经营天数"，相对应单元格 B5 填列数值"273"，这是 2022 年前三季度的天数，单元格 C5 填列数值"365"，即 2022 年全年的天数（在这里忽略 2022 年为闰年的事实）；第 17 行增加"资本注入"，代表 2022 年 1 月 1 日开业时股东投入的资本数额；第 35 行增加"股本"，其数额对应于"资本注入"（在这里假定股票平价发行，如果溢价发行股票，A35 单元格预算指标可以更名为"股本与资本公积"）。

（2）F 列加入实际数，即为 2022 年三季度利润表、资产负债表和现金报表的数额。

（3）G 列加入两个数值，即 G6 单元格加入 2022 年滚动预算营业收入预测数，G9 加入固定经营费用预测数。

三、编制思路

（1）根据 F 列实际数计算实际变量指标，并填入 B 列相关单元格。实际变量指标和预算变量指标相同，一共 9 个：营业成本率、变动经营费用率、利息率、存货跌价率、坏账率、综合折旧率、存货周转天数、应收账款周转天数、应付账款周转天数。

（2）根据 2022 年年度预算与前三季度执行情况，对 2022 年度预算进行调整。这一工作分两步，第一步根据调整的营业收入预算将实际变量指标调整为预测变量指标，并填入 C 列相关单元格；第二步根据 C 列预算变量指标和 G6 单元格中营业收入预测数编制 2022 年滚动预算，相关数值填入 G 列相关单元格。

（3）根据 2023 年年度预算已知条件和 2022 年滚动预算，重新编制 2023 年的年度预算。

四、具体编制过程

1. 实际变量指标的计算

2022 年 10 月，ABC 公司三季度报表已经完成，全年过去大半，2022 年预算执行情况可见端倪，针对该年度公司内外环境变化，可能需要对最终预算进行调整，这就是滚动预算。编制滚动预算，需要调整预测变量指标，而调整的前提是计算前三季度的实际变量指标，因此实际变量指标的计算是编制 2022 年滚动预算和 2023 年年度预算的前提。

（1）营业成本率＝营业成本÷营业收入，在 B7 单元格建立公式"＝-F7/F6"。

（2）变动经营费用率＝变动经营费用÷营业收入，在 B8 单元格建立公式"＝-F8/F6"。

（3）存货跌价率＝存货跌价准备÷存货，在 B10 单元格建立公式"＝-F26/F25"。

（4）坏账率＝坏账准备÷应收账款，在 B11 单元格建立公式"＝-F28/F27"。

（5）利息率＝利息费用÷银行借款，这里需要注意的问题是 F12 单元格的利息费用是前三季度的数额，而利息率是年利率，需要对时间进行调整，因此在 B12 单元格建立公式"＝F12/F32/B5＊C5"。

（6）综合折旧率＝该年累计折旧÷固定资产，基于（5）的同样原因，需要将前三季度的累计折旧调整为全年数额，因此在 B13 单元格建立公式"＝-F30/F29/B5＊C5"。

（7）存货周转天数＝经营期天数÷存货周转次数

$$＝经营期天数÷（营业成本÷存货）$$

前三季度的天数是 273 天，因此在 B25 单元格建立公式"＝-B5/(F7/F25)"。

（8）应收账款周转天数＝经营期天数÷应收账款周转次数

$$＝经营期天数÷（营业收入÷应收账款）$$

前三季度天数是 273 天，因此在 B27 单元格中建立公式"＝B5/(F6/F27)"。

（9）应付账款周转天数＝经营期天数÷应付账款周转次数

$$＝经营期天数÷［（营业成本＋存货）÷应付账款］$$

=经营期天数÷（采购支出÷应付账款）

前三季度天数是 273 天，因此在 B31 单元格中建立公式"=B5/（F19/F31）"。

编制公式和预算结果如表 7-22 和表 7-23 的"B 列"所示。

通过上述 9 个实际变量指标的计算，我们可以看出前 4 个指标不受经营期的影响，属于"时点"数值，如跌价准备就是某个时点上资产的数额乘以跌价率；而后 5 个指标属于"时期"数值，需要考虑经营期的天数。

2. 预测变量指标的估算

通过第三季度实际数值与 2022 年月度预算的对比，尤其是营业收入、利润、货币资金等关键绩效指标，ABC 公司可以推测出 2022 年年度预算能否完成，并根据实际情况的变化做出预算的调整。本案例中，ABC 公司对比发现预算完成情况并不理想，为了年末完成预算或接近预算，需要在第四季度提高运营效率、增加盈利能力，对实际预算变量进行调整，如提高存货、应收账款、应付账款的周转率，降低费用率，其预测变量指标如表 7-24"C 列"所示。

3. 滚动预算的编制

滚动预算作为一种对年度剩余月份的调整预算，计算结果全部体现在预算表的"G 列"。该列有两个已知条件，即 G6 单元格 7 亿元的营业收入、G9 单元格 1.1 亿元的固定经营费用。计算依据是 D 列中的 9 个预测变量（表 7-25）。其编制过程如下：

（1）营业成本的计算，在 G7 单元格中建立公式"=-G6*C7"。

（2）变动经营费用的计算，在 G8 单元格中建立公式"=-G6*C8"。

（3）存货的计算及其间接财务后果。在 G25 单元格中建立公式"=-G7/365*C25"得出存货余额，存货还有三个间接财务后果即存货跌价准备、存货跌价损失和采购支出，在 G26 单元格中建立公式"=-G25*C10"得出存货跌价准备，在 G10 单元格中建立公式"=G26"得出存货跌价损失，在 G19 单元格中建立公式"=G7-G25"得出采购支出。

需要提醒读者注意的是，滚动预算是对 2022 年年度预算的调整，而不是第四季度的预算，因此经营期天数为 365，而不是 92。下文中其他预算项目的计算也依据此原理。

（4）应收账款的计算及其间接财务后果。在 G27 单元格中建立公式"=G6/365*C27"得出应收账款余额，应收账款也有三个间接财务后果即坏账准备、坏账损失和销售回款，在 G28 单元格中建立公式"=-G27*C11"得出坏账准备，在 G11 单元格中建立公式"=G28"得出坏账损失，在 G15 单元格中建立公式"=G6-G27"得出销售回款。

（5）应付账款的计算及其间接财务后果。在 G31 单元格中建立公式"=G19/365*C31"得出应付账款余额，应付账款的间接财务后果只有一个即付款延迟，在 G20 单元格中建立公式"=-G31"。

（6）固定资产计算及其间接财务后果。本案例中假定固定资产在 2022 年年初已经购置，同时假定折旧当月增加当月计提，因此第四季度没有新增固定资产。在 G29 单元格中建立公式"=F29"得出固定资产余额，固定资产还有三个间接的财务后果即累计折旧、折旧费用、资本支出，在 G30 单元格中建立公式"＝-G29＊C13"得出累计折旧，在 G13 单元格中建立公式"＝G30"得出折旧费用，在 G23 单元格中建立公式"＝-G29"得出资本支出。

（7）银行借款计算及其间接财务后果。本案例中假定银行借款发生于 2022 年年初，第四季度没有新增借款。在 G32 单元格中建立公式"＝F32"得出银行借款，银行借款还有三个间接财务后果即利息费用、贷款注入、费用支出，在 G12 单元格中建立公式"＝G32＊C12"得出利息费用，在 G16 单元格中建立公式"＝-G32"得出贷款注入，在 G21 单元格中建立公式"＝G8+G9+G12"得出费用支出。

（8）预提费用计算及其间接财务后果。本案例中假定预提费用是留待 2023 年年初发放的 2022 年年终奖金。前三季度为 900 万元，第四季度为 300 万元，则在 G33 单元格中直接输入"-1 200"得到预提费用数额。预提费用还有一个间接财务后果即付费延迟，在 G22 单元格中建立公式"＝-G33"。

（9）股本与资本注入。本案例中假定股东平价购入股本并于 2022 年年初开业时注入资金，那么第四季度股本和资本注入并不发生变化，因此在 G35 单元格中建立公式"＝F35"得到股本，在 G17 单元格中建立公式"＝F17"或"＝-G35"得出资本注入。

（10）三个平衡关系的构建。作为现金预算的结果，增加了公司的货币资金，因此在 G24 单元格中建立公式"＝SUM（G15：G23）"得到 2022 年现金净流入，即货币资金余额；作为利润表的结果，增加公司留存收益，因此在 G34 单元格中建立公式"＝-SUM（G6：G13）"得到 2022 年利润的负数，即本年利润结转；最后在最后一行 G36 单元格中建立公式"＝SUM（G24：G35）"，此公式的原理是"资产-负债-所有者权益＝0"，因此该数值必定为"0"，否则说明预算表编制中存在错误。

滚动预算的公式设置和编制结果如表 7-25 和表 7-26 的"G 列"所示。表 7-26 的 G36 单元格中的数值为 0，说明我们已经正确地编制了滚动预算。

4. 2023 年年度预算编制

滚动预算不仅起到了调整 2022 年预算的作用，同时也为 2023 年年度预算提供了期初数额。在存在期初数的情况下，2023 年年度预算将会发生重大变化。编制的思路与无期初余额的预算编制类似，下面我们将逐步编制，并在确定每个预算项目数额时思考一下和无期初余额的预算结果是否一致？如果一致，为什么？如果不一致，如何修改？

（1）基本业务的预算编制。

如前所述，基本业务包括营业收入、营业成本和经营费用。

营业收入和固定经营费用作为已知数额，当然不发生变化，即在 H6 单元格中直接输入数值"100 000"，在 H9 单元格中直接输入数值"-12 000"。

营业成本变不变？由于营业成本＝营业收入×营业成本率，营业成本率不变，营业成本当然也不发生变化，因此在 H7 单元格中建立公式"＝-H6＊D7"得到营业成本；同样的道理，变动经营费用率不变，变动经营费用也不发生变化，在 H8 单元格中建立公式"=-H6*D8"得到变动经营费用。

一言以蔽之，有无期初余额，基本业务并不发生变化。

（2）存货的财务后果。

首先思考一下，当存在 5 216 万元的期初存货时，期末存货数额是否发生变化？这需要考虑存货余额的计算方法。如前所述，存货余额=存货周转天数×（营业成本÷365），我们可以看到影响存货余额的三个变量——存货周转天数、营业成本、经营期都未发生变化，那么存货期末余额并不会因为有了期初余额而发生变化，因此应在 I25 单元格中建立公式"=-H7/365*D25"得到存货余额。

存货的出现，会引发三个间接财务后果即存货跌价准备、存货跌价损失和采购支出。那么这三个预算项目会不会发生变化？

①存货跌价准备=存货余额×跌价率。也就是说，任何一个时点的准备数都是存货余额的一个比例，只要跌价率不变，同时存货也未因为期初余额的出现而改变，存货跌价准备数额肯定不变。因此应在 I26 单元格中建立公式"=-I25*D10"得到存货跌价准备。

②存货跌价损失的发生额。我们可以回顾一下财务会计的核算内容，每个月末提取存货跌价准备的时候，会计分录为：

借：存货跌价损失

　　贷：存货跌价准备

在没有期初余额的前提下，发生额=存货余额×跌价率，这和前面讲述一致。如果有期初余额，发生额=存货跌价准备期末数-存货跌价准备期初数。也就是说当有期初余额时，存货跌价损失会发生变化。因此应在 H10 单元格中建立公式"=I26-G26"得到存货跌价损失。

③采购支出=营业成本+存货的增加。在没有期初余额的前提下，我们在前面直接采用了"采购支出=营业成本+存货"的公式，如果有期初余额，则必须将期初余额减掉，从而使得采购支出发生了变化。因此应在 J19 单元格中建立公式"=H7-（I25-G25）"得到采购支出。

这里要说明的一点是，在无期初余额的年度预算编制中，I26 和 H10 两个单元格的填列不存在先后顺序，因为存货跌价准备和存货跌价损失两者一定相等。但是存在期初数后，两者并不相等。鉴于后面将要介绍月度预算，故本书从此部分开始，"先计算准备后计算损失"。

（3）应收账款的财务后果。

与存货一样，当出现 9 589 万元的期初数时，应收账款期末数是否发生变化，取决于应收账款的计算公式，即应收账款平均余额=应收账款周转天数×（营业收入÷365）。通过公式我们可以发现，影响应收账款的三个变量即应收账款周转天数、营业收入、经营期均未发生变化，因此应收账款期末余额不会因为出现期初余额而发生变动，这点和存货完全一样。因此应在 I27 单元格中建立公式"=H6/365*D27"得到应收账款余额。

应收账款的出现会引发三个间接财务后果，即坏账准备、坏账损失和销售回款。那么这三个预算项目是否发生变化？当我们学习了存货的间接财务后果后，一定会感觉到原理完全一致，即坏账准备不变、坏账损失和销售回款会发生变化。因此，本着"先计算准备后计算损失"的原则，我们首先在 I28 单元格中建立公式"=-I27*D11"得到坏账准备，然后在 H11 单元格中建立公式"=I28-G28"得到坏账损失，最后在 J15 单元格中建立公式"=H6-（I27-G27）"得到销售回款。

（4）应付账款的财务后果。

编制完存货和应收账款的预算后，大多数同学可能会很自然地认为应付账款也不会因为期初余额的出现而发生变化。但是问题的解决还是要看公式，应付账款余额=应付账款周转天数×（营业成本+存货增加）÷365=应付账款周转天数×采购支出÷365，存货有了期初数、采购支出变了，应付账款的余额也会变，当然变动原因不在于其本身的期初余额。因此，应在 I31 单元格中建立公式"=J19/365*D31"，我们发现公式不变，但是数值发生了变化，原因是 J19 中采购支出的数值发生了变化。

应付账款只有一个间接财务后果即付款延迟，那么付款延迟变不变？由于付款延迟=应付账款增加额，因此应付账款有了期初数，付款延迟肯定会发生变化，故应在 J20 单元格中建立公式"=-（I31-G31）"得到付款延迟。

（5）固定资产的财务后果。

首先，在年初固定资产未被清理的前提下，其一定会合并到本期的固定资产余额之中。同时，固定资产有三个间接财务后果，即累计折旧、折旧费用、资本支出，这三个预算项目只有资本支出不变，因为无论去年买多少，今年花的钱不受去年的影响。鉴于后面讲述月度分解的需要，我们在这里确定一下 4 个预算项目的输入顺序。首先，在 J23 单元格中直接输入"-1 000"表示资本支出数额，并在 E23 单元格中标识"A"；其次，在 I29 单元格中建立公式"=-J23+G29"得到固定资产余额；再次，在 H13 单元格中建立公式"=-I29*D13"得到折旧费用；最后，在 I30 单元格中建立公式"=H13+G30"得到累计折旧。这里注意对比一下存货与应收账款，存货的间接财务后果的输入方式是"先准备后损失"，而固定资产的间接财务后果的输入方式是"先折旧费后累计折旧"。

此外，从简便的角度出发，本案例忽略了固定资产的减值准备与减值损失，我们可以在编制中自己加上。其原理与存货和应付账款完全一致，输入顺序也是"先准备后损失"。

（6）银行借款的财务后果。

首先，假定年初银行借款并未到期或归还，其数额一定会合并到本期的银行借款余额之中。同时，银行借款有三个间接经济后果，即利息费用、贷款注入、费用支出，此三个预算项目中只有贷款注入不会因为期初有银行借款而发生变化。同样，鉴于后面讲述月度分解的需要，我们在这里确定一下 4 个预算项目的输入顺序。首先，在 J16 单元格中直接输入"3 000"表示贷款注入数额，并在 E16 单元格中标识"A"；其次，在 I32 单元格中建立公式"=-J16+G32"得出银行借款余额；再次，在 H12 单元格中建立公式"＝I32＊D12"得到利息费用；最后，在 J21 单元格中建立公式"＝H8+H9+H12"，将变动经营费用、固定经营费用与利息费用合计得到费用支出。

（7）预提费用的财务后果。

预提费用在现行的会计准则中被合并到"其他应付款"中，其性质类似于"应付账款"，余额不受预提费用本身期初余额的影响。预提费用的间接财务后果只有一个，即付费延迟，其数值等于预提费用的增加。因此在预算编制中，首先应在 I33 单元格中直接输入"－1 800"表示预提费用的期末余额，并在 E33 单元格中标识"A"；然后，在 J22 单元格中建立公式"＝－（I33-G33）"得到付费延迟。

（8）股本与资本注入。

本例中 2023 年预算年度未增发股票，因此 2023 年股本预算数等于期初数，资本注入项目发生额为 0。即预算编制中，仅在 I35 单元格中建立公式"＝G35"。

（9）三个平衡关系的构建。

作为现金预算的结果，增加了公司的货币资金，因此应在 J36 单元格中建立公式"＝SUM（J6：J35）"得到 2022 年现金净流入，进而在 I24 单元格中建立公式"＝J36+G24"，即期初现金余额加上本期现金增加得到期末货币资金余额；作为利润表的结果，增加公司留存收益，因此应在 H36 单元格中建立公式"＝SUM（H6：H35）"得到 2022 年利润，进而在 I34 单元格中建立公式"＝－H36+G34"，即期初未分配利润加上本年利润结转得到期末未分配利润；最后，在最后一行 I36 单元格中建立公式"＝SUM（I6：I35）"，此公式的原理是"资产－负债－所有者权益"，因此该数值必定为"0"，否则说明预算表编制中存在错误。

上述业务的公式设置和编制结果如表 7-27 和表 7-28 所示。

五、结论

通过上述说明，我们完成了有期初余额的年度预算编制工作。

1. 有期初余额和无期初余额的年度预算表对比

根据本节第三部分的分析，我们可以大体总结出来，期初余额的出现，不影响的预算项目包括基本业务、存货、存货跌价准备、应收账款、应收账款坏账准备、预提费用、贷款注入、资本支出等，其中基本业务包括营业收入、营业成本、变动经营费用、固定经营费用。具体可见表 7-29。该表格将无期初余额的预算结果列示了出来，表中带阴影的单元格中，有期初余额和无期初余额的预算项目数值相同。

2. 年度预算中存在的问题

（1）预算管理是一种过程管理，必须建立全程的跟踪调控系统，因此必须将年度预算分解到各个季度与月度之中，以便跟踪、分析与控制。

（2）年度预算中的现金预算和资产负债表预算，都表明企业拥有 8 732 万元的现金，如果联系到当年的 3 000 万元银行借款，可能很多人有疑问——既然企业有这么多钱，还需要借钱吗？年度预算的现金仅仅是年终数值，我们无法从中得到各月的信息，加强资金管理就需要进行月度分解。

表 7-21　2022 年实际数

	A	B	C	D	E	F	G	H	I	J
1	ABC 公司							预算模式：进取型		
2	2022 年预算与执行情况							2023 年预算		
3	预算项目	变量指标			标识	实际数	滚动预算	单位：万元		
4		实际	预测	预算				利润表	资产负债表	现金预算
5	经营天数	273	365							
6	营业收入				A	56 000	70 000	100 000		
7	营业成本			0.7		−38 080		−70 000		
8	变动经营费用			0.08		−4 480		−8 000		
9	固定经营费用				A	−8 600	−11 000	−12 000		
10	存货跌价损失			0.04		−574		−345		
11	坏账损失			0.06		−580		−986		
12	利息费用			0.06		−540		−180		
13	折旧费用			0.15		−1 660		−150		
14	现金流入									
15	销售回款					45 200				83 562
16	贷款注入					6 400				3 000
17	资本注入					6 000				
18	现金流出									
19	采购支出					−43 820				−78 630
20	付款延迟					10 600				12 926
21	费用支出					−13 620				−20 180
22	付费延迟					900				1 800
23	资本支出					−9 000				−1 000
24	货币资金					2 660			1 477	
25	存货			45		5 740			8 630	
26	存货跌价准备					−574			−345	
27	应收账款			60		10 800			16 438	
28	坏账准备					−580			−986	
29	固定资产				A	9 000			1 000	
30	累计折旧					−1 660			−150	
31	应付账款			60		−10 600			−12 926	
32	银行借款				A	−6 400			−3 000	
33	预提费用				A	−900			−1 800	
34	本年利润结转					−1 486			−8 338	
35	股本					−6 000				
36	合计					0		8 338	0	1 477

注：此表仅保留整数，数字出入系四舍五入所致。

表 7-22 实际变量指标计算公式

	A	B	C	D	E	F	G
1				ABC 公司			
2				2022 年预算与执行情况			
3	预算项目	变量指标			标识	实际数	滚动预算
4		实际	预测	预算			
5	经营天数	273	365				
6	营业收入				A	56 000	70 000
7	营业成本	=−F7/F6		0.7		−38 080	
8	变动经营费用	=−F8/F6		0.08		−4 480	
9	固定经营费用				A	−8 600	−11 000
10	存货跌价损失	=−F26/F25		0.04		−574	
11	坏账损失	=−F28/F27		0.06		−580	
12	利息费用	=F12/F32*B5*C5		0.06		−540	
13	折旧费用	=−F30/F29/B5*C5		0.15		−1 660	
14	现金流入						
15	销售回款					45 200	
16	贷款注入					6 400	
17	资本注入					6 000	
18	现金流出						
19	采购支出					−43 820	
20	付款延迟					10 600	
21	费用支出					−13 620	
22	付费延迟					900	
23	资本支出					−9 000	
24	货币资金					2 660	
25	存货	=−B5/（F7/F25）		45		5 740	
26	存货跌价准备					−574	
27	应收账款	=B5/（F6/F27）		60		10 800	
28	坏账准备					−580	
29	固定资产				A	9 000	
30	累计折旧					−1 660	
31	应付账款	=B5/（F19/F31）		60		−10 600	
32	银行借款				A	−6 400	
33	预提费用				A	−900	
34	本年利润结转					−1 486	
35	股本					−6 000	
36	合计					0	

注：此表仅保留整数，数字出入系四舍五入所致。

表 7-23　实际变量指标计算结果

	A	B	C	D	E	F	G	H	I	J
1	ABC 公司				预算模式：进取型					
2	2022 年预算与执行情况							2023 年预算		
3	预算项目	变量指标			标识	实际数	滚动预算	单位：万元		
4		实际	预测	预算	标识	实际数	滚动预算	利润表	资产负债表	现金预算
5	经营天数	273	365							
6	营业收入				A	56 000	70 000	100 000		
7	营业成本	0.68		0.7		-38 080		-70 000		
8	变动经营费用	0.08		0.08		-4 480		-8 000		
9	固定经营费用				A	-8 600	-11 000	-12 000		
10	存货跌价损失	0.1		0.04		-574		-345		
11	坏账损失	0.05		0.06		-580		-986		
12	利息费用	0.11		0.06		-540		-180		
13	折旧费用	0.25		0.15		-1 660		-150		
14	现金流入									
15	销售回款					45 200				83 562
16	贷款注入					6 400				3 000
17	资本注入					6 000				
18	现金流出									
19	采购支出					-43 820				-78 630
20	付款延迟					10 600				12 926
21	费用支出					-13 620				-20 180
22	付费延迟					900				1 800
23	资本支出					-9 000				-1 000
24	货币资金					2 660			1 477	
25	存货	41.15		45		5 740			8 630	
26	存货跌价准备					-574			-345	
27	应收账款	52.65		60		10 800			16 438	
28	坏账准备					-580			-986	
29	固定资产				A	9 000			1 000	
30	累计折旧					-1 660			-150	
31	应付账款	66.04		60		-10 600			-12 926	
32	银行借款				A	-6 400			-3 000	
33	预提费用				A	-900			-1 800	
34	本年利润结转					-1 486			-8 338	
35	股本					-6 000				
36	合计					0		8 338	0	1 477

注：此表仅保留整数，数字出入系四舍五入所致。

表 7-24　预测变量指标

	A	B	C	D	E	F	G	H	I	J
1	ABC 公司							预算模式：进取型		
2	2022 年预算与执行情况							2023 年预算		
3	预算项目	变量指标			标识	实际数	滚动预算	单位：万元		
4		实际	预测	预算				利润表	资产负债表	现金预算
5	经营天数	273	365							
6	营业收入				A	56 000	70 000	100 000		
7	营业成本	0.68	0.68	0.7		−38 080		−70 000		
8	变动经营费用	0.08	0.08	0.08		−4 480		−8 000		
9	固定经营费用				A	−8 600	−11 000	−12 000		
10	存货跌价损失	0.1	0.08	0.04		−574		−345		
11	坏账损失	0.05	0.04	0.06		−580		−986		
12	利息费用	0.11	0.1	0.06		−540		−180		
13	折旧费用	0.25	0.2	0.15		−1 660		−150		
14	现金流入									
15	销售回款					45 200				83 562
16	贷款注入					6 400				3 000
17	资本注入					6 000				
18	现金流出									
19	采购支出					−43 820				−78 630
20	付款延迟					10 600				12 926
21	费用支出					−13 620				−20 180
22	付费延迟					900				1 800
23	资本支出					−9 000				−1 000
24	货币资金					2 660			1 477	
25	存货	41.15	40	45		5 740			8 630	
26	存货跌价准备					−574			−345	
27	应收账款	52.65	50	60		10 800			16 438	
28	坏账准备					−580			−986	
29	固定资产				A	9 000			1 000	
30	累计折旧					−1 660			−150	
31	应付账款	66.04	70	60		−10 600			−12 926	
32	银行借款				A	−6 400			−3 000	
33	预提费用				A	−900			−1 800	
34	本年利润结转					−1 486			−8 338	
35	股本					−6 000				
36	合计					0		8 338	0	1 477

注：此表仅保留整数，数字出入系四舍五入所致。

表 7-25　滚动预算公式设置

	A	B	C	D	E	F	G
1	ABC 公司						
2	2022 年预算与执行情况						
3	预算项目	变量指标			标识	实际数	滚动预算
4		实际	预测	预算			
5	经营天数	273	365				
6	营业收入				A	56 000	70 000
7	营业成本	0.68	0.68	0.7		−38 080	=−G6*C7
8	变动经营费用	0.08	0.08	0.08		−4 480	=−G6*C8
9	固定经营费用				A	−8 600	−11 000
10	存货跌价损失	0.1	0.08	0.04		−574	=G26
11	坏账损失	0.05	0.05	0.06		−580	=G28
12	利息费用	0.11	0.11	0.06		−540	=G32*C12
13	折旧费用	0.25	0.2	0.15		−1 660	=G30
14	现金流入						
15	销售回款					45 200	=G6−G27
16	贷款注入					6 400	=−G32
17	资本注入					6 000	=−G35
18	现金流出						
19	采购支出					−43 820	=G7−G25
20	付款延迟					10 600	=−G31
21	费用支出					−13 620	=G8+G9+G12
22	付费延迟					900	=−G33
23	资本支出					−9 000	=−G29
24	货币资金					2 660	=SUM（G15：G23）
25	存货	41.2	40	45		5 740	=−G7/365*C25
26	存货跌价准备					−574	=−G25*C10
27	应收账款	52.7	50	60		10 800	=G6/365*C27
28	坏账准备					−580	=−G27*C11
29	固定资产				A	9 000	=F29
30	累计折旧					−1 660	=−G29*C13
31	应付账款	66	70	60		−10 600	=G19/365*C31
32	银行借款				A	−6 400	=F32
33	预提费用				A	−900	−1 200
34	本年利润结转					−1 486	=−SUM（G6：G13）
35	股本					−6 000	=F35
36	合计					0	=SUM（G24：G35）

表 7-26　滚动预算编制结果

	A	B	C	D	E	F	G	H	I	J
1	ABC 公司							预算模式：进取型		
2	2022 年预算与执行情况							2023 年预算		
3	预算项目	变量指标			标识	实际数	滚动预算	单位：万元		
4		实际	预测	预算				利润表	资产负债表	现金预算
5	经营天数	273	365							
6	营业收入				A	56 000	70 000	100 000		
7	营业成本	0.68	0.68	0.7		−38 080	−47 600	−70 000		
8	变动经营费用	0.08	0.08	0.08		−4 480	−5 600	−8 000		
9	固定经营费用				A	−8 600	−11 000	−12 000		
10	存货跌价损失	0.1	0.08	0.04		−574	−417	−345		
11	坏账损失	0.05	0.05	0.06		−580	−479	−986		
12	利息费用	0.11	0.11	0.06		−540	−704	−180		
13	折旧费用	0.25	0.2	0.15		−1 660	−1 800	−150		
14	现金流入									
15	销售回款					45 200	60 411			83 562
16	贷款注入					6 400	6 400			3 000
17	资本注入					6 000	6 000			
18	现金流出									
19	采购支出					−43 820	−52 816			−78 630
20	付款延迟					10 600	10 129			12 926
21	费用支出					−13 620	−17 304			−20 180
22	付费延迟					900	1 200			1 800
23	资本支出					−9 000	−9 000			−1 000
24	货币资金					2 660	5 020		1 477	
25	存货	41.2	40	45		5 740	5 216		8 630	
26	存货跌价准备					−574	−417		−345	
27	应收账款	52.7	50	60		10 800	9 589		16 438	
28	坏账准备					−580	−479		−986	
29	固定资产				A	9 000	9 000		1 000	
30	累计折旧					−1 660	−1 800		−150	
31	应付账款	66	70	60		−10 600	−10 129		−12 926	
32	银行借款				A	−6 400	−6 400		−3 000	
33	预提费用				A	−900	−1 200		−1 800	
34	本年利润结转					−1 486	−2 399		−8 338	
35	股本					−6 000	−6 000			
36	合计					0	0	8 338	0	1 477

注：此表仅保留整数，数字出入系四舍五入所致。

表 7-27 有期初余额年度预算公式设置

	A	B	C	D	E	F	G	H	I	J
1		ABC 公司						预算模式：进取型		
2		2022 年预算与执行情况						2023 年预算		
3	预算项目	变量指标			标识	实际数	滚动预算	单位：万元		
4		实际	预测	预算				利润表	资产负债表	现金预算
5	经营天数	273	365							
6	营业收入				A	56 000	70 000	100 000		
7	营业成本	0.68	0.68	0.7		−38 080	−47 600	=−H6*D7		
8	变动经营费用	0.08	0.08	0.08		−4 480	−5 600	=−H6*D8		
9	固定经营费用				A	−8 600	−11 000	−12 000		
10	存货跌价损失	0.1	0.08	0.04		−574	−417	=I26−G26		
11	坏账损失	0.05	0.05	0.06		−580	−479	=I28−G28		
12	利息费用	0.11	0.11	0.06		−540	−704	=I32*D12		
13	折旧费用	0.25	0.2	0.15		−1 660	−1 800	=−I29*D13		
14	现金流入									
15	销售回款					45 200	60 411			=H6−(I27−G27)
16	贷款注入				A	6 400	6 400			3 000
17	资本注入					6 000	6 000			
18	现金流出									
19	采购支出					−43 820	−52 816			=H7−(I25−G25)
20	付款延迟					10 600	10 129			=−(I31−G31)
21	费用支出					−13 620	−17 304			=H8+H9+H12
22	付费延迟					900	1 200			=−(I33−G33)
23	资本支出				A	−9 000	−9 000			−1 000
24	货币资金					2 660	5 020		=J36+G24	
25	存货	41.2	40	45		5 740	5 216		=−H7/365*D25	
26	存货跌价准备					−574	−417		=−I25*D10	
27	应收账款	52.7	50	60		10 800	9 589		=H6/365*D27	
28	坏账准备					−580	−479		=−I27*D11	
29	固定资产				A	9 000	9 000		=−J23+G29	
30	累计折旧					−1 660	−1 800		=H13+G30	
31	应付账款	66	70	60		−10 600	−10 129		=J19/365*D31	
32	银行借款				A	−6 400	−6 400		=−J16+G32	
33	预提费用				A	−900	−1 200		−1 800	
34	本年利润结转					−1 486	−2 399		=−H36+G34	
35	股本					−6 000	−6 000		=G35	
36	合计					0	0	=SUM（H6：H35）	=SUM（I6：I35）	=SUM（J6：J35）

注：此表仅保留整数，数字出入系四舍五入所致。

表 7-28 ABC 公司 2023 年度预算（有期初余额）

	A	B	C	D	E	F	G	H	I	J
1		ABC 公司						预算模式：进取型		
2		2022 年预算与执行情况						2023 年预算		
3	预算项目	变量指标			标识			单位：万元		
4		实际	预测	预算		实际数	滚动预算	利润表	资产负债表	现金预算
5	经营天数	273	365							
6	营业收入				A	56 000	70 000	100 000		
7	营业成本	0.68	0.68	0.7		−38 080	−47 600	−70 000		
8	变动经营费用	0.08	0.08	0.08		−4 480	−5 600	−8 000		
9	固定经营费用				A	−8 600	−11 000	−12 000		
10	存货跌价损失	0.1	0.08	0.04		−574	−417	72		
11	坏账损失	0.05	0.05	0.06		−580	−479	−507		
12	利息费用	0.11	0.11	0.06		−540	−704	−564		
13	折旧费用	0.25	0.2	0.15		−1 660	−1 800	−1 500		
14	现金流入									
15	销售回款					45 200	60 411			93 151
16	贷款注入					6 400	6 400			3 000
17	资本注入					6 000	6 000			
18	现金流出									
19	采购支出					−43 820	−52 816			−73 414
20	付款延迟					10 600	10 129			1 939
21	费用支出					−13 620	−17 304			−20 564
22	付费延迟					900	1 200			600
23	资本支出				A	−9 000	−9 000			−1 000
24	货币资金					2 660	5 020		8 732	
25	存货	41.2	40	45		5 740	5 216		8 630	
26	存货跌价准备					−574	−417		−345	
27	应收账款	52.7	50	60		10 800	9 589		16 438	
28	坏账准备					−580	−479		−986	
29	固定资产				A	9 000	9 000		10 000	
30	累计折旧					−1 660	−1 800		−3 300	
31	应付账款	66	70	60		−10 600	−10 129		−12 068	
32	银行借款				A	−6 400	−6 400		−9 400	
33	预提费用				A	−900	−1 200		−1 800	
34	本年利润结转					−1 486	−2 399		−9 900	
35	股本					−6 000	−6 000		−6 000	
36	合计					0	0	7 501	0	3 712

注：此表仅保留整数，数字出入系四舍五入所致。

表 7-29　有无期初余额的年度预算结果对比

ABC 公司	预算模式：进取型			预算模式：进取型		
	2022 年预算（有期初余额）			2023 年预算（无期初余额）		
预算项目	单位：万元					
	利润表	资产负债表	现金预算	利润表	资产负债表	现金预算
经营天数						
营业收入	100 000			100 000		
营业成本	−70 000			−70 000		
变动经营费用	−8 000			−8 000		
固定经营费用	−12 000			−12 000		
存货跌价损失	72			−345		
坏账损失	−507			−986		
利息费用	−564			−180		
折旧费用	−1 500			−150		
现金流入						
销售回款			93 151			83 562
贷款注入			3 000			3 000
资本注入						
现金流出						
采购支出			−73 414			−78 630
付款延迟			1 939			12 926
费用支出			−20 564			−20 180
付费延迟			600			1 800
资本支出			−1 000			−1 000
货币资金		8 732			1 477	
存货		8 630			8 630	
存货跌价准备		−345			−345	
应收账款		16 438			16 438	
坏账准备		−986			−986	
固定资产		10 000			1 000	
累计折旧		−3 300			−150	
应付账款		−12 068			−12 926	
银行借款		−9 400			−3 000	
预提费用		−1 800			−1 800	
本年利润结转		−9 900			−8 338	
股本		−6 000				
合计	7 501	0	3 712	8 338	0	1 477

注：此表仅保留整数，数字出入系四舍五入所致。

第八章
财务预算（下）：月度预算

月度预算编制即是对年度预算进行的月度分解。作为财务预算的下篇，本章将在上一章年度预算的基础上，讲述预算指标的分解方法，最终形成预算年度的月度预算报表。

第一节　年度预算指标的分解方法

正如第七章所指出的，年度预算仅仅告诉我们 ABC 公司预算年度末的资金余额，但是年底有货币资金并不代表公司一年内的每个时点都有现金流，因此要搞清楚企业经营过程中的现金情况，唯一途径就是将年度预算方案分解到各个月份。这一点对于第五章中谈到的经营预算一样适用。

年度预算指标分解的方法主要有两种，因为没有被大家广泛接受的统一称谓，本书就暂且称这两种方法为直线法和曲线法。

一、直线法

直线法就是简单平均，其重心是预算指标与预算期间的匹配。在财务报表分析的课程中，我们可能适应了一年 360 天，一年 12 个月，每月 30 天的概念。这是一种简化，同时与财务报表分析工作本身的特点有关。外部人员阅读报表，不会因为一个月是 30 天还是 31 天，或者是 28 天还是 29 天而造成财务比率的误读，这是由于这一两天的差异会随着小数点后几位数而四舍五入。而预算工作虽不能做到精确，但是在可能的情况下仍然要做到尽量精确。对于一个小微企业而言，一两天的差异或许影响甚微，但是对于大公司，比如一天的销售额就超过 10 亿元的京东（2015年京东年销售额为 4 465 亿元），细微的差异将对其预算结果产生巨大影响。因此，直线法下，必须使用每月的实际天数进行指标分解，其基本公式为：

$$某月预算额 = 年度预算总额 \div 365 \times 本月实际天数$$

二、曲线法

直线法主要适用于固定费用预算，如基本工资、折旧费等。但是，很多预算指

167

标会随着企业产销量的波动而波动，直线法不再适用，这时就需要使用曲线法。曲线法，就是将预算指标按照一定的规律、非直线地分解到各有关月份的预算分解方法。分解的目的是体现企业的经营规律，如企业销售的淡旺季、企业的节假日等，其首要工作即是计算销售波动率。

某月销售波动率=本月历史销售÷[（全年历史销售合计÷365）×本月天数]

上式中，小括号内的内容是指日平均销售额，方括号内的内容是考虑了本月实际天数的月均销售额。最终，某月销售波动率大于 1，则属于销售旺季，否则就是淡季或者节假日过多。

此外，计算波动率所依据的历史数据不能只使用过去一年的数据，而至少应该是 3~5 年的平均数。就目前的经济形势来看，一些受经济形势影响大的行业，如上游大型国企、房地产等行业，甚至需要 2008 年开始的数据；对于受影响较小的行业，如影视、零售行业等，使用较短期的数据即可。

第二节 月度预算编制的准备工作

月度预算是年度预算的继续，其准备工作主要有二：一是年度预算的合并，二是月度预算模板的设计。

一、年度预算的合并

表 7-26 是按三列分别编制利润表、资产负债表和现金预算的，这会对月度分解造成不便，因此编制月度预算时，首先要将此三列数据合并为一列。其编制原理与滚动预算和未合并的年度预算完全一致。因此，我们可以借鉴第七章年度预算的基本数据和滚动预算的编制方法，先编制一下合并的年度预算报表，然后再和本章下面的内容进行对照。

公式设置和编制结果如表 8-1 和表 8-2 所示，其有 9 个基本步骤。

1. 基本业务的预算编制

正如上章所述，基本业务是指营业收入、营业成本和经营费用。

在 H6 单元格中直接输入数值"100 000"，在 H9 单元格中直接输入数值"-12 000"，分别表示营业收入和固定经营费用的金额。在 H7 单元格中建立公式"=-H6*D7"得到营业成本；在 H8 单元格中建立公式"=-H6*D8"得到变动经营费用。

2. 存货相关业务的预算编制

在 H25 单元格中建立公式"=-H7/365*D25"得到存货余额；在 H26 单元格中建立公式"=-H25*D10"得到存货跌价准备；在 H10 单元格中建立公式"=H26-G26"得到存货跌价损失；在 H19 单元格中建立公式"=H7-（H25-G25）"

得到采购支出。

3. 应收账款相关业务的预算编制

在 H27 单元格中建立公式"＝H6/365＊D27"得到应收账款余额；在 H28 单元格中建立公式"＝－H27＊D11"得到坏账准备，然后在 H11 单元格中建立公式"＝H28－G28"得到坏账损失，最后在 H15 单元格中建立公式"＝H6－（H27－G27）"得到销售回款。

4. 应付账款相关预算的业务编制

在 H31 单元格中建立公式"＝H19/365＊D31"得到应付账款；在 H20 单元格中建立公式"＝－（H31－G31）"得到付款延迟。

5. 固定资产相关业务的预算编制

在 H23 单元格中直接输入"－1 000"表示资本支出数额，并在 E23 单元格中标识"A"；在 H29 单元格中建立公式"＝－H23+G29"得到固定资产余额；在 H13 单元格中建立公式"＝－H29＊D13"得到折旧费用；最后在 H30 单元格中建立公式"＝H13+G30"得到累计折旧。

6. 银行借款相关业务的预算编制

在 H16 单元格中直接输入"3 000"表示贷款注入数额，并在 E16 单元格中标识"A"；在 H32 单元格中建立公式"＝－H16+G32"得出银行借款余额；在 H12 单元格中建立公式"＝H32＊D12"得到利息费用；在 H21 单元格中建立公式"＝H8+H9+H12"，将变动经营费用、固定经营费用与利息费用合计得到费用支出。

7. 预提费用相关业务的预算编制

在 H33 单元格中直接输入"－1 800"表示预提费用期末余额，并在 E23 单元格中标识"A"；然后在 H22 单元格中建立公式"＝－（H33－G33）"得到付费延迟。

8. 股本与资本注入

预算年度未增发股票，因此仅在 H35 单元格中建立公式"＝G35"得到与期初相同的股本。

9. 三个平衡关系的建立

在 H24 单元格中建立公式"＝SUM（H15：H23）＋G24"得到期末货币资金余额；在 H34 单元格建立公式"＝－SUM（H6：H13）＋G34"得到期末未分配利润；在 H36 单元格中建立公式"＝SUM（H6：H35）"，其数值必为 0，否则说明预算报表编制存在错误。

通过上述 9 个步骤，我们完成了预算报表的合并。我们还可以将合并前后的预算表进行对比，其数值完全一致。具体见表 8-3。

二、月度预算模板的设计

在年度预算表的基础上，我们可以通过增加行和列的方式设计月度预算的模板。

（1）在经营天数后加入"累积经营天数"行，用于表示到预算年度某月底为止已经经历的天数。其在模板中处于第 6 行。

（2）加入"销售波动率"行，反映预算年度各月份销售波动的情况。其在模板中处于第 7 行。

（3）加入"存货周转天数""应收账款周转天数""应付账款周转天数"三行，反映各月份间的周转情况，并命名为"存货期""收款期"和"付款期"。其在模板中处于第 7~9 行。

（4）加入"累计营业收入"和"累计营业成本"行，用于表示截止到预算年度某月底的营业收入和营业成本数额。其在模板中处于第 11 和 12 行。

（5）在年度预算所在列后加入 12 列，用于对年度预算进行月度分解。其在模板中处于第 I 列至第 T 列。

此外，为了验证分解是否准确，可以在 T 列后再加入 U 列。此列为可选项。

总之，需要将年度预算表中增加 7 行、12 列，具体模板如表 8-4 所示。

第三节　月度预算编制过程

月度预算是年度预算的继续，是在年度预算编制完成后将年度预算指标在 12 个月份间分别按直线法和曲线法分解的过程。其基本逻辑和年度预算类似，但有很多细节问题需要认真剖析。

一、经营天数与累积经营天数的填列

这一步很简单，和财务理论没有关系。只需要在 I5 至 T5 单元格中直接输入 1~12 月的每月实际天数，即可完成经营天数的填列。在 I6 单元格中建立公式"=I5"，在 J6 单元格中建立公式"=I6+J5"，然后拖动填充柄至 T6 单元格，即可完成累积经营天数的填列。

上述业务的公式设置和编制结果如表 8-5 和表 8-6 所示。

二、销售波动率的填列

通过历史数据计算销售波动率，直接填列到 I7 至 T7 单元格即可。需要注意的是，由于四舍五入的关系，为保证月度分解数值的合计数等于年度预算数值，应尽量在小数点后多保留几位数，也可以仅就某个月的数值多保留几位数。本例中，在 I7 至 T7 单元格依次填入根据 ABC 公司以往五年历史数据计算出的 12 个月的销售波动率，其数值如表 8-7 所示。

需要说明的是，为保证分解后的合计数等于分解前的年度数，12 月的波动率本应为 88.84%，但表中不保留小数点表示为 89%。此外，也是由于四舍五入的关系，U7 单元格中显示的合计数是 1 198%，而不是 1 200%。

三、存货期、收款期、付款期的填列

这三类周转天数，均根据预算变量指标填列，即在 I8—T8 单元格全部填列 45，在 I9—T9 单元格全部填列 60，在 I10—T10 单元格全部填列 60。

填列此三行的目的是可以随时调整每个月的周转率，并得出不同的预算结果。我们在第七章中已经说明，在现有的数据中，预算变量指标一共有 9 个，这里只填列 3 个的原因是：①基于讲课简化的考虑。②由于其他 6 个变量指标实际上企业也很难改动，至少在短期内改动的困难较大，比如存货跌价率、坏账率产生的部分原因是不以企业意志为转移的；折旧率要遵循会计准则与财务制度，企业选择的空间很小；在银行与企业的博弈中，强势方一般是银行，企业想改变利率的难度很大；营业成本率与经营费用率是企业运营能力的体现，企业不可能一天将罗马建成。

当然，我们在做预算编制的时候，完全可以自己将其他 6 个变量指标的部分或全部加入报表的行中。

四、基本业务的分解与累计营业收入、累计营业成本

1. 基本业务的分解

基本业务还是营业收入、营业成本、变动经营费用和固定经营费用。其中，前三个属于变动费用，各月间的差异不仅在于天数的不同，更和销售波动相关，应该采用曲线法分解；固定费用在各月间的差异仅与天数相关，应该采用直线法分解。

（1）营业收入的分解。某月的营业收入=营业收入年度预算数÷365×该月实际天数×该月销售波动率。因此，首先应在 I13 单元格中建立公式"=$H$13/365 * I5 * I7"，然后拖动填充柄至 T13 单元格。

这里尤其需要强调的是，年度预算数额在公式中应当"绝对引用"而不是"相对引用"。月度分解中涉及绝对引用的情况有很多，我们要注意相关公式，本书后面将不再提示。

此外，为了验证分解的准确性，我们需要将 I13 至 T13 这 12 个单元格的数值加总至单元格 U13，并与 H13 数值对应，如果相等就说明分解无误。

（2）营业成本的分解。某月的营业成本=营业成本年度预算数÷365×该月实际天数×该月销售波动率。因此，首先应在 I14 单元格中建立公式"=$H$14/365 * I5 * I7"，然后拖动填充柄至 T14 单元格。当然，因为本例中各月的营业成本率不变，我们也可以采用简便的公式，即在 I14 单元格建立公式"=－I13 * $D$14"，然后拖动填充柄至 T14 单元格。同样，为了验证分解的准确性，我们需要将 I14 至 T14 这 12 个单元格的数值加总至单元格 U14，并与 H14 数值对应，如果相等就说明分解无误。

（3）变动经营费用的分解。其原理与营业成本分解完全一致，这里仅说明填列方法。即首先在 I15 单元格中建立公式"=－I13 * $D$15"，然后拖动填充柄至 T15

单元格。同样，为了验证分解的准确性，需要将 I15 至 T15 这 12 个单元格的数值加总至单元格 U15，并与 H15 数值对应，如果相等就说明分解无误。

（4）固定经营费用的分解。由于固定费用与产销量无关，因此仅需要按实际天数进行直接分解即可。首先，在 I16 单元格中建立公式"=\$H\$16/365 * I5"，然后拖动填充柄至 T16 单元格。为了验证分解的准确性，需要将 I16 至 T16 这 12 个单元格的数值加总至单元格 U16，并与 H16 的数值对应，如果相等就说明分解无误。

2. 累计营业收入与累计营业成本

这两个预算项目分别指截止到某个月末，企业营业收入或营业成本的累计数额。填列这两个指标的目的是为了后面计算的方便，这里暂不说明，我们在实际使用时自然会明白。

在 I11 单元格中建立公式"=I13"得到 1 月末的累计营业收入，其实就是 1 月的营业收入。在 J11 单元格中建立公式"=J13+I11"得到 2 月末的累计营业收入，即 1 月与 2 月的营业收入之和，然后拖动填充柄至 T11，T11 单元格中的数值就是全年的营业收入，一定等于 H13 单元格的数值。

同理，在 I12 单元格中建立公式"=I14"得到 1 月末累计营业成本，在 J12 单元格中建立公式"=J14+I12"得到 2 月末的累计营业收入，然后拖动填充柄至 T12，T12 单元格中的数值就是全年的营业成本，一定等于 H14 单元格的数值。

上述业务的公式设置和编制结果如表 8-8 和表 8-9 所示。

五、存货相关业务的分解

当企业出现存货时，其间接财务后果包括存货跌价准备、存货跌价损失和采购支出。因此，我们需要对存货、存货跌价准备、存货跌价损失和采购支出这 4 个预算项目的年度预算进行分解。

1. 存货的分解

分解存货的方法，可以直接排除的是直线法，当然其也不同于营业成本那样按销售波动率进行的曲线分解法。存货的分解仍然使用存货周转率的公式，但此时需要对公式进行重新表述：

某月存货余额 = 该月累计营业成本÷该月累计经营天数×存货周转天数

上式可以直接说明在月度预算时加入累计经营天数和累计营业成本的原因。因此，应在 I32 单元格中建立公式"=-I12/I6 * I8"得到 1 月末的存货余额，然后拖动填充柄至 T32，其中 T32 单元格的数值就是 12 月末的存货余额，必然等于 2023 年度预算存货数值。在这一方面，存货分解的正确性验证不同于营业成本，后者是将 12 个月的数值相加等于全年数值，而存货是 12 月底的数值等于全年数值，这正是利润表和资产负债表的差异。利润表是动态报表，其数值是一年内的流量，而资产负债表是静态报表，其数值是某一个时点上的资产、负债和所有者权益的数值，故 12 月末的数值就是年底数值。

2. 存货跌价准备的分解

正如上章说到的，存货跌价准备的数值，在任何一个时点上，都等于存货余额与存货跌价率的乘积。因此，存货分解完成后，存货跌价准备的分解就变得异常简单，即每个月的存货跌价准备等于该月存货余额乘以存货跌价率。因此，应在 I33 单元格中建立公式"=-I32 *$D$17"，然后拖动填充柄至 T33，其中 T33 单元格数值即为 12 月末的存货跌价准备，其数值等于 H33 的数值。

3. 存货跌价损失的分解

存货跌价损失等于存货跌价准备的期末数减期初数。其中期末数很明确，即本月底数值，而期初数是年初数还是月初数？由于利润表每月都需要结转，因此此时的期初数一定是月初数。因此，首先在 I17 单元格中建立公式"=I33-G33"得到 1 月份存货跌价损失，然后拖动填充柄至 T17，其中 T17 单元格数值为 12 月份存货跌价损失，将 I17 至 T17 数值加总至 U17 单元格，其数值必然与 H17 相等，否则说明分解错误。

4. 采购支出的分解

采购支出属于现金预算。月度分解问题分析到目前为止，仅涉及利润表和资产负债表。在分解后的验证过程，我们可以发现这样一个规律，就是资产负债表的预算项目的 12 月份数值等于年度预算数，而利润表的年度预算数等于 12 个月的数值相加。那么，在现金预算中是什么样的情形？本书将在后面对此加以分析说明。

采购支出等于营业成本加上存货的增加，这一内容上一章已经说得很清楚。现在的问题有两个：一是营业成本是累计数还是当月数？二是存货增加等于存货期末数减期初数，那么这个期初数是月初数还是年初数？正确的答案在采购支出的公式中可以看出：

某月采购累计支出＝本月累计营业成本+存货增加额

＝本月累计营业成本+（存货本月期末余额-存货年初数）

因此，首先在 I26 单元格中建立公式"=I12-（I32-$G$32）"得到 1 月份采购支出，拖动填充柄至 T26，对比 T26 和 H26 的数值，我们可以看出两者相同，即 12 月份的采购支出即为全年的采购支出，这说明现金流量表更接近于资产负债表。在后面的计算中，我们可以发现这个规律，即资产负债表和现金流量表的年度预算数等于 12 月份的月度预算数，而利润表的年度预算数等于 12 个月的月度预算数相加。

上述业务的公式设置和编制结果如表 8-10 和表 8-11 所示。

六、应收账款相关业务的分解

与存货类似，当企业出现应收账款时，其间接财务后果包括坏账准备、坏账损失和销售回款。因此，需要对应收账款、坏账准备、坏账损失和销售回款四个预算项目的年度预算进行分解。

1. 应收账款的分解

与存货一样，应收账款余额是通过应收账款周转率的公式推导得出的，但是涉及累计数和当月数的区分，我们需要将公式重新表述一下：

某月应收账款余额＝本月累计营业收入÷本月累计经营天数×应收账款周转天数

因此，应在 I34 单元格中建立公式"＝I11/I6＊I9"得出 1 月份的应收账款，然后拖动填充柄至 T34，其中 T34 单元格数值等于 H34 单元格数值，是 12 月末即年末的应收账款数额。

2. 坏账准备的分解

坏账准备在任何时点都等于应收账款的余额与坏账率的乘积。因此完成应收账款分解后，坏账准备的分解就迎刃而解。在 I35 单元格中建立公式"＝－I34＊$D$18"得出 1 月末的坏账准备，然后拖动填充柄至 T35，其中 T35 单元格数值等于 H35 单元格数值，是 12 月末即年末的坏账准备数额。

3. 坏账损失的分解

某月的坏账损失＝该月坏账准备期末余额－坏账准备月初数

在 I18 单元格中建立公式"＝I35－G35"得到 1 月份坏账损失，然后拖动填充柄至 T18，其中 T18 单元格数值为 12 月份坏账损失。将 I18 单元格至 T18 单元格数值加总至 U18 单元格，其数值必然与 H18 单元格相等，否则说明分解错误。

4. 销售回款的分解

某月累计销售回款＝本月累计营业收入－应收账款增加额

＝本月累计营业收入－（应收账款本月期末余额－应收账款年初数）

首先在 I22 单元格中建立公式"＝I11－（I34－$G$34）"得到 1 月份销售回款数值，然后拖动填充柄至 T22，其中 T22 单元格为 12 月底累计销售回款数值，其必然等于 H22 的年度预算数。

上述业务的公式设置和编制结果如表 8-12 和表 8-13 所示。

七、应付账款相关业务的分解

应付账款会带来一个间接财务后果，即付款延迟。应付账款相关业务的分解就包括应付账款的分解与付款延迟的分解。

1. 应付账款的分解

某月应付账款余额＝该月累计采购支出÷该月累计经营天数×应付账款周转期

根据公式，首先在 I38 单元格中建立公式"＝I26/I6＊I10"，得到 1 月末的应付账款余额，然后拖动填充柄至 T38，其中 T38 单元格数值为 12 月末即年末应付账款余额，其数值必然等于 H38 单元格数值。

2. 付款延迟的分解

某月累计延迟付款＝应付账款本月期末余额－应付账款年初数

根据公式，首先在 I27 单元格中建立公式"＝－（I38－$G$38）"得到 1 月份的付款延迟数，然后拖动填充柄至 T27，其中 T27 单元格数值必然等于 H27 单元格数值，表示截止到 12 月底即年末付款延迟的数额。

上述业务的公式设置和编制结果如表 8-14 和表 8-15 所示。

八、固定资产相关业务的分解

当企业出现固定资产，会带来三个间接财务后果即资本支出、折旧费用和累计折旧。按照顺序，固定资产相关业务的分解包括资本支出、固定资产、折旧费用和累计折旧的分解。

1. 资本支出的分解

由于假定固定资产在年初就已经购进，因此资本支出发生在 1 月份，以后月份再未发生过资本支出。由于现金流量表数值是当年的累计数，因此在 I30 单元格中直接输入"-1 000"，然后拖动填充柄至 T30，得到 12 个月的累计资本支出数额。

2. 固定资产的分解

固定资产的分解根据资本支出的分解进行，首先在 I36 单元格中建立公式"=\$G\$36-I30"得到 1 月末的固定资产数额，然后拖动填充柄至 T36，其中 T36 单元格数值必然等于 H36 单元格数值，表示 12 月底即年末固定资产数额。

3. 折旧费用的分解

由于假定当月增加固定资产当月计提折旧，同时折旧费用作为固定费用应该按直线法分解，因此在 I20 单元格中建立公式"=-I36*\$D\$20/365*I5"得到 1 月份的折旧费用，然后拖动填充柄至 T20，其中 T20 单元格数值为 12 月份的折旧费用，将 I20 至 T20 单元格数值相加至单元格 U20，其数值必然等于 H20 单元格数值。

4. 累计折旧的分解

在未发生固定资产减少的情况下，累计折旧等于本月折旧费用加上累计折旧期初数。因此首先在 I37 单元格中建立公式"=G37+I20"得到 1 月末的累计折旧，然后拖动填充柄至 T37，其中 T37 单元格为 12 月末即年底的累计折旧数额，这个数值必然等于 H37 单元格数值。

上述业务的公式设置和编制结果如表 8-16 和表 8-17 所示。

九、银行借款相关业务的分解

当企业出现银行借款，其间接财务后果有三，即贷款注入、利息费用与费用支出，因此需要对银行借款、贷款注入、利息费用、费用支出 4 个预算项目的年度预算按顺序进行月度分解。

1. 贷款注入的分解

由于假定预算年度银行借款在年初借入，并且未归还前年度借款，因此，贷款注入发生于 1 月份，其他月份注入数为 0，因此每月累计贷款注入数均为本年借款数。首先在 I23 单元格中直接输入"3 000"，考虑到后面对预算的调整，J23 至 T23 均直接输入"3 000"。

2. 银行借款的分解

鉴于与贷款注入分解同样的理由，应在 I39 单元格中建立公式"=$G$39-I23"得到 1 月末的借款数额，然后拖动填充柄至 T39，其中 T39 单元格数值为 12 月底即年末银行借款数额，必然等于 H39 单元格数值。

3. 借款利息的分解

由于贷款数额在预算年度的 12 个月均相同，因此利息费用就成为固定费用，需要采用直线法进行分解。首先在 I19 单元格中建立公式"=I39*$D$19/365*I5"得到 1 月份的利息费用，然后拖动填充柄至 T19，其中 T19 为 12 月份的借款费用。将 I19 至 T19 单元格数值加总至 U19 单元格，其数值必然等于 H19 单元格中的年度预算数。

4. 费用支出的分解

当变动经营费用、固定经营费用和利息费用的月度预算编制完成后，就可以编制现金预算中的费用支出预算。首先在 I28 单元格中建立公式"=I15+I16+I19"得出 1 月份的费用支出数，然后在 J28 单元格中建立公式"=J15+J16+J19+I28"得到截至 2 月底的费用支出数，即前两个月的费用支出，最后拖动填充柄至 T28，其中 T28 单元格数值为截至 12 月底即整个预算年度的费用支出总额，必然等于 H28 单元格数值。

上述业务的公式设置和编制结果如表 8-18 和表 8-19 所示。

十、预提费用相关业务的分解

现行的企业会计准则已经取消了预提费用，而更多企业将原本使用预提费用的业务改用"其他应付款"核算，从这个角度也可以说明预提费用类似于"应付账款"。其相关业务的分解包括预提费用和付费延迟的分解。

1. 预提费用的分解

本例中的预提费用使用的是预提年终奖的例子，因此需要从 1 月份开始，每个月底计提一次。如此一来，预提费用就成了固定费用，应该采用直线法进行分解。首先，在 I40 单元格中建立公式"=$H$40/365*I6"得到 1 月末的预提费用数值，然后拖动填充柄至 T40，其中 T40 的单元格中的数值为 12 月底即年末预提费用数值，必然等于 H40 单元格的数值。

2. 付费延迟的分解

付费延迟的计算公式如下：

某月付费延迟=该月预提费用余额-预提费用年初数

根据公式，首先在 I27 单元格中建立公式"=-（I38-$G$38）"得到 1 月份的付款延迟，然后拖动填充柄至 T27 单元格得到 12 月末即整个预算年度的付款延迟数额。

上述业务的公式设置和编制结果如表 8-20 和表 8-21 所示。

对于表 8-21 的结果，很多人可能会疑惑——为什么前六个月的付费延迟均为负数？这一现象的成因很明显，即预算年度不仅要按月预提年终奖形成现金流入，而且在预算年度的 1 月份要发放 2022 年的年终奖而形成现金流出，这种抵消一直要持续到 7 月份才能变为净流入。到年末，预提 2023 年年终奖 2 400 万元，而发放 2022 年年终奖 1 200 万元，最终付费延迟带来的现金净流入为 1 200 万元。

十一、股本的处理

由于本年未增发新股，因此对股本及其引发的资本注入的处理极为简单，资本注入额全年为零，每个月自然为零。每月股本均延续年初数则可，即在 I41 单元格中建立公式"=H42"，然后拖动填充柄至 T42，如表 8-22 所示。

十二、三个平衡关系的处理

（1）对于货币资金而言，其计算公式为

某月货币资金余额=截至该月末现金净流入+货币资金年初额

根据公式，首先在 I31 单元格中建立公式"=SUM（I22：I30）+ \$G\$31"得到 1 月末的货币资金，然后拖动填充柄至 T31，其中 T31 单元格的数值表示 12 月底即预算年度年底的现金余额，其数值必然等于 H31 单元格数值。

（2）对于本年利润结转而言，其计算公式为：

本年利润结转=本月利润的负数+月初未分配利润

根据公式，首先在 I41 单元格中建立公式"=-SUM（I13：I20）+G41"得到 1 月底利润结转数额，然后在 J41 单元格中建立公式"=-SUM（J13：J20）+I41"得到 2 月底利润结转数额，最后拖动填充柄至 T41，其中 T41 单元格数值为 12 月末即预算年度所有者权益中留存收益的数额，其数值必然等于 H41 单元格数值。

（3）将资产负债表按照"资产-负债-所有者权益＝0"的基本公式，在 I43 单元格建立公式"=SUM（I31：I42）"，然后拖动填充柄至 T43。当 I43 至 T43 数值均为零，说明月度预算成功完成。

上述业务的公式设置和编制结果如表 8-22 和表 8-23 所示。

表 8-1　年度预算合并公式

	A	B	C	D	E	F	G	H
1	ABC 公司							
2	2022 年预算与执行情况							2023 年预算
3	预算项目	变量指标			标识	实际数	滚动预算	
4		实际	预测	预算				
5	经营天数	273	365					
6	营业收入				A	56 000	70 000	100 000
7	营业成本	0.68	0.68	0.7		−38 080	−47 600	=−H6*D7
8	变动经营费用	0.08	0.08	0.08		−4 480	−5 600	=−H6*D8
9	固定经营费用				A	−8 600	−11 000	−12 000
10	存货跌价损失	0.1	0.08	0.04		−574	−417	=H26−G26
11	坏账损失	0.05	0.05	0.06		−580	−479	=H28−G28
12	利息费用	0.11	0.11	0.06		−540	−704	=H32*D12
13	折旧费用	0.25	0.2	0.15		−1 660	−1 800	=−H29*D13
14	现金流入							
15	销售回款					45 200	60 411	=H6−(H27−G27)
16	贷款注入				A	6 400	6 400	3 000
17	资本注入					6 000	6 000	
18	现金流出							
19	采购支出					−43 820	−52 816	=H7−(H25−G25)
20	付款延迟					10 600	10 129	=−(H31−G31)
21	费用支出					−13 620	−17 304	=H8+H9+H12
22	付费延迟					900	1 200	=−(H33−G33)
23	资本支出				A	−9 000	−9 000	−1 000
24	货币资金					2 660	5 020	=SUM(H15:H23)+G24
25	存货	41.2	40	45		5 740	5 216	=−H7/365*D25
26	存货跌价准备					−574	−417	=−H25*D10
27	应收账款	52.7	50	60		10 800	9 589	=H6/365*D27
28	坏账准备					−580	−479	=−H27*D11
29	固定资产					9 000	9 000	=−H23+G29
30	累计折旧					−1 660	−1 800	=H13+G30
31	应付账款	66	70	60		−10 600	−10 129	=H19/365*D31
32	银行借款					−6 400	−6 400	=−H16+G32
33	预提费用				A	−900	−1 200	−1 800
34	本年利润结转					−1 486	−2 399	=−SUM(H6:H13)+G34
35	股本					−6 000	−6 000	=G35
36	合计					0	0	=SUM(H6:H35)

注：此表仅保留整数，数字出入系四舍五入所致。

表 8-2 年度预算合并结果

ABC 公司							2023 年进取型预算
2022 年预算与执行情况							
预算项目	变量指标			标识	单位:万元		
	实际	预测	预算		实际数	滚动预算	
经营天数	273	365					
营业收入				A	56 000	70 000	100 000
营业成本	0.68	0.68	0.7		−38 080	−47 600	−70 000
变动经营费用	0.08	0.08	0.08		−4 480	−5 600	−8 000
固定经营费用				A	−8 600	−11 000	−12 000
存货跌价损失	0.1	0.08	0.04		−574	−417	72
坏账损失	0.05	0.05	0.06		−580	−479	−507
利息费用	0.11	0.11	0.06		−540	−704	−564
折旧费用	0.25	0.2	0.15		−1 660	−1 800	−1 500
现金流入							
销售回款					45 200	60 411	93 151
贷款注入				A	6 400	6 400	3 000
资本注入					6 000	6 000	
现金流出							
采购支出					−43 820	−52 816	−73 414
付款延迟					10 600	10 129	1 939
费用支出					−13 620	−17 304	−20 564
付费延迟					900	1 200	600
资本支出				A	−9 000	−9 000	−1 000
货币资金					2 660	5 020	8 732
存货	41.2	40	45		5 740	5 216	8 630
存货跌价准备					−574	−417	−345
应收账款	52.7	50	60		10 800	9 589	16 438
坏账准备					−580	−479	−986
固定资产					9 000	9 000	10 000
累计折旧					−1 660	−1 800	−3 300
应付账款	66	70	60		−10 600	−10 129	−12 068
银行借款					−6 400	−6 400	−9 400
预提费用				A	−900	−1 200	−1 800
本年利润结转					−1 486	−2 399	−9 900
股本					−6 000	−6 000	−6 000
合计					0	0	0

注:此表仅保留整数,数字出入系四舍五入所致。

179

表 8-3　年度报表合并前后对比

预算项目	变量指标 实际	预测	预算	标识	单位:万元 实际数	滚动预算	2023年进取型预算	利润表	资产负债表	现金预算
经营天数	273	365								
营业收入				A	56 000	70 000	100 000	100 000		
营业成本	0.68	0.68	0.7		−38 080	−47 600	−70 000	−70 000		
变动经营费用	0.08	0.08	0.08		−4 480	−5 600	−8 000	−8 000		
固定经营费用				A	−8 600	−11 000	−12 000	−12 000		
存货跌价损失	0.1	0.08	0.04		−574	−417	72	72		
坏账损失	0.05	0.05	0.06		−580	−479	−507	−507		
利息费用	0.11	0.11	0.06		−540	−704	−564	−564		
折旧费用	0.25	0.2	0.15		−1 660	−1 800	−1 500	−1 500		
现金流入										
销售回款					45 200	60 411	93 151			93 151
贷款注入				A	6 400	6 400	3 000			3 000
资本注入					6 000	6 000				
现金流出										
采购支出					−43 820	−52 816	−73 414			−73 414
付款延迟					10 600	10 129	1 939			1 939
费用支出					−13 620	−17 304	−20 564			−20 564
付费延迟					900	1 200	600			600
资本支出				A	−9 000	−9 000	−1 000			−1 000
货币资金					2 660	5 020	8 732		8 732	
存货	41.2	40	45		5 740	5 216	8 630		8 630	
存货跌价准备					−574	−417	−345		−345	
应收账款	52.7	50	60		10 800	9 589	16 438		16 438	
坏账准备					−580	−479	−986		−986	
固定资产					9 000	9 000	10 000		10 000	
累计折旧					−1 660	−1 800	−3 300		−3 300	
应付账款	66	70	60		−10 600	−10 129	−12 068		−12 068	
银行借款					−6 400	−6 400	−9 400		−9 400	
预提费用				A	−900	−1 200	−1 800		−1 800	
本年利润结转					−1 486	−2 399	−9 900		−9 900	
股本					−6 000	−6 000	−6 000		−6 000	
合计					0	0	0	7 501	0	3 712

注:此表仅保留整数,数字出入系四舍五入所致。

财务预算与控制

表 8-4 月度预算模板

	A	B	C	D	E	F	G	H	I	J	K	L	M	N	O	P	Q	R	S	T	U
1	ABC 公司								2023 年预算模式：进取型												
2		2022 年预算与执行情况						年度预算	月度分解												
3	预算项目	变量指标			标识	实际数	单位：万元 滚动预算		1	2	3	4	5	6	7	8	9	10	11	12	合计
4		实际 预测	预算																		
5	经营天数																				
6	累计经营天数																				
7	销售波动率																				
8	存货期																				
9	收款期																				
10	付款期																				
11	累计营业收入																				
12	累计营业成本																				
13	营业收入																				
14	营业成本																				
15	变动经营费用																				
16	固定经营费用																				
17	存货跌价损失																				
18	坏账损失																				
19	利息费用																				
20	折旧费用																				
21	现金流入																				
22	销售回款																				

财 务 预 算 与 控 制

表8-4(续)

	A	B	C	D	E	F	G	H	I	J	K	L	M	N	O	P	Q	R	S	T	U
23	贷款注入																				
24	资本注入																				
25	现金流出																				
26	采购支出																				
27	付款延迟																				
28	费用支出																				
29	付费延迟																				
30	资本支出																				
31	货币资金																				
32	存货																				
33	存货跌价准备																				
34	应收账款																				
35	坏账准备																				
36	固定资产																				
37	累计折旧																				
38	应付账款																				
39	银行借款																				
40	预提费用																				
41	本年利润结转																				
42	股本																				
43	合计																				

表8-5　经营天数的公式设置

	A	……	H	I	J	K	L	M	N	O	P	Q	R	S	T	U
1	ABC公司2022年	……							2023年预算模式：进取型							
2		……	年度预算						月度分解							
3	预算项目			1	2	3	4	5	6	7	8	9	10	11	12	合计
4																
5	经营天数			31	28	31	30	31	30	31	31	30	31	30	31	
6	累计经营天数			=I5	=I6+J5	=J6+K5	=K6+I5	=L6+M5	=M6+N5	=N6+O5	=O6+P5	=P6+Q5	=Q6+R5	=R6+S5	=S6+T5	
……																
43	合计															

表8-6　经营天数的预算结果

	……	年度预算	1	2	3	4	5	6	7	8	9	10	11	12	合计
ABC公司2022年	……							2023年预算模式：进取型							
								月度分解							
预算项目			1	2	3	4	5	6	7	8	9	10	11	12	合计
经营天数			31	28	31	30	31	30	31	31	30	31	30	31	
累计经营天数			31	59	90	120	151	181	212	243	273	304	334	365	
……																
合计																

183

表 8-7　销售波动率预算结果

ABC 公司 2022 年		年度预算	2023 年预算模式：进取型												
预算项目	……		月度分解												合计
			1	2	3	4	5	6	7	8	9	10	11	12	
经营天数			31	28	31	30	31	30	31	31	30	31	30	31	
累计经营天数			31	59	90	120	151	181	212	243	273	304	334	365	
销售波动率			97%	63%	83%	90%	106%	120%	110%	104%	140%	102%	94%	89%	1 198%
……															
合计															

表8-8　基本业务月度分解公式设置

行	A	......	D	......	H	I	J	K	L	M	......	T	U
						2023年预算模式:进取型							
						月度分解							
1	ABC公司2022年												
2	预算项目				年度预算								
3													合计
4						1	2	3	4	5	……	12	
5	经营天数					31	28	31	30	31	……	31	
6	累计经营天数					=I5	=I6+J5	=J6+K5	=K6+L5	=L6+M5	……	=S6+T5	
7	销售波动率					0.97	0.63	0.83	0.9	1.06	……	0.888 4	
8	存货周转天数					45	45	45	45	45	……	45	
9	收款期					60	60	60	60	60	……	60	
10	付款期					60	60	60	60	60	……	60	
11	累计营业收入					=I13	=J13+I11	=K13+J11	=L13+K11	=M13+L11	……	=T13+S11	
12	累计营业成本					=I14	=J14+I12	=J12+K14	=K12+L14	=L12+M14	……	=S12+T14	
13	营业收入				100 000	=$H$13/365*I5*I7	=$H$13/365*J5*J7	=$H$13/365*K5*K7	=$H$13/365*L5*L7	=$H$13/365*M5*M7	……	=$H$13/365*T5*T7	=SUM(I13:T13)
14	营业成本		0.7		=-H13*D14	=-I13*$D$14	=-J13*$D$14	=-K13*$D$14	=-L13*$D$14	=-M13*$D$14	……	=-T13*$D$14	=SUM(I14:T14)
15	变动经营费用		0.08		=-H13*D15	=-I13*$D$15	=-J13*$D$15	=-K13*$D$15	=-L13*$D$15	=-M13*$D$15	……	=-T13*$D$15	=SUM(I15:T15)
16	固定经营费用				-12 000	=$H$16/365*I5	=$H$16/365*J5	=$H$16/365*K5	=$H$16/365*L5	=$H$16/365*M5	……	=$H$16/365*T5	=SUM(I16:T16)
……	……												
43	合计												

185

财务预算与控制

表8-9 基本业务月度预算

2023年预算模式：进取型

ABC公司2022年 预算项目	年度预算	1	2	3	4	5	6	7	8	9	10	11	12	合计
		月度分解												
经营天数		31	28	31	30	31	30	31	31	30	31	30	31	
累计经营天数		31	59	90	120	151	181	212	243	273	304	334	365	365
销售波动率		97%	63%	83%	90%	106%	120%	110%	104%	140%	102%	94%	89%	1 198%
存货周转天数		45	45	45	45	45	45	45	45	45	45	45	45	
收款期		60	60	60	60	60	60	60	60	60	60	60	60	
付款期		60	60	60	60	60	60	60	60	60	60	60	60	
累计营业收入		8 238	13 071	20 121	27 518	36 521	46 384	55 726	64 559	76 066	84 729	92 455	100 000	100 000
累计营业成本		−5 767	−9 150	−14 084	−19 262	−25 564	−32 468	−39 008	−45 191	−53 246	−59 310	−64 718	−70 000	−70 000
营业收入	100 000	8 238	4 833	7 049	7 397	9 003	9 863	9 342	8 833	11 507	8 663	7 726	7 545	100 000
营业成本	−70 000	−5 767	−3 383	−4 935	−5 178	−6 302	−6 904	−6 540	−6 183	−8 055	−6 064	−5 408	−5 282	−70 000
变动经营费用	−8 000	−659	−387	−564	−592	−720	−789	−747	−707	−921	−693	−618	−604	−8 000
固定经营费用	−12 000	−1 019	−921	−1 019	−986	−1 019	−986	−1 019	−1 019	−986	−1 019	−986	−1 019	−12 000
……														
……														
合计														

注：此表仅保留整数数，数字出入系四舍五入所致。

表 8-10 存货相关业务月度分解公式设置

行	A	...	D	...	G	H	I	J	K	.....	T	U
1	ABC 公司 2022 年						2023 年预算模式:进取型					
2					滚动预算	年度预算	月度分解					
3	预算项目		预测变量				1	2	3	.....	12	合计
4												
5	经营天数						31	28	31		31	
6	累计经营天数						=I5	=I6+J5	=J6+K5		=S6+T5	
7	销售波动率		0.04				0.97	0.63	0.83		0.888 4	
8	存货周转天数						45	45	45		45	
...	......											
12	累计营业成本						=I14	=J12+J14	=J12+K14		=S12+T14	
13	营业收入				70 000	100 000	=$H$13/365 * I5 * I7	=$H$13/365 * J5 * J5 * K7	=$H$13/365 * K5 * K5 * K7		=$H$13/365 * T5 * I7	=SUM(I13:T13)
14	营业成本		0.7		=-G13 * C14	=-H13 * D14	=-I13 * $D$14	=-J13 * $D$14	=-K13 * $D$14		=-T13 * $D$14	=SUM(I14:T14)
15	变动经营费用		0.08		=-G13 * C15	=-H13 * D15	=-I13 * $D$15	=-J13 * $D$15	=-K13 * $D$15		=-T13 * $D$15	=SUM(I15:T15)
16	固定经营费用				-11 000	-12 000	=$H$16/365 * I5	=$H$16/365 * J5	=$H$16/365 * K5		=$H$16/365 * T5	=SUM(I16:T16)
17	存货跌价损失				=G33	=H33-G33	=I33-G33	=J33-I33	=K33-J33		=T33-S33	=SUM(I17:T17)
...	......											
26	采购支出				=G14-G32	=H14-(H32-G32)	=I12-(I32-G32)	=J12-(J32-G32)	= K12-(K32-$G$32)		= T12-(T32-$G$32)	
...												
32	存货		45		=-G14/365 * C32	=-H14/365 * D32	=-I12/I6 * I8	=-J12/J6 * J8	=-K12/K6 * K8		=-T12/T6 * T8	
33	存货跌价准备				=-G32 * C17	=-H32 * D17	=-I32 * $D$17	=-J32 * $D$17	=K32 * $D$17		=-T32 * $D$17	
...												
43	合计											

表 8-11　存货相关业务月度预算结果

ABC 公司　（2023 年预算模式：进取型）　单位：万元

预算项目	变量指标 实际	变量指标 预测	变量指标 预算	标识	年度预算	滚动预算	实际数	1	2	3	4	5	6	7	8	9	10	11	12	合计
经营天数	273	365						31	28	31	30	31	30	31	31	30	31	30	31	365
累计经营天数								31	59	90	120	151	181	212	243	273	304	334	365	365
销售波动率								97%	63%	83%	90%	106%	120%	110%	104%	140%	102%	94%	89%	1 198%
存货周转天数								45	45	45	45	45	45	45	45	45	45	45	45	45
……																				
累计营业成本								-5 767	-9 150	-14 084	-19 262	-25 564	-32 468	-39 008	-45 191	-53 246	-59 310	-64 718	-70 000	-70 000
营业收入				A	100 000	70 000	56 000	8 238	4 833	7 049	7 397	9 003	9 863	9 342	8 833	11 507	8 663	7 726	7 545	100 000
营业成本	0.68	0.68	0.7		-70 000	-47 600	-38 080	-5 767	-3 383	-4 935	-5 178	-6 302	-6 904	-6 540	-6 183	-8 055	-6 064	-5 408	-5 282	-70 000
变动经营费用	0.08	0.08	0.08		-8 000	-5 600	-4 480	-659	-387	-564	-592	-720	-789	-747	-707	-921	-693	-618	-604	-8 000
固定经营费用				A	-12 000	-11 000	-8 600	-1 019	-921	-1 019	-986	-1 019	-986	-1 019	-1 019	-986	-1 019	-986	-1 019	-12 000
存货跌价损失	0.10	0.08	0.04		72	-417	-574	82	56	-3	-7	-16	-18	-8	-4	-16	0	2	4	72
……																				
采购支出					-73 414	-52 816	-43 820	-8 922	-10 912	-15 910	-21 269	-27 966	-35 324	-42 072	-48 344	-56 806	-62 873	-68 221	-73 414	-73 414
……																				
存货	41.15	40	45		8 630	5 216	5 740	8 371	6 979	7 042	7 223	7 619	8 072	8 280	8 369	8 777	8 779	8 720	8 630	
存货跌价准备					-345	-417	-574	-335	-279	-282	-289	-305	-323	-331	-335	-351	-351	-349	-345	
……																				
合计																				

注：此表仅保留整数，数字出入系四舍五入所致。

表 8-12　应收账款相关业务每月分解公式设置

序号	预算项目	预测变量	滚动预算	年度预算	2023 年预算模式：进取型					
			滚动预算	年度预算	月度分解					合计
					1	2	3	……	12	
1	ABC 公司 2022 年									
2										
3	预算项目	预测变量								
4		预测变量								
5	经营天数				31	28	31		31	
6	累计经营天数				=I5	=I6+J5	=J6+K5		=S6+T5	
7	销售波动率	0.06			0.97	0.63	0.83		0.888 4	=SUM(I7:T7)
8	存货周转天数				45	45	45		45	
9	收款期				60	60	60		60	
10	付款期				60	60	60		60	
11	累计营业收入				=I13	=J13+I11	=K13+J11		=T13+S11	
12	累计营业成本				=I14	=I12+J14	=J12+K14		=S12+T14	
13	营业收入		70 000	100 000	=$H$13/365*I5*I7	=$H$13/365*J5*J7	=$H$13/365*K5*K7		=$H$13/365*T5*T7	=SUM(I13:T13)
……	……									
18	坏账损失		=G35-G35	=H35-G35	=I35-I35	=J35-I35	=K35-J35		=T35-S35	=SUM(I18:T18)
……	……									
22	销售回款		=G13-G34	=H13-(H34-G34)	=I11-(I34-$G$34)	=J11-(J34-$G$34)	=K11-(K34-$G$34)		=T11-(T34-$G$34)	
……	……									
34	应收账款	60	=G13/365*C34	=H13/365*D34	=I11/I6*I9	=J11/J6*J9	=K11/K6*K9		=T11/T6*T9	
35	坏账准备		=-G34*C18	=-H34*D18	=-I34*$D$18	=-J34*$D$18	=-K34*$D$18		=-T34*$D$18	
……	……									
43	合计									

注：此表仅保留整数，数字出入系四舍五入所致。

189

表8-13 应收账款相关业务月度预算结果

ABC公司　　　　单位:万元　　　　2023年预算模式:进取型

预算项目	2022年预算与执行情况 变量指标 实际	预测	预算	标识	实际数	滚动预算	年度预算	月度分解 1	2	3	4	5	6	7	8	9	10	11	12	合计
经营天数	273	365						31	28	31	30	31	30	31	31	30	31	30	31	31
累计经营天数								31	59	90	120	151	181	212	243	273	304	334	365	365
销售波动率								97%	63%	83%	90%	106%	120%	110%	104%	140%	102%	94%	89%	1 198%
存货周转天数								45	45	45	45	45	45	45	45	45	45	45	45	45
收款期	52.65	50	60					60	60	60	60	60	60	60	60	60	60	60	60	60
付款期								60	60	60	60	60	60	60	60	60	60	60	60	60
累计营业收入								8 238	13 071	20 121	27 518	36 521	46 384	55 726	64 559	76 066	84 729	92 455	100 000	100 000
累计营业成本								-5 767	-9 150	-14 084	-19 262	-25 564	-32 468	-39 008	-45 191	-53 246	-59 310	-64 718	-70 000	-70 000
营业收入				A	56 000	70 000	100 000	8 238	4 833	7 049	7 397	9 003	9 863	9 342	8 833	11 507	8 663	7 726	7 545	100 000
……																				
坏账损失					-580	-479	-507	-477	159	-7	-21	-45	-52	-24	-10	-47	0	7	10	-507
……																				
销售回款					45 200	60 411	93 151	1 882	9 367	16 296	23 348	31 598	40 597	49 544	58 207	68 937	77 595	85 435	93 151	93 151
……																				
应收账款					10 800	9 589	16 438	15 945	13 293	13 414	13 759	14 511	15 376	15 772	15 940	16 718	16 723	16 609	16 438	16 438
坏账准备	0.05	0.05	0.06		-580	-479	-986	-957	-798	-805	-826	-871	-923	-946	-956	-1 003	-1 003	-997	-986	-986
……																				
合计																				

注:此表仅保留整数,数字出入系四舍五入所致。

表8-14　应付账款相关业务月度分解公式设置

	A	...	D	...	G	H	I	J	K	.....	T	U
1	ABC公司2022年											
2					滚动预算	年度预算	2023年预算模式:进取型					
3	预算项目		预测变量				月度分解					合计
4							1	2	3	.....	12	
5	经营天数						31	28	31		31	
6	累计经营天数						=I5	=I6+J5	=J6+K5		=S6+T5	=SUM(I7:T7)
7	销售波动率		0.7				0.97	0.63	0.83		0.888 4	
8	存货周转天数						45	45	45		45	
9	收款期						60	60	60		60	
10	付款期						60	60	60		60	
11	累计营业收入						=I13	=J13+I11	=K13+J11		=T13+S11	
12	累计营业成本						=I14	=I12+J14	=J12+K14		=S12+T14	
13	营业收入				70 000	100 000	=$H$13/365*I5*I7	=$H$13/365*J5*J7	=$H$13/365*K5*K7		=$H$13/365*T5*T7	=SUM(I13:T13)
14	营业成本		0.7		=-G13*C14	=-H13*D14	=-I13*$D$14	=-J13*$D$14	=-K13*$D$14		=-T13*$D$14	=SUM(I14:T14)
...	......											
27	付款延迟				=-G38	=-(H38-G38)	=-(I38-G$38)	=-(J38-G$38)	=-(K38-G$38)		=-(T38-$G$38)	
...	......											
32	存货		45		=-G14/365*C32	=-H14/365*D32	=-I12/I6*I8	=-J12/J6*J8	=-K12/K6*K8		=-T12/T6*T8	
...	......											
38	应付账款		60		=G26/365*C38	=H26/365*D38	=I26/I6*I10	=J26/J6*J10	=K26/K6*K10		=T26/T6*T10	
...												
43	合计											

财务预算控制与算

表 8-15　应付账款相关业务月度预算结果

预算项目	ABC公司 2022年预算与执行情况 变量指标 实际	预测	预算	标识	实际数	年度预算 滚动预算	年度预算	2023年预算模式:进取型 月度分解 1	2	3	4	5	6	7	8	9	10	11	12	合计
经营天数	273	365						31	28	31	30	31	30	31	31	30	31	30	31	
累计经营天数								31	59	90	120	151	181	212	243	273	304	334	365	365
销售波动率								97%	63%	83%	90%	106%	120%	110%	104%	140%	102%	94%	89%	1 198%
存货周转天数								45	45	45	45	45	45	45	45	45	45	45	45	
收款期								60	60	60	60	60	60	60	60	60	60	60	60	
付款期								60	60	60	60	60	60	60	60	60	60	60	60	
累计营业收入							100 000	8 238	13 071	20 121	27 518	36 521	46 384	55 726	64 559	76 066	84 729	92 455	100 000	100 000
累计营业成本							-70 000	-5 767	-9 150	-14 084	-19 262	-25 564	-32 468	-39 008	-45 191	-53 246	-59 310	-64 718	-70 000	-70 000
营业收入				A	56 000	70 000	100 000	8 238	4 833	7 049	7 397	9 003	9 863	9 342	8 833	11 507	8 663	7 726	7 545	100 000
营业成本	0.68	0.68	0.7		-38 080	-47 600	-70 000	-5 767	-3 383	-4 935	-5 178	-6 302	-6 904	-6 540	-6 183	-8 055	-6 064	-5 408	-5 282	-70 000
……																				
付款延迟					10 600	10 129	1 939	7 139	968	478	506	983	1 581	1 778	1 807	2 356	2 280	2 126	1 939	1 939
……																				
存货	41.15	40	45		5 740	5 216	8 630	8 371	6 979	7 042	7 223	7 619	8 072	8 280	8 369	8 777	8 779	8 720	8 630	8 630
……																				
应付账款	66.04	70	60		-10 600	-10 129	-12 068	-17 268	-11 097	-10 607	-10 635	-11 113	-11 710	-11 907	-11 937	-12 485	-12 409	-12 255	-12 068	-12 068
……					-6 000	-6 000	-6 000	-6 000	-6 000	-6 000	-6 000	-6 000	-6 000	-6 000	-6 000	-6 000	-6 000	-6 000	-6 000	-6 000
合计																				

注:此表仅保留整数,数字出入系四舍五入所致。

表 8-16 固定资产相关业务公式设置

	预算项目	预测变量 (D)	…	滚动预算 (G)	年度预算 (H)	月度分解 1 (I)	…	2 (J)	3 (K)	…	12 (T)	合计 (U)
1	ABC公司2022年					2023年预算模式：进取型						
2		预测变量										
3	预算项目											合计
4												
5	经营天数					31		28	31		31	
6	累计经营天数					=I5		=I6+J5	=J6+K5		=S6+T5	
7	销售波动率					0.97		0.63	0.83		0.8884	=SUM（I7：T7）
8	存货周转天数					45		45	45		45	
9	收款期					60		60	60		60	
10	付款期					60		60	60		60	
11	累计营业收入			=G37		=I13		=J13+I11	=K13+J11		=T13+S11	
12	累计营业成本					=I14		=I12+J14	=J12+K14		=S12+T14	
…												
20	折旧费用	0.15			=H36*D20	=-I36*\$D\$20/365*I5		=-J36*\$D\$20/365*J5	=-K36*\$D\$20/365*K5		=-T36*\$D\$20/365*T5	=SUM（I20：T20）
…												
30	资本支出			=-G36	-1 000	=H30		=I30	=J30		=S30	
…												
36	固定资产			=F36	=H30+G36	=\$G\$36-I30		=\$G\$36-J30	=\$G\$36-K30		=\$G\$36-T30	
37	累计折旧			=-G36*C20	=H20+G37	=G37+I20		=I37+J20	=J37+K20		=S37+T20	
…												
43	合计											

表 8-17 固定资产相关业务月度预算结果

单位:万元

预算项目	变量指标 实际	变量指标 预测	变量指标 预算	标识	年度预算 实际数	年度预算 滚动预算	年度预算	1	2	3	4	5	6	7	8	9	10	11	12	合计
经营天数	273	365						31	28	31	30	31	30	31	31	30	31	30	31	
累计经营天数								31	59	90	120	151	181	212	243	273	304	334	365	365
销售波动率	0.25	0.2	0.15					97%	63%	83%	90%	106%	120%	110%	104%	140%	102%	94%	89%	1 198%
存货周转天数								45	45	45	45	45	45	45	45	45	45	45	45	
收款期								60	60	60	60	60	60	60	60	60	60	60	60	
付款期								60	60	60	60	60	60	60	60	60	60	60	60	
累计营业收入								8 238	13 071	20 121	27 518	36 521	46 384	55 726	64 559	76 066	84 729	92 455	100 000	100 000
累计营业成本								-5 767	-9 150	-14 084	-19 262	-25 564	-32 468	-39 008	-45 191	-53 246	-59 310	-64 718	-70 000	-70 000
……																				
折旧费用					-1 660	-1 800	-1 500	-127	-115	-127	-123	-127	-123	-127	-127	-123	-127	-123	-127	-1 500
……																				
资本支出				A	-9 000	-9 000	-1 000	-1 000	-1 000	-1 000	-1 000	-1 000	-1 000	-1 000	-1 000	-1 000	-1 000	-1 000	-1 000	-1 000
……																				
固定资产					9 000	9 000	10 000	10 000	10 000	10 000	10 000	10 000	10 000	10 000	10 000	10 000	10 000	10 000	10 000	10 000
累计折旧					-1 660	-1 800	-3 300	-1 927	-2 042	-2 170	-2 293	-2 421	-2 544	-2 671	-2 799	-2 922	-3 049	-3 173	-3 300	-3 300
……																				
合计																				

表头:ABC公司　2022年预算与执行情况　2023年预算模式:进取型　月度分解

注:此表仅保留整数,数字出入系四舍五入所致。

表 8-18　银行借款相关业务公式设置

	A 预算项目	D 预测变量	...	G 滚动预算	H 年度预算	I (1)	J (2)	K (3)	......	T (12)	U 合计
1	ABC 公司 2022 年					2023 年预算模式：进取型					
2								月度分解			合计
3	经营项目					1	2	3		12	
4											
5	经营天数					31	28	31		31	
6	累计经营天数					=I5	=I6+J5	=J6+K5		=S6+T5	
7	销售波动率					0.97	0.63	0.83		0.888 4	=SUM(I7:T7)
11	累计营业收入					=I13	=J13+I11	=K13+J11		=T13+S11	
12	累计营业成本					=I14	=I12+J14	=J12+K14		=S12+T14	
13	营业收入			70 000	100 000	=$H$13/365*I5*I7	=$H$13/365*J5*J7	=$H$13/365*K5*K7		=$H$13/365*T5*T7	=SUM(I13:T13)
14	营业成本	0.7		=-G13*C14	=-H13*D14	=-I13*$D$14	=-J13*$D$14	=-K13*$D$14		=-T13*$D$14	=SUM(I14:T14)
19	利息费用	0.06		=G39*C19	=H39*D19	=I39*$D$19/365*I5	=J39*$D$19/365*J5	=K39*$D$19/365*K5		=T39*$D$19/365*T5	=SUM(I19:T19)
23	贷款注入			=-G39	3 000	3 000	3 000	3 000		3 000	
28	费用支出			=G15+G16+G19	=H15+H16+H19	=I15+I16+I19	=J15+J16+J19+J28	=K15+K16+K19+J28		=T15+T16+T19+S28	
39	银行借款			=F39	=-H23+G39	=$G$39-I23	=$G$39-J23	=$G$39-K23		=$G$39-T23	
43	合计										

财务预算控制与管理

表 8-19　银行借款相关业务月度预算结果

ABC 公司　　　　　　　　　　　　　2023 年预算模式：进取型　　　　　　　　单位：万元

预算项目	变量指标 实际	预测	预算	标识	实际数	滚动预算	年度预算	1	2	3	4	5	6	7	8	9	10	11	12	合计
经营天数	273	365						31	28	31	30	31	30	31	31	30	31	30	31	365
累计经营天数	273	365	365					31	59	90	120	151	181	212	243	273	304	334	365	365
销售波动率								97%	63%	83%	90%	106%	120%	110%	104%	140%	102%	94%	89%	1 198%
……																				
累计营业收入								8 238	13 071	20 121	27 518	36 521	46 384	55 726	64 559	76 066	84 729	92 455	100 000	100 000
累计营业成本								-5 767	-9 150	-14 084	-19 262	-25 564	-32 468	-39 008	-45 191	-53 246	-59 310	-64 718	-70 000	-70 000
营业收入				A	56 000	70 000	100 000	8 238	4 833	7 049	7 397	9 003	9 863	9 342	8 833	11 507	8 663	7 726	7 545	100 000
营业成本	0.68	0.68	0.7		-38 080	-47 600	-70 000	-5 767	-3 383	-4 935	-5 178	-6 302	-6 904	-6 540	-6 183	-8 055	-6 064	-5 408	-5 282	-70 000
……																				
利息费用	0.11	0.11	0.06	A	-540	-704	-564	-48	-43	-48	-46	-48	-46	-48	-48	-46	-48	-46	-48	-564
……																				
贷款注入				A	6 400	6 400	3 000	3 000	3 000	3 000	3 000	3 000	3 000	3 000	3 000	3 000	3 000	3 000	3 000	
……																				
资本支出				A	-9 000	-9 000	-1 000	-1 000	-1 000	-1 000	-1 000	-1 000	-1 000	-1 000	-1 000	-1 000	-1 000	-1 000	-1 000	
……																				
银行借款					-6 400	-6 400	-9 400	-9 400	-9 400	-9 400	-9 400	-9 400	-9 400	-9 400	-9 400	-9 400	-9 400	-9 400	-9 400	
……																				
合计																				

注：此表仅保留整数，数字出入系四舍五入所致。

表8-20 预提费用相关业务公式设置

A	...	D	...	G	H	I	J	K	.....	T	U
ABC公司2022年						2023年预算模式:进取型					
				滚动预算	年度预算	月度分解					
预算项目		预测变量				1	2	3	.....	12	合计
经营天数						31	28	31		31	
累计经营天数						=I5	=I6+I5	=J6+K5		=S6+T5	=SUM(I7:T7)
销售波动率						0.97	0.63	0.83		0.888 4	
存货周转天数						45	45	45		45	
收款期						60	60	60		60	
付款期						60	60	60		60	
累计营业收入						=I13	=J13+I11	=K13+J11		=T13+S11	
累计营业成本						=I14	=I12+I14	=J12+K14		=S12+T14	
营业收入				70 000	100 000	=$H$13/365*I5*I7	=$H$13/365*I5*J7	=$H$13/365*K5*K7		=$H$13/365*T5*T7	=SUM(I13:T13)
营业成本		0.7		=-G13*C14	=-H13*D14	=-I13*$D$14	=-J13*$D$14	=-K13*$D$14		=-T13*$D$14	=SUM(I14:T14)
......											
付款延迟				=-G38	=-(H38-G38)	=-(I38-G$38)	=-(J38-G$38)	=-(K38-G$38)		=-(T38-$G$38)	
...											
预提费用				-1 200	-1 800	=$H$40/365*I6	=$H$40/365*J6	=$H$40/365*K6		=$H$40/365*T6	
...											
合计											

表8-21 预提费用相关业务预算结果

ABC公司　　2023年预算模式:进取型

预算项目	变量指标 实际	变量指标 预测	变量指标 预算	标识	实际数	年度预算 滚动预算	年度预算(单位:万元)	1	2	3	4	5	6	7	8	9	10	11	12	合计
经营天数	273	365						31	28	31	30	31	30	31	31	30	31	30	31	
累计经营天数								31	59	90	120	151	181	212	243	273	304	334	365	365
销售波动率								97%	63%	83%	90%	106%	120%	110%	104%	140%	102%	94%	89%	1 198%
存货周转天数								45	45	45	45	45	45	45	45	45	45	45	45	
收款期								60	60	60	60	60	60	60	60	60	60	60	60	
付款期								60	60	60	60	60	60	60	60	60	60	60	60	
累计营业收入					56 000	70 000	100 000	8 238	13 071	20 121	27 518	36 521	46 384	55 726	64 559	76 066	84 729	92 455	100 000	
累计营业成本				A	-38 080	-47 600	-70 000	-5 767	-9 150	-14 084	-19 262	-25 564	-32 468	-39 008	-45 191	-53 246	-59 310	-64 718	-70 000	
营业收入				A	56 000	70 000	100 000	8 238	4 833	7 049	7 397	9 003	9 863	9 342	8 833	11 507	8 663	7 726	7 545	100 000
营业成本	0.68	0.68	0.7	A	-38 080	-47 600	-70 000	-5 767	-3 383	-4 935	-5 178	-6 302	-6 904	-6 540	-6 183	-8 055	-6 064	-5 408	-5 282	-70 000
……																				
付费延迟					900	1 200	600	-1 047	-909	-756	-608	-455	-307	-155	-2	146	299	447	600	
……																				
预提费用				A	-900	-1 200	-1 800	-153	-291	-444	-592	-745	-893	-1 045	-1 198	-1 346	-1 499	-1 647	-1 800	
……																				
合计																				

注:此表仅保留整数,数字出入系四舍五入所致。

表 8-22　月度预算公式设置表

ABC 公司 2022 年

2023 年预算模式：进取型（月度分解）

预算项目	预测变量	滚动预算	年度预算	1	2	3	⋯	12	合计
经营天数				31	28	31	⋯	31	
累计经营天数				=I5	=I6+J5	=J6+K5	⋯	=S6+T5	
销售波动率				0.97	0.63	0.83	⋯	0.888 4	=SUM(I7:T7)
存货周转天数				45	45	45	⋯	45	
收款期				60	60	60	⋯	60	
付款期				60	60	60	⋯	60	
累计营业收入				=I13	=J13+I11	=K13+J11	⋯	=T13+S11	
累计营业成本				=I14	=I12+J14	=J12+K14	⋯	=S12+T14	
营业收入		70 000	100 000	=$H$13/365*I5*I7	=$H$13/365*J5*J7	=$H$13/365*$K$5*K7	⋯	=$H$13/365*$T$5*T7	=SUM(I13:T13)
营业成本	0.7	=-G13*C14	=-H13*D14	=-I13*$D$14	=-J13*$D$14	=-K13*$D$14	⋯	=-T13*$D$14	=SUM(I14:T14)
变动经营费用	0.08	=-G13*C15	=-H13*D15	=-I13*$D$15	=-J13*$D$15	=-K13*$D$15	⋯	=-T13*$D$15	=SUM(I15:T15)
固定经营费用		-11 000	-12 000	=$H$16/365*I5	=$H$16/365*J5	=$H$16/365*K5	⋯	=$H$16/365*T5	=SUM(I16:T16)
存货跌价损失	0.04	=G33	=H33-G33	=I33-G33	=J33-I33	=K33-J33	⋯	=T33-S33	=SUM(I17:T17)
坏账损失	0.06	=G35	=H35-G35	=I35-G35	=J35-I35	=K35-J35	⋯	=T35-S35	=SUM(I18:T18)
利息费用	0.06	=G39*C19	=H39*D19	=I39*$D$19/365*I5	=J39*$D$19/365*J5	=K39*$D$19/365*K5	⋯	=T39*$D$19/365*T5	=SUM(I19:T19)
折旧费用	0.15	=G37	=-H36*D20	=-I36*$D$20/365*I5	=-J36*$D$20/365*J5	=-K36*$D$20/365*K5	⋯	=-T36*$D$20/365*T5	=SUM(I20:T20)
现金流入									
销售回款		=G13-G34	=H13-(H34+G34)	=I11-(I34+$G$34)	=J11-(J34+$G$34)	=K11-(K34+$G$34)	⋯	=T11-(T34+$G$34)	
贷款注入		=-G39	3 000	3 000	3 000	3 000	⋯	3 000	
资本注入		=-G42							
现金流出									

财务预算与控制

表8-22（续）

	A	...	D	...	G	H	I	J	K	.....	T	U
26	采购支出				=G14-G32	=H14-(H32-G32)	=I12-(I32-$G$32)	=J12-(J32-$G$32)	=K12-(K32-$G$32)		=T12-(T32-$G$32)	
27	付款延迟				=-G38	=-(H38-G38)	=-(I38-G38)	=-(J38-G38)	=-(K38-G38)		=-(T38-$G$38)	
28	费用支出				=G15+G16+G19	=H15+H16+H19	=I15+I16+I19	=J15+J16+J19+I28	=K15+K16+K19+J28		=T15+T16+T19+S28	
29	付费延迟				=-G40	=-(H40-G40)	=-(I40-G40)	=-(J40-G40)	=-(K40-G40)		=-(T40-$G$40)	
30	资本支出				=-G36	=-H30+G36	=H30	=I30	=J30		=S30	
31	货币资金				=SUM(G13:G30)	=SUM(H22:H30)+G31	=SUM(I22:I30)+$G$31	=SUM(J22:J30)+$G$31	=SUM(K22:K30)+$G$31		=SUM(T22:T30)+$G$31	
32	存货		45		=-G14/365*C32	=-H14/365*D32	=-I12/I6*I8	=-J12/J6*J8	=-K12/K6*K8		=-T12/T6*T8	
33	存货跌价准备				=-G32*C17	=-H32*D17	=-I32*$D$17	=-J32*$D$17	=-K32*$D$17		=-T32*$D$17	
34	应收账款		60		=G13/365*C34	=H13/365*D34	=I11/I6*I9	=J11/J6*J9	=K11/K6*K9		=T11/T6*T9	
35	坏账准备				=-G34*C18	=-H34*D18	=-I34*$D$18	=-J34*$D$18	=-K34*$D$18		=-T34*$D$18	
36	固定资产				=F36	=H30+G36	=$G$36-I30	=$G$36-J30	=$G$36-K30		=$G$36-T30	
37	累计折旧				=-G36*C20	=H20+G37	=G37+I20	=I37+J20	=J37+K20		=S37+T20	
38	应付账款		60		=G26/365*C38	=H26/365*D38	=I26/I6*I10	=J26/J6*J10	=K26/K6*K10		=T26/T6*T10	
39	银行借款				=F39	=-H23+G39	=$G$39-I23	=$G$39-J23	=$G$39-K23		=$G$39-T23	
40	预提费用				-1 200	-1 800	=$H$40/365*I6	=$H$40/365*J6	=$H$40/365*K6		=$H$40/365*T6	
41	本年利润结转				=-SUM(G13:G20)	=-SUM(H13:H20)+G41	=-SUM(I13:I20)+G41	=-SUM(J13:J20)+I41	=-SUM(K13:K20)+J41		=-SUM(T13:T20)+S41	
42	股本				=F42	=G42	=H42	=I42	=J42		=S42	
43	合计				=SUM(G31:G42)	=SUM(H31:H42)	=SUM(I31:I42)	=SUM(J31:J42)	=SUM(K31:K42)		=SUM(T31:T42)	

表 8-23 ABC 公司 2023 年月度预算表

单位：万元

预算项目	变量指标 实际	变量指标 预测	变量指标 预算	标识	实际数	滚动预算	年度预算	1	2	3	4	5	6	7	8	9	10	11	12	合计
经营天数	273	365						31	28	31	30	31	30	31	31	30	31	30	31	365
累计经营天数								31	59	90	120	151	181	212	243	273	304	334	365	365
销售波动率								97%	63%	83%	90%	106%	120%	110%	104%	140%	102%	94%	89%	1 198%
存货周转天数								45	45	45	45	45	45	45	45	45	45	45	45	45
收款期								60	60	60	60	60	60	60	60	60	60	60	60	60
付款期								60	60	60	60	60	60	60	60	60	60	60	60	60
累计营业收入								8 238	13 071	20 121	27 518	36 521	46 384	55 726	64 559	76 066	84 729	92 455	100 000	100 000
累计营业成本								-5 767	-9 150	-14 084	-19 262	-25 564	-32 468	-39 008	-45 191	-53 246	-59 310	-64 718	-70 000	-70 000
营业收入				A	56 000	70 000	100 000	8 238	4 833	7 049	7 397	9 003	9 863	9 342	8 833	11 507	8 663	7 726	7 545	100 000
营业成本	0.68	0.68	0.7		-38 080	-47 600	-70 000	-5 767	-3 383	-4 935	-5 178	-6 302	-6 904	-6 540	-6 183	-8 055	-6 064	-5 408	-5 282	-70 000
变动经营费用	0.08	0.08	0.08		-4 480	-5 600	-8 000	-659	-387	-564	-592	-720	-789	-747	-707	-921	-693	-618	-604	-8 000
固定经营费用				A	-8 600	-11 000	-12 000	-1 019	-921	-1 019	-986	-1 019	-986	-1 019	-1 019	-986	-1 019	-986	-1 019	-12 000
存货跌价损失	0.10	0.08	0.04		-574	-417	72	82	56	-3	-7	-16	-18	-8	-4	-16	0	2	4	72
坏账损失	0.05	0.05	0.06		-580	-479	-507	-477	159	-7	-21	-45	-52	-24	-10	-47	0	7	10	-507
利息费用	0.11	0.11	0.06		-540	-704	-564	-48	-43	-48	-46	-48	-46	-48	-48	-46	-48	-46	-48	-564
折旧费用	0.25	0.2	0.15		-1 660	-1 800	-1 500	-127	-115	-127	-123	-127	-123	-127	-127	-123	-127	-123	-127	-1 500
现金流入																				
销售回款					45 200	60 411	93 151	1 882	9 367	16 296	23 348	31 598	40 597	49 544	58 207	68 937	77 595	85 435	93 151	93 151
贷款注入					6 400	6 400	3 000	3 000	3 000	3 000	3 000	3 000	3 000	3 000	3 000	3 000	3 000	3 000	3 000	3 000
资本注入				A	6 000	6 000														

财务预算与控制

表8-23（续）

2023年预算模式：进取型

项目	系数/标记			ABC公司										进取型		
现金流出																
采购支出				-43 820	-52 816	-73 414	-8 922	-10 912	-15 910	-21 269	-27 966	-35 324	-42 072	-48 344	-56 806	-62 873	-68 221	-73 414
付款延迟				10 600	10 129	1 939	7 139	968	478	506	983	1 581	1 778	1 807	2 356	2 280	2 126	1 939
费用支出				-13 620	-17 304	-20 564	-1 726	-3 077	-4 708	-6 332	-8 119	-9 941	-11 756	-13 529	-15 482	-17 243	-18 893	-20 564
付费延迟				900	1 200	600	-1 047	-909	-756	-608	-455	-307	-155	-2	146	299	447	600
资本支出	A			-9 000	-9 000	-1 000	-1 000	-1 000	-1 000	-1 000	-1 000	-1 000	-1 000	-1 000	-1 000	-1 000	-1 000	-1 000
货币资金				2 660	5 020	8 732	4 345	2 457	2 419	2 663	3 060	3 624	4 359	5 160	6 170	7 078	7 913	8 732
存货	41.15	40	45	5 740	5 216	8 630	8 371	6 979	7 042	7 223	7 619	8 072	8 280	8 369	8 777	8 779	8 720	8 630
存货跌价准备				-574	-417	-345	-335	-279	-282	-289	-305	-323	-331	-335	-351	-351	-349	-345
应收账款	52.65	50	60	10 800	9 589	16 438	15 945	13 293	13 414	13 759	14 511	15 376	15 772	15 940	16 718	16 723	16 609	16 438
坏账准备				-580	-479	-986	-957	-798	-805	-826	-871	-923	-946	-956	-1 003	-1 003	-997	-986
固定资产				9 000	9 000	10 000	10 000	10 000	10 000	10 000	10 000	10 000	10 000	10 000	10 000	10 000	10 000	10 000
累计折旧				-1 660	-1 800	-3 300	-1 927	-2 042	-2 170	-2 293	-2 421	-2 544	-2 671	-2 799	-2 922	-3 049	-3 173	-3 300
应付账款	66.04	70	60	-10 600	-10 129	-12 068	-17 268	-11 097	-10 607	-10 635	-11 113	-11 710	-11 907	-11 937	-12 485	-12 409	-12 255	-12 068
银行借款				-6 400	-6 400	-9 400	-9 400	-9 400	-9 400	-9 400	-9 400	-9 400	-9 400	-9 400	-9 400	-9 400	-9 400	-9 400
预提费用				-900	-1 200	-1 800	-153	-291	-444	-592	-745	-893	-1 045	-1 198	-1 346	-1 499	-1 647	-1 800
本年利润结转	A			-1 486	-2 399	-9 900	-2 622	-2 822	-3 168	-3 612	-4 337	-5 281	-6 110	-6 845	-8 157	-8 868	-9 421	-9 901
股本				-6 000	-6 000	-6 000	-6 000	-6 000	-6 000	-6 000	-6 000	-6 000	-6 000	-6 000	-6 000	-6 000	-6 000	-6 000
合计				0	0	0	0	0	0	0	0	0	0	0	0	0	0	0

注：此表仅保留整数，数字出入系四舍五入所致。

第四节　月度预算的解读

一、预算期基本财务状况解读

ABC 公司 2023 年年度预算和月度预算的结果，可以首先归结出利润表、资产负债表和现金预算中的三个关键指标（利润、资产负债率和现金余额）的分月数和年度数，这通过表 8-24 可以看出。

表 8-24　基本财务数据

单位：万元

项目	1	2	3	4	5	6	7	8	9	10	11	12	全年
资产合计	35 443	29 610	29 619	30 238	31 594	33 283	34 462	35 380	37 388	38 177	38 724	39 169	39 168
负债合计	26 821	20 788	20 451	20 627	21 257	22 002	22 353	22 535	23 231	23 308	23 302	23 268	23 268
负债率	76%	70%	69%	68%	67%	66%	65%	64%	62%	61%	60%	59%	59%
利润	223	199	347	443	725	944	829	735	1 313	711	553	479	7 501
现金	4 345	2 457	2 419	2 663	3 060	3 624	4 359	5 160	6 170	7 078	7 913	8 732	8 732

从表 8-24 可以看出，ABC 公司的资产负债率水平一直保证相对稳健的水平，从 1 月份最高的 76% 逐渐下降至年底的 59%；从利润的角度来看，公司每月均处于盈利状态；从资金的角度来看，由于二月份公司销售进入淡季，现金比一月份大幅下降，而后逐步上升，至年末达到 8 732 万元。

二、现金安全存量

在前面的叙述中，我们一直未提及现金安全存量的问题。企业基于交易性需求、预防性需求和投机性需求，要保有一定的现金余额，财务学中称之为最佳现金持有量。财务管理的教科书中均讲述了 3 种确定现金安全存量的方法，即成本分析模式、存货模式和现金周转模式，但是由于过于理论化，且将最困难的年现金需求量作为已知条件处理，这 3 种方法缺乏现实应用的基础。企业实践中的现金安全存量的方法有很多，我们在这里介绍一种常用的方法，其公式如下：

现金安全存量 = 刚性现金流出量 ÷ 累积经营天数 × 应收账款周转天数

刚性现金流出很难准确地估计，本例中可以用经营费用支出替代，其计算结果见表 8-25。

203

表 8-25　现金安全存量与现金余缺

项目	1	2	3	4	5	6	7	8	9	10	11	12	全年
累积经营天数	31	59	90	120	151	181	212	243	273	304	334	365	365
变动经营费用	659	387	564	592	720	789	747	707	921	693	618	604	8 000
固定经营费用	1 019	921	1 019	986	1 019	986	1 019	1 019	986	1 019	986	1 019	12 000
合计	1 678	1 307	1 583	1 578	1 739	1 775	1 767	1 726	1 907	1 712	1 604	1 623	20 000
累计支出	1 678	2 985	4 569	6 147	7 886	9 661	11 428	13 154	15 061	16 773	18 377	20 000	2 000
现金安全存量	3 248	3 036	3 046	3 073	3 134	3 203	3 234	3 248	3 310	3 310	3 301	3 288	3 288
现金预算	4 345	2 457	2 419	2 663	3 060	3 624	4 359	5 160	6 170	7 078	7 913	8 732	8 732
现金余缺	1 097	-579	-626	-410	-74	422	1 125	1 912	2 860	3 768	4 612	5 444	5 444

从表 8-25 可以看出，在 2~5 月份，企业现金低于安全存量，需要通过挖掘内部潜力或外部融资的方式解决。

三、借款和还款日期的选择与营运资金政策的调整

在第七章结尾时我们曾提及，预算年度的现金余额为 8 732 万元，而且预算期内计划借款 3 000 万元，当时大家可能存在疑问——既然有了这么多的现金，还需要动用企业的融资能力吗？我们通过表 8-25 明显可以看出以下两点：

（1）若不考虑现金安全存量，企业需要在 2 月份开始借款，还款期可以在 5 月份。

（2）如果考虑现金安全存量，企业年初就需要借款，最早在 10 月份还清全部款项。

如果只有年度预算，企业是不可能做出合理的资金安排的。只有进行月度分解，编制出月度预算，企业才可以在年度经营过程中调整和控制运营节奏，从而从容地面对供应市场和销售市场的变化。

针对供销市场变动，企业可以调整自身的营运资金政策，如在上半年放松应收账款政策，在下半年加紧收款；也可以考虑在销售的旺季放松应收账款政策，在淡季加大收款力度。当然这些都需要资金的支持，需要营运资金政策与外部融资策略相结合。

四、存货与营业成本的问题

至此，我们已经解决了预算中的绝大部分问题。但是还有两个重要项目需要在此加以说明，即存货与营业成本。

（一）存货问题

存货是一个外延宽泛的概括性项目。从财务会计的角度来看，存货分为材料、燃料、低值易耗品、在产品、半成品、产成品等；而从预算管理的角度来看，存货

分为采购阶段存货、生产阶段存货和销售阶段存货，不同阶段存货的责任主体不同，编制预算时有必要将其分开考虑。

（1）采购阶段是从原材料入库到被生产部门领用之间的阶段，该阶段的主要责任中心是采购部门。采购阶段存货决策不能走两个极端，一是不能一味地考核采购单价而驱使采购部门不顾生产需求进行大批量采购，二是不能搞丰田式的零库存模式，原因我们前面已经谈及。因此采购阶段应该坚持经济订货批量原则。编制采购期预算时应考虑四个问题：一是考虑库存物品的物理特性，采购期不能超出材料保存期；二是考虑采购量的性价比，即商业折扣问题；三是考虑市场供求情况；四是考虑企业的现金支付能力。

（2）生产阶段是从生产部门应用到产成品验收入库的阶段，该阶段的主要责任中心是生产部门。生产阶段存货的多少与生产组织、工艺流程、物流方式等相关，该阶段存货过多或过少都会给采购部门传递错误信息，同时在产品存量大占用资金就大，企业会付出过高的融资成本。而且在产品存量大从某种意义上说明企业的生产效率低下，因此必须控制这一阶段的在产品存量。

（3）销售阶段是从产成品验收入库到销售合同签订取得价款或债权的阶段。产成品存货数量受到生产和销售速度的影响，销售慢于生产则产成品增加。在"以销定产、以产订购"的运作方式下，生产部门的生产组织是以销售为导向的，因此，该阶段的主要责任中心是销售部门。销售期预算要考虑销售速度、生产速度、产成品保存期、安全存量等因素。

（二）营业成本问题

营业成本源于产品销售中产成品成本的结转，因此营业成本问题与存货问题密切相关。

首先，在预算编制中，我们并没有将营业成本分解成变动成本与固定成本两个部分，主要是因为没有分解的必要。因为固定成本仅在生产成本中是固定的，比如说固定成本10万元，本月生产产品1万件，那么其单位固定成本便是10元/件，但一旦转到产成品和营业成本，卖出一件产品，营业成本中的固定部分就是10元，卖出100件就是1 000元，固定成本此时完全变成了变动成本。

其次，仅仅考察营业成本本身的大小，很难找到责任部门。销售部门、生产部门、研发部门、人力资源部门等都可能要承担相关的责任。

如何解决存货与营业成本的问题，必须深入企业内部找出原因所在，这就需要财务控制和成本核算发挥作用，这也是下一章我们要解决的问题。

第九章
财务控制

本章以制造业企业为研究对象，从成本与费用的角度，将成本预算、成本核算、成本控制、成本分析有机结合，介绍财务控制的具体方法，主要包括定额成本法与标准成本法。

第一节　财务控制概述

财务控制，是根据财务计划及相关规定，对实际财务活动进行对比检查，发现偏差、纠正偏差的过程。鉴于本书分析的对象是制造类企业，本章主要从成本费用控制的角度，介绍财务控制的具体方法。

成本控制主要是利用成本核算所提供的各种信息资料，计算实际成本与预算成本或目标成本的差异，通过财务分析找出产生差异的责任单位与原因，并采取措施，消除不利差异，实现预算目标的过程。

按照预算成本的不同，成本控制的方法可以分为计划成本法、定额成本法、标准成本法等。计划成本的计算依据是计划期内（多为 1 年）的平均先进水平，而定额成本的计算依据是现行消耗定额，前者在计划期内较少修改，而后者可能会随时修改；标准成本是排除了偶然与意外情况后需要努力方可达到的成本消耗水平，在工艺技术变化不大时持续使用，不需经常修订。以数额大小排序，可得定额成本>计划成本>标准成本，因此定额成本最容易完成，标准成本最难完成，标准成本下的成本差异多为正数，即为超支差。

计划成本法在财务会计与成本会计中都有具体说明，如原材料的计划成本法、制造费用按计划成本分配、辅助生产成本按计划成本分配、多步骤生产中采用分批法按计划成本结转等，因此本章重点讲述定额成本法与标准成本法。

第二节 定额成本控制

一、定额成本的概念

定额成本法是以产品品种或批别作为成本计算对象，根据产品的实际产量，计算产品的定额生产费用以及实际费用脱离定额的差异，用完工产品的定额成本加减定额差异、定额变动差异、材料成本差异，从而计算出完工产品与在产品成本的一种方法。

从预算的角度来看，定额成本法是为了加强成本控制，及时揭露预算执行过程中存在的问题，发现偏差、纠正偏差，实现预算管理的目标。定额成本法一般适用于产品已经定型、产品品种稳定、各项定额预算比较齐全准确、原始记录健全的企业。

从成本计算的角度来看，定额成本法下，实际成本的计算异于其他成本计算方法，如品种法、分步法是在生产费用实际发生额的基础上减去在产品成本从而计算完工产品成本。而定额成本法是在定额成本的基础上，加减脱离定额差异、定额变动差异计算完工产品成本，若原材料按照计划成本计算，还要加减材料成本差异。具体计算过程如下：

产品实际成本＝定额成本±脱离定额差异±定额变动差异±材料成本差异

二、定额成本的计算

定额成本是根据现行消耗定额和计划单位成本编制的成本费用预算。实际成本与定额成本之间的差异应随时找出原因，并采取措施，消除不利差异，不断降低产品成本。

直接材料定额成本＝材料消耗定额×材料计划单位成本

直接人工定额成本＝工时定额×计划小时工资率

制造费用定额成本＝工时定额×计划小时工资率

某产品的定额成本＝直接材料定额成本＋直接人工定额成本＋制造费用定额成本

定额成本与计划成本不同，虽然两者都是以定额为基础进行计算的，但仍有很大区别，主要表现在计算依据和用途的不同上。定额成本的计算依据是现行消耗定额和费用预算，主要用于企业内部进行成本控制和预算考核。在现有的技术条件下，它能反映企业当前应达到的成本水平，同时又能衡量企业成本费用节约或超支的情况。随着生产条件的变化、劳动生产率的提高，企业应随时对定额成本进行修订，使之与当前水平相适应。为及时反映定额的执行情况，企业应及时、经常地对定额的变动情况进行考核。

计划成本计算的依据主要是计划期内平均先进的消耗定额和费用预算，该指标反映企业在计划期内应当达到的成本水平，这主要是为了进行以原材料为主的成本项目考核，为企业预算管理中的财务预测与财务决策提供资料。在整个计划期内，计划成本一般不进行修改，因而不必核算计划成本的变动差异。

三、定额成本法中的差异

定额差异是指生产过程中各项实际生产费用脱离现行定额的差异，它反映了各项生产费用支出的合理程度和现行定额的执行情况。企业应及时对定额差异进行核算，以便控制生产费用的发生，降低产品成本。定额差异的计算，是采用定额成本法计算产品成本的一个重要环节。对定额成本差异，一般按成本项目即直接材料、直接人工、制造费用进行计算。

（一）直接材料定额差异的计算

直接材料脱离定额差异的计算一般有两种方法。

1. 限额领料法

所谓限额领料法是根据企业制定的材料消耗定额来核算材料定额差异的一种方法。采用限额领料法来核算材料脱离定额的差异时，一般应实行限额领料制度。企业预算部门应根据产品定额计算表中所确定的产品消耗定额编制"限额领料单"交给各单位，按限额领料单中所规定的限额领料。这样，在限额领料单的限额内领料，可以控制材料的消耗量。凡是超过限额的领料，企业应设置专门的"超额领料单"等差异凭证。如果领用代用材料，则应将领用代用材料的数量折算成原定额材料的数量，在限额领料单内冲减相应的数量。对于车间已领未用的材料，企业应及时办理"假退库"手续。如果车间超限额领料是因为增加产量引起的，企业则应办理追加限额手续，仍采用限额领料单领料。月末时，企业将限额领料单内的材料余额和各种差异凭证进行汇总，即可计算出定额差异。其计算公式如下：

某产品直接材料脱离定额差异＝（该产品直接测量实际耗用量－该产品材料定额耗用量）×材料计划单位成本

采用限额领料时，应注意的是，在存在期初和期末余额的前提下，领料差异和耗用差异有时并不一致，应按以下公式计算本期直接材料的实际消耗量：

本期直接材料实际消耗量＝本期领用材料数量＋期初结余材料数量－期末结余材料数量

2. 盘存法

所谓盘存法是根据定期盘点的方法来计算材料的定额消耗量和脱离定额差异的方法，计算的时间可以是日、周、旬。这种方法的核算程序是：首先，用本期完工产品数量加上期末在产品数量，减去期初在产品数量，计算出本期投产数量，其中期末在产品数量是根据盘存数量计算的；其次，根据材料的消耗定额，计算出产品材料的实际消耗量；再次，根据材料的定额领料凭证、差异凭证、车间的盘存资料，计算出产品的实际消耗量；最后，将产品的实际消耗量和定额消耗量进行比较，计算出材料脱离定额。

企业在按盘存法核算定额差异时，应尽量缩短材料定额差异的核算期，以期及时发现差异、控制材料消耗、找出产生差异的原因与责任单位，并提出进一步的改进措施。

同时，缩短核算期能将差异的核算工作分散在平时进行，有利于核算工作的及时性。但采用这种方法计算投产量时，期末盘存数是通过倒挤的方法进行的，计算结果不够准确，而且可能掩盖领用中的问题，这点和实地盘存制的缺陷类似。

在实际工作中，企业无论采用何种方法，都应根据各种领料凭证和差异凭证，按照产品成本计算对象汇总编制"材料定额费用与脱离定额差异汇总表"，表中应详细列明该批货、该种产品所耗各种材料的计划成本、定额费用、定额差异及差异产生的原因，并据以登记"生产成本明细账"和各种产品成本计算单。

（二）直接人工定额差异的计算

工资定额的差异计算，会由于不同企业所采用的工资形式不同而有所不同。

（1）若企业采用计件工资形式，则按计件单价计算支付的工资都是定额工资，登记在产量记录中。脱离定额的差异，经审批后，应登记在"工资补付单"等差异凭证中。

（2）若企业采用计量工资形式，如果生产工人工资是直接计入产品成本中的，其定额差异计算公式如下：

某产品直接人工脱离定额差异＝该产品直接人工实际数－（该产品实际产量×单位产品定额工资）

若生产工人工资是根据实际工时比例分配计入产品成本的，则其差额可按下式计算：

某产品直接人工脱离定额差异＝（该产品实际产量的实际生产工时×实际单位小时工资）－该产品实际产量的定额生产工时×计划单位小时工资

实际单位小时工资＝某车间实际生产工人工资总额÷该车间实际生产工时总数

计划单位小时工资＝某车间计划产量的定额生产工人工资总额÷该车间计划产量的定额生产工时总数

计算工资费用脱离定额差异时，企业应按产品的成本计算对象，汇总编制"定额工资和定额差异汇总表"。在该表内，应汇总登记定额工资、实际工资、工资差异原因等，并据以登记生产成本明细账和相关产品成本计算单，考核和分析各种产品生产工人的执行情况。

（三）制造费用定额差异的计算

制造费用属于部门费用、间接费用，不能在费用发生时直接按产品确定其定额的差异。企业在日常核算中，主要是通过制定费用预算，按照费用的性质下达各车间，并采用费用限额手册，对各车间的费用支出进行核算和管理，计算费用脱离定额即费用预算的差异数额。该项差异一般在月末实际费用分配到产品之后才能确定。

差异额的计算公式如下：

某车间的制造费用定额差异＝该产品实际制造费用－（该产品实际产量的定额工时×计划小时制造费用）

工资费用定额差异和制造费用定额差异均受工时差异和小时分配率差异两个因素影响，因此，要使这两项费用定额的不利差异不断降低，不仅要控制实际费用总额，还要降低工时的消耗。

对于生产过程中发生的废品损失，应采用废品通知单和废品计算表的方式单独反映，其中不可修复废品的成本可按定额成本计算，因在定额成本中不包括废品损失和停工损失，故全部作为定额差异处理。

通过上述分析，我们介绍了定额差异的计算，计算出这一差异后，应采用不同的方法进行处理。如果期末在产品数量较少，为了简化核算工作量，可将定额差异全部计入完工产品成本中；如果期末在产品数量变化较大，则定额差异应按完工产品和在产品的定额成本比例，在完工产品和在产品之间进行分配，其计算公式如下：

定额差异分配率＝定额差异合计÷（完工产品定额成本＋在产品定额成本）

完工产品应分摊的定额差异＝完工产品定额成本×定额差异分配率

在产品应分摊的定额差异＝在产品定额成本×定额差异分配率＝定额差异合计－完工产品应分摊的定额差异

四、定额变动差异的计算

所谓定额变动差异是指由于对旧定额进行修改而产生的新旧定额之间的差额。定额变动差异的产生，说明企业生产技术水平提高和生产组织的改善对定额的影响程度，它是定额本身变动的结果，与生产费用的节约或超支无关。

定额变动差异与定额差异的主要区别有二：其一，定额变动差异不是经常发生的，核算频率较低，只有在发生变动时才需要核算；定额差异是经常发生的，为了及时了解定额差异产生的原因与责任单位，不断降低生产成本，应及时对脱离定额的差异进行核算。其二，定额成本变动差异是与某一产品相联系的，对哪一种产品的定额进行修改，定额变动差异就可以直接计入该种产品的成本之中，而不能转入其他产品；定额差异一般不是由某一种产品引起的，而是企业各方面工作的综合结果，因而不一定直接计入某种产品的成本之中，往往采用分配的方法在各有关产品中进行分配。

综上所述，定额变动差异是由于对旧定额进行修改而产生的，企业对旧定额修改一般发生在年初或月初，这样当月投产的新产品应按新定额计算其定额成本。在实行新定额的月初如果有在产品，其定额成本是按旧定额计算的。为了使月初在产品和本月投产的新产品的定额成本保持一致，应将月初在产品的定额成本进行调整，按新定额计算，使其能够与本月投产的新产品的定额成本相加。为此，应按成本项目即直接材料、直接人工、制造费用计算定额变动差异，该差异在调整月初在产品定额成本的同时，还应该调整本月产品成本，这两方面的金额相等、方向相反。因此，实际上完工产品和月末在产品的总成本不变，只是其内部表现形式的改变。如果消耗定额降低，月初在产品的定额成本减少，但定额变动差异增加，那么在将其从月初在产品的定额成本扣除的同时，还应将其计入本月生产成本与费用之中，反之亦然。

【例9-1】ABC 公司月初在产品 300 件，直接材料单位定额成本为 50 元，从本月起直接材料定额成本降低为 48 元，本月投产 600 件，实际发生材料费用 31 000 元，900 件产品本月全部完工。假定原材料于投产时一次性投入，其实际成本的计算过程如下：

月初在产品材料定额成本	300×50＝15 000（元）
加：月初在产品材料定额的变动	（48-50）×300＝-600（元）
加：本月投产产品材料定额成本	48×600＝28 800（元）
定额成本合计	43 200（元）
加：材料定额超支	31 000-28 800＝2 200（元）
加：材料定额变动差异	600（元）
完工产品直接材料实际成本	46 000（元）

若期末有在产品，定额成本变动差异不应全部计入当月产成品成本中，而应按照完工产品和在产品的定额成本比例在完工产品和在产品之间进行分配。其计算公式如下：

定额变动差异分配率＝定额变动差异合计÷（完工产品定额成本+在产品定额成本）

完工产品应负担的定额成本变动差异＝完工产品定额成本×定额变动差异分配率

在产品应负担的定额成本变动差异＝在产品定额成本×定额变动差异分配率＝定额变动差异合计-完工产品应负担的定额成本变动差异

如果定额变动差异不大，在产品可不承担定额变动差异，而全部由完工产品负担。

按定额成本法计算产品成本时，材料的日常核算一般都是按计划成本进行的，因此在月末时，还应计算完工产品应负担的材料成本差异，将材料的计划成本调整为实际成本，其计算公式如下：

某产品应分配的材料成本差异＝（该产品直接材料的定额成本±直接材料脱离定额差异）×材料成本差异率

在定额成本法下，产品实际成本就是由上述各个项目组成的，将其相加就是完工产品的实际成本，其计算公式如下：

产品实际成本＝定额成本±脱离定额差异±定额变动差异±材料成本差异

五、定额成本的计算及账务处理程序

（一）定额成本法核算思路

1. 设置产品成本计算单

定额成本法下，应按产品分别设置产品成本计算单。在该成本计算单的月初在产品成本、本月生产费用、生产费用合计、完工产品成本和在产品成本栏中，应分别设置"定额成本""定额差异""定额变动差异"等栏目。

2. 计算定额变动差异

若本月初定额发生变动，则应计算月初在产品定额变动差异数额，并填入相应栏目中。

3. 分配费用

本月发生的费用，应区分为定额成本和定额差异两部分。对于定额成本，应列入本月费用的"定额成本"项目下；对于定额差异，则应列入"定额差异"栏中。

4. 计算费用合计

费用合计是在月初在产品成本的基础上，加上本月发生的费用计算得出的。在计算时，应分别计算定额成本、定额差异和定额变动差异。

5. 计算完工产品和在产品的定额成本

完工产品的定额成本是按完工产品的数量乘以产品的定额成本计算的；在产品的定额成本是用定额成本减去完工产品的定额成本计算得出的。

6. 分配定额差异和定额变动差异

若定额差异和定额变动差异很小，为了简化成本核算工作，可将定额差异和定额变动差异全部计入完工产品；否则，应将定额差异和定额变动差异按定额成本的比例，在完工产品和在产品之间进行分配。

7. 计算完工产品成本

将完工产品的定额成本、定额差异、定额变动差异相加，就是完工产品的实际成本。

（二）定额成本法计算举例

【例9-2】

◆ 相关资料：

（1）产品定额成本计算表或产品定额卡如表9-1所示。

表9-1　产品定额成本计算表

产品：甲　　　　　　　　　　　　　　　　2022年1月

材料编号及名称	计算单位	材料消耗定额	计划单价	材料费用定额
××××	千克	60千克/件	10元/千克	600元
工时定额	直接人工		制造费用		产品定额成本合计
	工资率	金额	费用率	金额	
40	3元/小时	120元	3.5元/小时	140元	860元

该企业原材料一次性投入，由于工艺改进，2022 年 6 月材料消耗定额调降为 57.6 千克。

（2）月初在产品定额成本和脱离定额差异如表 9-2 所示。

表 9-2　月初在产品成本资料

产品：甲　　　　　　　　　　　　2022 年 7 月　　　　　　　　　　　单位：元

成本项目	定额成本	脱离定额差异
直接材料	6 000	-300
直接人工	600	+50
制造费用	700	+80
合计	7 300	-170

（3）7 月份生产量和生产费用。

甲产品月初在产品 10 件，本月投产 50 件，月末完工 48 件，在产品 12 件；月初与月末在产品的完工程度均为 50%。本月投入的定额工时为 1 960 小时 [48×40+(12-10)×40×0.5]。

据限额领料单，企业 7 月份实际使用材料 2 800 千克，金额为 28 000 元，材料成本差异率为 4%，实际生产工人工资为 6 235 元，实际制造费用为 6 380 元。

◆ 差异核算与产品成本计算表的编制

定额成本与差异汇总表如表 9-3 所示。

表 9-3　定额成本与差异汇总表

单位：元

成本项目	定额成本	实际费用	脱离定额差异	定额变动差异	材料成本差异
直接材料	28 800	28 000	-800	+240	+1 120
直接人工	5 880	6 235	+355		
制造费用	6 860	6 380	-480		
合计	41 540	40 615	-925		

注：直接材料定额成本 = 投产量×费用定额 = 50×576 = 28 800（元）

账务处理：

①领料和结转材料成本差异。

借：基本生产成本——材料定额成本　　　　　　　　　　28 800

　　基本生产成本——脱离定额差异　　　　　　　　　　-800

　　贷：原材料　　　　　　　　　　　　　　　　　　　28 000

借：基本生产成本——材料成本差异　　　　　　　　　　1 120

　　贷：材料成本差异　　　　　　　　　　　　　　　　1 120

②结转直接人工费用。

借：基本生产成本——直接人工定额成本　　　　　　　　5 880

　　　　　　基本生产成本——脱离定额差异　　　　　　　　　　355

　　　　贷：应付职工薪酬　　　　　　　　　　　　　　　　　　　　6 235

　　③结转制造费用。

　　借：基本生产成本——制造费用定额成本　　　　　　　　6 860

　　　　基本生产成本——脱离定额差异　　　　　　　　　　−480

　　　　贷：制造费用　　　　　　　　　　　　　　　　　　　　　6 380

　　④定额变动差异不必进行账务处理。

　　产品成本计算表如表9-4所示。

表9-4　产品成本计算表

单位：元

成本项目		直接材料	直接人工	制造费用	合计
月初 在产品成本	定额成本	6 000	600	700	7 300
	脱离定额差异	−300	+50	+80	−170
月初在成品 定额变动	定额成本调整	−240			−240
	定额变动差异	+240			+240
本月 生产费用	定额成本	28 800	5 880	6 860	41 540
	脱离定额差异	−800	+355	−480	−925
	材料成本差异	+1 120			+1 120
生产费用 合计	定额成本	34 560	6 480	7 560	48 600
	脱离定额差异	−1 100	+405	−400	−1 095
	材料成本差异	+1 120			+1 120
	定额变动差异	+240			+240
脱离定额差异分配率		−0.031 828 7	+0.062 5	−0.052 91	−0.022 238 7
产成品 成本	定额成本	27 648	5 760	6 720	40 128
	脱离定额差异	−880	+360	−355.56	−875.56
	材料成本差异	+1 120			+1 120
	定额变动差异	+240			+240
	实际成本	28 128	6 120	6 364.44	40 612.44
月末 在产品成本	定额成本	6 912	720	840	8 472
	脱离定额差异	−220	+45	−44.44	−219.44

　　⑤产成品验收入库的账务处理。

　　借：库存商品——甲产品　　　　　　　　　　　　　40 612.44

　　　　贷：基本生产成本——定额成本　　　　　　　　　　40 128

　　　　　　　　　　　　——脱离定额差异　　　　　　　　−875.56

　　　　　　　　　　　　——材料成本差异　　　　　　　　1 120

　　　　　　　　　　　　——定额变动差异　　　　　　　　240

第三节　标准成本控制

一、标准成本的概念与分类

标准成本是通过精确的调查、分析与技术测定而制定的，用来评价实际成本、衡量工作效率的一种预算成本。在标准成本中，基本上排除了不应发生的浪费，因此其被认为是一种"应该成本"。

按照不同条件，标准成本有不同的分类方法。

1. 按照成本制定所依据的生产技术和管理水平不同，标准成本主要分为理想标准成本与正常标准成本

（1）理想标准成本是指在最优的生产条件下，利用现有的规模和设备能够达到的最低成本。制定理想标准成本的依据是理论上的业绩标准、生产要素的理想价格和可能实现的最高生产经营能力利用水平。因此，这种标准是"工厂的极乐世界"，很难成为现实，即使暂时出现也不能持久。它的主要用途是提供完美无瑕的目标，揭示现实成本下降的潜力。因其提出的要求太高，很难作为预算考核的依据，因此成本费用预算中不会以该成本作为编制依据。

（2）正常标准成本是指在效率良好的条件下，根据预期一般应发生的生产要素消耗量、预计价格和预计生产能力利用程度制定出来的标准成本。在制定这种标准成本时，应把生产经营活动中一般难以避免的损耗和低效率等情况考虑在内，使之切合预算期的实际情况，成为切实可行的控制标准。从具体数量上看，正常标准成本肯定大于理想标准成本，但又小于历史平均水平，实施后实际成本更大的可能是逆差而不是顺差，故正常标准成本是要经过努力才能达到的一种标准，可以调动员工的积极性。这也是我们前面谈到的，标准成本低于计划成本和定额成本的原因。

2. 按照适用期不同，标准成本分为现行标准成本和基本标准成本

（1）现行标准成本是指根据其使用期间应该发生的价格、效率和生产经营能力的利用程度等预计的标准成本。在这些决定因素发生变化时，需要按照改变了的情况加以修订。这种标准成本可以成为评价预期成本执行情况的依据，也可以用来对存货和销售成本进行计价。

（2）基本标准成本是指一经制定，只要生产的基本条件无重大变化，就不予变动的一种标准成本。所谓生产的基本条件的重大变化是指产品的物理结构变化、重要材料和劳动力价格的重要变化、生产技术和工艺的根本变化等。基本标准成本与前期实际成本对比，可反映成本变化的趋势。现行标准成本适用于生产条件相对稳定的企业的预算编制，而基本标准成本适用于生产条件经常发生变动的企业预算编制。

二、标准成本差异分析

标准成本作为一种预算成本，由于种种原因，在预算执行过程中可能与实际成本不符。实际成本与标准成本之间的差额成为标准成本差异，该差异反映了实际成本脱离预算程度的信息。为了消除这种偏差，要对产生的成本差异进行分析，找出责任单位及原因，提出对策，以便消除不利差异，保证预算目标的实现。

正如前面章节所指出的，从预算的角度来看，成本费用应该按照成本性态，区分为变动成本与固定成本。在标准成本差异分析中，也应该将生产成本区分为变动与固定两个部分，并按照价格差异与数量差异进一步计算各类差异。

（一）价格差异与数量差异分析

标准成本差异是产品的实际生产成本与标准成本之间的差额，其计算公式如下：

标准成本差异＝产品的实际成本－产品的标准成本

如果上式的计算结果为正，表示实际成本大于标准成本，称为不利差异；如果计算结果为负，表示实际成本小于标准成本，称为有利差异。对于不利差异应该及时找出原因和相关的责任单位，提出进一步的改进措施，以便尽快消除；对于有利差异，也应及时总结经验，巩固成绩。

标准成本差异首先可以分为价格差异和数量差异两种。两种差异的计算推导过程如下：

实际成本＝实际数量×实际价格

标准成本＝标准数量×标准价格

成本差异＝实际成本－标准成本＝实际数量×实际价格－标准数量×标准价格

＝实际数量×实际价格－实际数量×标准价格＋实际数量×标准价格－标准数量×标准价格

＝实际数量×（实际价格－标准价格）＋（实际数量－标准数量）×标准价格

＝价格差异＋数量差异

即价格差异＝实际数量×（实际价格－标准价格），而数量差异＝（实际数量－标准数量）×标准价格。

掌握标准成本时，应记住一个规则：价差对应的是实际数量，量差对应的是标准价格。计算的过程中应考虑"先价差后量差"的原则。

（二）变动成本差异分析

成本会计中，按照经济用途可以将成本费用分为直接材料、直接人工和制造费用，其中直接材料和直接人工属于变动成本，制造费用可以进一步分为变动制造费用和固定制造费用。本部分首先对变动成本部分即直接材料、直接人工、变动制造费用的成本差异，在价格差异和数量差异的基础上进行分析。

1. 直接材料成本差异分析

直接材料实际成本与标准成本的差异之间的差额，即为直接材料成本差异。其差异成因有二，一是价格脱离标准，二是数量脱离标准。前者按实际用量计算，称为价格差异，后者按标准价格计算，称为数量差异。

直接材料价格差异＝实际数量×（实际价格－标准价格）

直接材料数量差异＝（实际数量－标准数量）×标准价格

【例9-3】ABC公司本月生产产品400件，使用材料2 500千克，材料单价0.55元/千克；直接材料的单位产品标准成本为3元，即每件产品用量标准为6千克/件，标准价格为0.5元/千克。

直接材料价格差异＝2 500×（0.55-0.5）＝125（元）

直接材料数量差异＝（2 500-400×6）×0.5＝50（元）

直接材料价格差异与数量差异之和，即为直接材料成本总差异。

直接材料差异＝实际成本-标准成本＝2 500×0.55-400×6×0.5＝175（元）

直接材料差异＝价格差异+数量差异＝125+50＝175（元）

直接材料区分价格差异与数量差异一方面是为找出责任单位，另一方面可以以此为基础更准确地找到差异成因，为解决不利差异和预算的考核与奖惩提供意见。

（1）直接材料价格差异主要发生在采购过程中，主要由采购部门承担责任，而不应由生产部门负责。采购部门未能按标准价格进货的原因有很多，如供应商价格变动、未按经济订货批量进货、未能及时订货造成的紧急订货、人情采购中的舍近求远使得运费和耗费增加、不必要的快速运输方式、违反合同被罚款、承接紧急订货造成的额外采购等。

（2）直接材料数量差异是材料消耗过程中形成的，反映了生产部门成本控制的业绩。材料数量差异形成的具体原因有很多，如操作疏忽造成的废品增加、生产工人用料不精心、操作技术改进而节省了材料、新工人上岗造成多用料、机器或工具不使用造成的用料增加等。

（3）直接材料差异除了采购部门与生产部门可能承担责任外，还需要进行具体分析与调查，方可明确最终原因和责任归属。可能关联部门还有预算编制部门、质检部门、研发部门等。

预算是对未来的预测与估计，如果预算编制有误，标准制定过严或过松，都可能使得直接材料的标准数量和标准价格估计出现偏差，产生直接材料差异。因紧急订货造成的额外采购不仅是采购部门的问题，也和企业计划部门有关系。此外，质监部门检验过严也可能造成实际成本的增加。

现实中，研发部门对于直接材料成本的影响可能是巨大的，设计环节腐败问题其实是个很严重的问题，供应商通过买通企业设计人员在产品设计环节加入不同的产品，都会对材料成本造成巨大影响。

2. 直接人工成本差异分析

直接人工成本差异是指直接人工实际成本与标准成本之间的差额，它也可以区分为"价格差异"和"数量差异"两部分。价差是指实际工资率脱离标准工资率的差异，称为工资率差异；量差是指实际工时脱离标准工时的差异，称为人工效率差异。

工资率差异＝实际工时×（实际工资率－标准工资率）

人工效率差异＝（实际工时－标准工时）×标准工资率

【例9-4】ABC公司本月生产产品400件，实际使用工时890小时，支付工资4 539元；直接人工的单位产品标准成本为10元，即每件产品标准工时为2小时，标准工资率为5元/小时。

工资率差异＝890×（4 539÷890－5）＝89（元）

人工效率差异＝（890－400×2）×5＝450（元）

直接人工成本差异＝实际直接人工成本－标准直接人工成本＝4 539－400×10＝539（元）

直接人工成本差异＝工资率差异＋人工效率差异＝89＋450＝539（元）

（1）工资率差异形成的原因包括直接生产工人升级或降级使用、奖惩制度不完善、工资进行调整、加班或使用临时工、出勤率变化等，原因复杂需要我们进行细致分析。一般而言，该差异由人力资源部承担，当然也有生产部门、计划部门及其他部门的责任。

（2）人工效率差异形成的原因包括工作环境不良、工人经验不足、劳动情绪不佳、新工人上岗太多、机器或工具选用不当、设备故障率较多、作业计划安排不当、产量过少而无法发挥批量节约优势、产量不稳定影响稳定生产等。这些很多属于生产部门的责任，但是也不绝对，如采购部门的材料质量问题、研发部门的生产设计问题、计划部门的生产安排问题等也会造成这些差异。

3. 变动制造费用差异分析

变动制造费用差异是指实际变动制造费用与标准变动制造费用之间的差异，它也可以区分为"价格差异"和"数量差异"两部分。价差是指变动制造费用的实际小时分配率脱离标准，按实际小时计算的金额反映耗费水平的高低，称之为变动制造费用耗费差异；量差是指实际工时脱离标准工时，按标准的小时费用率计算确定金额反映工作效率变化引起的费用节约或超支，称之为变动制造费用效率差异。

变动制造费用耗费差异＝实际工时×（变动制造费用实际分配率－变动制造费用标准分配率）

变动制造费用效率差异＝（实际工时－标准工时）×变动制造费用标准分配率

【例9-5】ABC公司本月生产产品400件，实际使用工时890小时，实际发生的变动制造费用为1 958元；变动制造费用的单位产品标准成本为4元，即每件产品标准工时为2小时，标准分配率为2元/小时。

变动制造费用耗费差异＝890×（1 958÷890－2）＝178（元）

变动制造费用效率差异＝（890－400×2）×2＝180（元）

变动制造费用成本差异＝实际变动制造费用－标准变动制造费用＝1 958－400×4＝

358（元）

变动制造费用成本差异＝变动制造费用耗费差异＋变动制造费用效率差异＝178＋180＝358（元）

（1）变动制造费用耗费差异，是实际支出与按实际工时和标准分配率计算的预算数之间的差额。由于后者承认实际工时是在必要的前提下计算出来的弹性预算数，因此该项差异反映耗费水平即小时业务量支出的变动制造费用脱离了标准。耗费差异是部门经理的责任，他们有责任将变动制造费用控制在弹性预算的限额之内。

（2）变动制造费用效率差异，是由于实际工时脱离了标准，多用工时导致了费用增加，因此其形成原因与直接人工效率差异相同，责任归属也相同。

（三）固定成本差异分析

标准成本中的固定成本主要指固定制造费用，差异分析方法有两种，即二因素分析法和三因素分析法。

1. 二因素分析法

二因素分析法是将固定制造费用分为耗费差异和能量差异两类。

固定制造费用耗费差异＝固定制造费用实际数－固定制造费用预算数

固定制造费用能量差异＝固定制造费用预算数－固定制造费用标准成本＝固定制造费用标准分配率×设计生产能量－固定制造费用标准分配率×实际产量标准工时＝（设计生产能量－实际产量标准工时）×固定制造费用标准分配率

【例9-6】ABC公司本月生产产品400件，发生固定制造费用1 424元，实际工时为890小时，企业设计生产能力为500件即1 000小时；每件产品固定制造费用标准成本为3元，即每件产品标准工时2小时，标准分配率为1.5元/小时。

固定制造费用耗费差异＝1 424－1 000×1.5＝－76（元）

固定制造费用能量差异＝1 000×1.5－400×2×1.5＝300（元）

固定制造费用成本差异＝实际固定制造费用－标准固定制造费用＝1 424－400×3＝224（元）

固定制造费用成本差异＝固定制造费用耗费差异＋固定制造费用能量差异＝－76＋300＝224（元）

2. 三因素分析法

三因素分析法是将固定制造费用成本差异中的能力差异细分为闲置能量差异和效率差异两种，最终将总差异分为耗费差异、闲置能量差异、效率差异三部分。

固定制造费用闲置能量差异＝固定制造费用预算数－实际工时×固定制造费用标准分配率＝（生产能量－实际工时）×固定制造费用标准分配率

固定制造费用效率差异＝（实际工时－实际产量标准工时）×固定制造费用标准分配率

依【例9-6】资料：

固定制造费用闲置能量差异＝（1 000－890）×1.5＝165（元）

219

固定制造费用效率差异＝（890－400×2）×1.5＝135（元）

固定制造费用能量差异＝闲置能量差异+效率差异＝165+135＝300（元）

三、标准成本的账务处理

作为一种内部管理手段，不同企业对标准成本进行账务处理的方式不同。有的企业仅将标准成本作为统计资料处理，并不记入账簿，作为提供财务控制的有关信息。但是，把标准成本纳入账簿体系不仅可以简化记账手续、提高成本计算的质量和效率，还可以将成本预算、成本核算、成本控制、成本分析有机结合，提高预算管理水平。

（一）标准成本账务处理的特点

为了同时提供标准成本、实际成本和成本差异的信息，标准成本的账务处理具有以下三个特点：

1. 标准成本的账户设置

从预算管理的角度来看，存货分为采购期存货、生产期存货和销售期存货，标准成本法下的账务处理主要包括前两个阶段的存货。与实际成本法不同，从原材料到产成品的流转过程，标准成本法均使用标准成本，其涉及的账户包括"原材料""生产成本"和"库存商品"。

在这一点上，标准成本法与计划成本法不同。计划成本法下只有"原材料"用计划成本核算，实际成本脱离计划的差异在月末要结转到"生产成本"等账户中，从而保证资产负债表和利润表按实际成本而不是计划成本计量。

2. 成本差异的账户设置

标准成本法下，原材料、生产成本和库存商品科目使用标准成本计量，实际成本与标准成本的差额即成本差异有很多分类。由于固定制造费用的计算可以采用二因素分析法和三因素分析法两种，因此成本差异可以分为八种或九种。本章后面的例题采用三因素分析法分析固定制造费用成本差异，因此需要设置九个成本差异账户，即"直接材料价格差异""直接材料数量差异""直接人工工资率差异""直接人工效率差异""变动制造费用耗费差异""变动制造费用效率差异""固定制造费用耗费差异""固定制造费用闲置能量差异""固定制造费用效率差异"。

为了便于分析、控制与考核，各成本差异账户在实践中可以按责任中心设置明细账，分别记录各部门的各种成本差异。

3. 会计期末对成本差异的账务处理

各成本差异账户的累计发生额，反映了财务预算与控制的业绩。企业在月末或年末对成本差异的处理方法有两种：

（1）结转本期损益法。

在此方法下，企业可以在会计期末将所有差异直接转入"本年利润"账户中，也可以先将差异转入"主营业务成本"账户，再随同已经销售产品的标准成本一起转至"本年利润"账户。

采用这种方法的假设前提是企业确信标准成本是真正的正常成本，成本差异是由不正常的低效率和浪费造成的，应当直接体现在当期损益之中，使利润能体现企业当期业绩的好坏。此外，这种方法的账务处理相对简便。

但是，如果制定的标准成本不符合实际的正常水平从而差异数额较大，则不仅会使存货成本严重脱离实际成本，而且会歪曲本期经营成果。因此，如果预算水平不高或处在建立预算体系的前期，企业成本差异较大，不适合采用此法。

（2）分摊法。

在此方法下，企业在会计期末将成本差异按比例在已销售产品和存货成本之间分摊，由存货成本承担的差异反映在差异账户的期末余额上。

采用这种方法的依据是税法和会计准则均要求以实际成本反映存货成本和销货成本。本期发生的成本差异，应由存货和销货成本共同承担。

当然，这种方法会增加会计核算的工作量和主观性。此外，有些费用计入存货并不一定合理，例如固定制造费用闲置能量差异是一种损失，并不能在未来换取收益，作为资产计入存货明显不合理，作为期间费用或损失计入当期损益更加合理。

成本差异的账务处理方法选择要考虑很多因素，包括差异的类型（材料、人工和制造费用）、差异的大小、差异的成因、差异的时间（如季节性变动引起的非常性差异）等。因此，可以对各种成本差异采用不同的会计处理方法，如材料价格差异一般采用分摊法，由存货成本和销售成本共同承担，而固定制造费用闲置能量差异一般采用结转本期损益法，其他差异则可因企业的具体情况而定。需要强调的是，差异处理方法应该保持一贯性原则，以便使成本数据保持可比性，避免信息使用者发生误解。

四、标准成本法计算及账务处理程序

下面通过举例说明的方式讲述标准成本的账务处理程序。

（一）已知条件

1. 费用预算

生产能量 4 000 小时；变动制造费用 6 000 元，即变动制造费用标准分配率为 1.5 元/小时；固定制造费用 4 000 元，即固定制造费用标准分配率为 1 元/小时；变动销售费用 2 元/件，固定销售费用 24 000 元，管理费用 3 000 元。

2. 单位产品标准成本

直接材料 30 元（100 千克×0.3 元/千克）；直接人工 32 元（8 小时×4 元/小时）；

变动制造费用 12 元（8 小时×1.5 元/小时）；固定制造费用 8 元（8 小时×1 元/小时）；

单位标准成本为 82 元。

3. 生产及销售情况

（1）本月初在产品存货 50 件，原材料一次投入，其他成本项目采用约当产量法，在产品约当完工产品的系数为 0.5。本月投产 450 件，完工入库 430 件，月末在产品 70 件。

本月月初产成品存货 30 件，本月完工入库 430 件，本月销售 440 件，月末产成品存货 20 件。销售单价 125 元/件。

（2）原材料的购入与领用。

本月购入第一批原材料 30 000 千克，实际成本 0.27 元/千克，共计 8 100 元。

本月购入第二批原材料 20 000 千克，实际成本 0.32 元/千克，共计 6 400 元。

本月投产 450 件，领用原材料 45 500 千克。

（3）直接人工工资。本月实际使用直接人工 3 500 小时，支付工资 14 350 元，平均 4.10 元/小时（14 350/3 500）。

（4）变动制造费用。本月实际发生变动制造费用 5 600 元，实际费用分配率为 1.6 元/小时（5 600/3 500）。

（5）固定制造费用。本月实际发生固定制造费用 3 675 元，实际费用分配率为 1.05 元/小时（3 675/3 500）。

（6）本月发生变动销售费用 968 元，固定销售费用 2 200 元，管理费用 3 200 元。

（二）账务处理程序

1. 直接材料的账务处理

本月购入第一批原材料时，其标准成本、实际成本和成本差异计算过程如下：

标准成本 = 30 000×0.3 = 9 000（元）

实际成本 = 30 000×0.27 = 8 100（元）

直接材料价格差异 = 8 100-9 000 = -900（元）

其会计分录如下：

①借：原材料　　　　　　　　　　　　　　　　　　　　　　　9 000

　　贷：直接材料价格差异　　　　　　　　　　　　　　　　　　　　900

　　　　应付账款　　　　　　　　　　　　　　　　　　　　　　　8 100

本月购入第二批原材料时，其标准成本、实际成本和成本差异的计算过程如下：

标准成本 = 20 000×0.3 = 6 000（元）

实际成本 = 20 000×0.32 = 6 400（元）

直接材料价格差异 = 6 400-6 000 = 400（元）

其会计分录如下：

②借：原材料　　　　　　　　　　　　　　　　　　　　　　　6 000

　　　直接材料价格差异　　　　　　　　　　　　　　　　　　　　 400

　　贷：应付账款　　　　　　　　　　　　　　　　　　　　　　　6 400

本月投产 450 件时领用原材料 45 500 千克，由于原材料一次性投入，则从原材料角度而言本月实际完成的约当产量就是 450 件，其标准成本、实际成本和成本差异计算过程如下：

标准成本＝450×100×0.3＝13 500（元）

实际成本＝45 500×0.3＝13 650（元）

直接材料价格差异＝13 650－13 500＝150（元）

其会计分录如下：

③借：生产成本   13 500

      直接材料数量差异   150

   贷：应付账款   13 650

上述分析可以印证前面谈到的"先价差后量差"原则，价格差异使用实际数量，数量差异使用标准价格。

2. 直接人工的账务处理

直接人工的账务处理分两步，第一步是工资的发放，第二步是将工资计入生产成本。

假定当月工资当月发放，其账务处理如下：

④借：应付职工薪酬   14 350

   贷：银行存款   14 350

为了确定应记入"生产成本"账户的标准成本数额，企业需要从直接人工的角度计算本月实际完成的约当产量，约当产量、标准成本、实际成本和成本差异计算过程如下：

约当产量＝70×0.5+430－50×0.5＝440（件）

标准成本＝440×8×4＝14 080（元）

实际成本＝3 500×4.1＝14 350（元）

直接人工成本差异＝14 350－14 080＝270（元）

直接人工工资率差异＝3 500×（4.1－4）＝350（元）

直接人工效率差异＝（3 500－440×8）×4＝－80（元）

其账务处理如下：

⑤借：生产成本   14 080

    直接人工工资率差异   350

   贷：应付职工薪酬   14 350

     直接人工效率差异   80

3. 变动制造费用的账务处理

变动制造费用的账务处理也分为两步，即变动制造费用的归集与分配。

变动制造费用的归集的账务处理如下：

⑥借：变动制造费用   5 600

   贷：各相关账户   5 600

约当产量、标准成本、实际成本和成本差异计算过程如下：

约当产量＝70×0.5+430−50×0.5＝440（件）

标准成本＝440×8×1.5＝5 280（元）

实际成本＝3 500×1.6＝5 600（元）

变动制造费用成本差异＝5 600−5 280＝320（元）

变动制造费用耗费差异＝3 500×（1.6−1.5）＝350（元）

直接人工效率差异＝（3 500−440×8）×1.5＝−30（元）

其账务处理如下：

⑦借：生产成本   5 280

      变动制造费用耗费差异   350

    贷：变动制造费用   5 600

      变动制造费用效率差异   30

4. 固定制造费用的账务处理

固定制造费用的账务处理也分为两步，即固定制造费用的归集与分配。

制造费用的归集的账务处理如下：

⑧借：固定制造费用   3 675

    贷：各相关账户   3 675

由于固定制造费用与产量无关，故不需要计算约当产量，其标准成本、实际成本和成本差异计算过程如下：

标准成本＝440×8×1＝3 520（元）

实际成本＝3 500×1.05＝3 675（元）

固定制造费用成本差异＝3 675−3 520＝155（元）

固定制造费用耗费差异＝3 675−4 000＝−325（元）

固定制造费用闲置能量差异＝（4 000−3 500）×1＝500（元）

固定制造费用效率差异＝（3 500−440×8）×1＝−20（元）

其账务处理如下：

⑨借：生产成本   3 520

    固定制造费用闲置能量差异   500

    贷：固定制造费用   3 675

      固定制造费用耗费差异   325

      固定制造费用效率差异   20

5. 产成品入库的账务处理

本月完工产成品的标准成本＝430×82＝35 260（元），其账务处理如下：

⑩借：库存商品   35 260

    贷：生产成本   35 260

6. 产品销售的账务处理

本月销售收入＝440×125＝55 000（元）

⑪借：应收账款 55 000

　　贷：主营业务收入 55 000

同时结转营业成本＝440×82＝36 080（元），其账务处理如下：

⑫借：主营业务成本 36 080

　　贷：库存商品 36 080

7. 销售费用与营业费用的账务处理

标准成本法下，销售费用和营业费用这两种经营费用是按实际成本计量的，因此其账务处理如下：

⑬借：变动销售费用 968

　　固定销售费用 2 200

　　管理费用 3 200

　　贷：各相关账户 6 368

8. 结转成本差异的账务处理

假定企业采用"结转本期损益法"处理成本差异，则其账务处理如下：

⑭借：主营业务成本 395

　　直接材料价格差异 500

　　直接人工效率差异 80

　　变动制造费用效率差异 30

　　固定制造费用耗费差异 325

　　固定制造费用效率差异 20

　　贷：直接材料数量差异 150

　　　　直接人工工资率差异 350

　　　　变动制造费用耗费差异 350

　　　　固定制造费用闲置能量差异 500

上述结转过程可见图9-1。

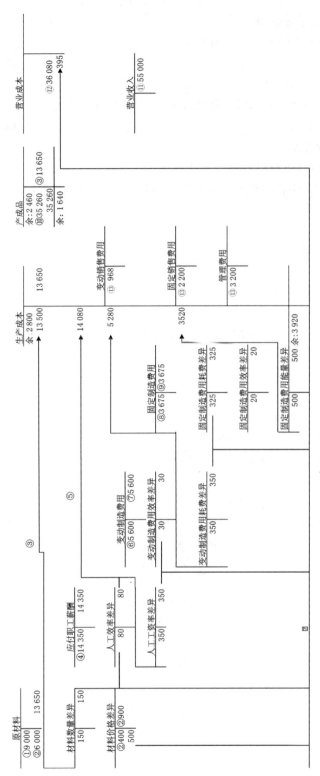

图 9-1　标准成本系统账务处理程序

第十章
财务分析

第一节 财务分析概述

本章从财务分析的理论与方法出发，重点介绍了偿债能力、营运能力、盈利能力及发展能力各项指标，以及综合分析指标体系如杜邦财务分析体系、沃尔评分法等，并通过案例详细解读各类指标的运用。

一、财务分析的概念

财务分析是由企业财务信息使用者根据企业财务会计报告以及相关的环境资料，采用一系列专门的分析技术和方法，对企业财务状况、经营业绩以及财务状况变动的合理性与有效性进行评判，在此基础上，分析企业内在的财务能力和财务潜力，预测企业未来财务趋势和发展前景，评估企业的预期收益和风险，据以为特定决策提供有用的财务信息的财务管理活动。

这一概念包括了以下几个基本要点：①企业财务分析的主体是各利益相关者，包括股东、债权人、企业管理人员、政府部门、供应商等；②财务分析的内容主要是企业财务状况和经营业绩，以及决定财务状况与经营业绩的各种财务能力，包括偿债能力、获利能力、营运能力等；③财务分析的依据是企业的财务会计报告以及相关的环境资料；④财务分析的目的在于为特定决策（投资决策、贷款决策、信用决策等）提供有用的财务信息支持；⑤财务分析在性质上属于财务管理的一个重要组成内容，是财务管理的一个重要环节；⑥财务分析需要运用一系列专门的分析技术和方法。

二、财务分析的视角与内容

无论任何分析主体，要获得能够支持特定决策的财务分析信息，首先应当明确财务分析的视角。所谓财务分析视角，就是由特定决策目标所决定的审视财务信息的角度，通俗地说，就是为获得能够满足某项特定决策所需的财务信息，应着重从哪些方面进行分析。合理界定财务分析视角，不仅是实现财务分析信息相关性的客观要求，而且也有利于提高财务分析的效率和效益。

财务分析的视角可以从多个方面予以分析和界定。从财务分析的服务对象看，有以内部管理决策为视角和以外部投资决策为视角；从投资决策的性质看，有以债权投资决策为视角和以股权（股票）投资决策为视角；从投资目的和期限看，有以长期投资决策为视角和以短期投资决策为视角。

财务分析的视角不同，其分析内容和侧重面也就不同，一般而言：

（1）以长期债权投资决策为视角的财务分析，其内容侧重于资本结构及长期偿债能力，而有关经营能力、获利能力等方面属于辅助性内容。

（2）以短期债权投资决策为视角的财务分析，其内容侧重于短期偿债能力和资产流动性，而对于长期偿债能力、经营能力、获利能力等方面的内容则不会过多地关注。

（3）以长期股权投资决策为视角的财务分析，其内容侧重于经营能力、获利能力、资本增值能力以及长期投资价值等方面，至于近期财务状况与经营业绩则属于相对次要的内容。

（4）以短期股票投资决策为视角的财务分析，其内容侧重于近期的经营业绩以及能反映短期性投资价值方面的内容（每股收益、每股股利、市盈率等），而无须过多地关注诸如偿债能力、获利能力、经营能力等具有内在性和长期影响性的内容。

（5）以内部管理决策为视角的财务分析，则同时关注企业财务及经营的各主要方面。因为对于企业管理者来说，他们既不会像股东那样偏好风险，也不会过度地追求财务稳健，他们需要均衡收益与风险，以实现企业的可持续生存和发展。

三、财务分析的原则

（一）客观性

一是分析依据的客观性，即分析所依据的各项资料必须内容真实、数字准确，能如实反映企业的财务状况与财务绩效；二是分析结论的客观性，即分析结论能客观地说明企业的财务现状及其在不同期间的变化趋势。根据这一原则，对企业财务进行分析时，应结合注册会计师的审计结论，对各项报表数据及附注资料的可靠性进行分析判断，辨别真伪，去伪存真，对分析结论则应坚持实事求是，不可主观臆断。

（二）可比性

一是行业可比性，即分析结果应能在同行业不同企业之间进行比较。这种可比性要求在对企业财务进行分析时，应尽可能采用行业通用的分析指标和分析方法，对于行业财务制度或有关法规中已规定的指标和计算方法，分析人员应共同遵守，对于财务制度未作规定的，应遵循行业惯例，没有行业惯例的，应在分析报告（或被备忘录）中注明分析办法。二是期间可比性，即分析结果应能就同一企业的不同期间进行比较。这种可比性要求对企业财务进行分析时，应保持分析指标与分析方法在不同期间的稳定性与一致性，对于因财务会计政策变更所产生的差异，应在分析中进行必要的调整，不能调整的，应在分析报告（或备忘录）中予以说明。

（三）充分性

一是资料搜集的充分性，即搜集的资料要能够满足真实、客观地分析企业财务及经营情况的需要，既要搜集现状资料，又要搜集历史资料；既要搜集企业核算资料，又要搜集宏观环境资料；既要搜集被分析企业的资料，又要搜集同行业其他企业的相关资料。二是分析指标选择与运用的充分性，即分析指标的选择和运用应充分体现分析目的的要求，对于以特定决策为目的的财务分析，应选择和运用与该分析目的相关的所有指标，对于面向非特定信息用户的财务分析（各决策服务主体所进行的分析），则应运用能够反映企业财务状况及经营业绩的所有指标。三是比较标准的充分性，即在进行企业财务比较分析时，应确保比较标准选择的全面性和完整性，既要运用预算标准来分析企业一定期间财务目标的实现程度，又要运用行业标准和历史标准，揭示企业财务状况与经营业绩的行业差异和动态趋势。

（四）科学性

科学性主要指分析方法的科学性，其基本内容是：以辩正唯物论为依据，采用系统的分析方法。首先，在充分挖掘企业财务各方面、各项指标内在关联的基础上，对各项指标作相互联系的因果分析，以便能深入、综合地揭示企业财务的内在状况和规律；其次，坚持定量分析与性分析相结合，避免只讲定量计算而不讲定性分析，或只重视定性分析而忽视定量计算的现象。一般而言，在分析时应对各项指标先进行定量计算，在确定数量差异基础上，再结合有关因素进行定性分析。

第二节　财务分析基本方法

财务分析方法是完成财务分析目标的手段和方式，财务分析应当全面分析与重点分析相结合，定量分析与定性分析相结合，以达到系统、全面、客观地反映并判断企业财务状况和经营业绩的目的。在整个财务分析方法体系中，比较分析法、因素分析法、比率分析法是最基本的分析方法。

一、比较分析法

比较分析法是对不同时期和空间的同质财务指标进行对比，以确定其增减差异，用以分析财务指标状况优劣的方法。比较分析法的主要作用在于揭示客观存在的差异，利用这种差异可以考察任务完成情况，显示财务指标变动趋势，从而分析企业经营管理的工作绩效。

比较分析法按其比较基数不同，有实际与计划比较、不同时期比较、同类企业间比较等形式。将财务指标实际数据与计划数值比较，能够检查财务指标的计划完成情况，将不同时期的指标数据比较，能够考察财务指标的变动趋势。由于所考察的对象和分析要求不同，比较分析法一般可划分为直比分析和趋势分析两大类型。

（一）直比分析类型

直比分析是指将同一指标两个数值进行直接对比。在直比分析中，用以比较的数值叫基数，它是比较的依据和标准；被比较的数值叫比较数。假定某一经济指标为 K，其基数为 K_0，比较数为 K_1，则

$$绝对差异 = 实际数 - 基准数 = K_1 - K_0$$

将指标数值进行绝对数比较，主要揭示指标数值的变化数量，直观地判断指标变动规模的大小。所以，绝对差异也就是指标的增减额。

$$相对差异 = \frac{绝对差异}{基准数} \times 100\% = \frac{K_1 - K_0}{K_0} \times 100\%$$

将指标数值进行相对数比较，主要揭示指标数值的变动程度或幅度，判断指标相对变动的水平。因此，相对差异也就是指标的增减率。

（二）趋势分析类型

把反映某种经济现象发展变化的一系列指标数值，按时间先后顺序排列而成的数列叫时间动态数列。趋势分析是将不同时期同一指标的数值进行对比，以确定时间动态数列增减变动趋势的分析方法。由于企业的生产经营活动始终处于不断运动发展变化之中，利用趋势分析能从动态上考察指标的发展特征和变化规律，得出上升、下降或稳定不变等结论，从而鉴定企业管理水平，据以对企业未来变动方向做出预测。

在进行趋势分析时，确定好基期是首要问题。分析实务中一般有两种选择：一种是以某一选定时期为基期，即固定基期，以后各期数值均以该期数值作为共同基期数值进行比较，这种比较说明了各期累积变化情况，称为定比；另一种是以相邻上期为基期，即移动基期，各期数值分别与前期数值比较，基期不固定而且顺次移动，这种比较说明了各期逐期变化情况，称为环比。趋势分析的具体比较指标包括增长量指标和发展速度指标两大类。

1. 增长量指标

增长量指标反映某项经济指标在一定时期所增长或减少的绝对数额。它主要是比较期数值与基期数值的绝对差异。由于作为比较标准的时期不同，增长量指标分为逐期增长量（以相邻上期作为移动基期）和累积增长量（以第一期作为固定基期）。设 K_1，K_2，…，K_n 为指标 K 在各个时期的数值，下标 1，2，…，n 为各期期数，则

$$逐期增长量 = K_n - K_{n-1} = K_2 - K_1，\ K_3 - K_2，\ K_4 - K_3，\ …$$
$$累积增长量 = K_n - K_1 = K_2 - K_1，\ K_3 - K_1，\ K_4 - K_1，\ …$$

2. 发展速度指标

发展速度指标表明某种经济指标在一定时间内的发展速度。它是全部时间动态数列中各个比较期数值与基期数值的相对比率或相对差异。同样，由于作为比较标准的时期不同，发展速度指标分为定基发展速度和环比发展速度两种。定基发展速度是各比较期数值与固定基期数值之比率，一般用以分析发展情况；环比发展速度是连续地用比较期数值与相邻上期数值比较得出的相对比率，用以分析各期之间的发展变动情况。计算公式为

$$定基发展速度 = \frac{K_n}{K_1} \times 100\%$$

$$环比发展速度 = \frac{K_n}{K_{n-1}} \times 100\%$$

定基发展速度与环比发展速度的主要区别是两者选定的基期不同，但从长期来看，两者是相互连结的，即最后一期的定基发展速度（即全时间动态数列中的总定基发展速度）等于各环比发展速度的连乘积。

另外，由于各个时期经济活动的发展变化不可能是绝对平衡的，在各个时期中总量有快有慢，为了反映总时期内发展变化的一般水平，需要计算平均发展速度。平均发展速度是环比发展速度的平均值，也就是最后一期定基发展速度的平均值，这种平均值一般用几何平均数表达，即

$$平均发展速度 = \sqrt[n-1]{\frac{K_2}{K_1} \times \frac{K_3}{K_2} \times \frac{K_4}{K_3} \times \cdots \times \frac{K_n}{K_{n-1}}}$$

在实际分析工作中，有时用增长速度（增长率）来反映，与直比分析法的原理一样，增长速度与发展速度的关系是：

$$增长速度 = 发展速度 - 1$$

例如，已知某企业本年内各季度所实现的销售利润数额，则可计算出各季度增长量、发展速度、增长速度情况如表 10-1 所示。

表 10-1 某企业各季度趋势分析的比较指标

时期指标	第一季度	第二季度	第三季度	第四季度
利润额/万元	45	88	67	115
1. 增长量/万元				
累积增长量	—	+43	+22	+70
逐期增长量	—	+43	−21	+48
2. 发展速度/%				
定基	100	195.56	148.89	255.56
环比	100	195.56	76.14	171.64
3. 增长速度/%				
定基	—	+95.56	+48.89	+155.56
环比	—	+95.56	−23.86	+71.64

从表 10-1 的分析数据来看，该企业年内各季度销售利润无论从变动规模还是发展速度来看都是增长的，总的发展趋势在上升。但逐季环比分析表明，第三季度有下降情况，影响了全年上升趋势的幅度。全年平均发展趋势为

$$平均发展速度 = \sqrt[3]{195.56\% \times 76.14\% \times 171.64\%}$$

或

$$平均发展速度 = \sqrt[3]{255.56\%} = 136.72\%$$

$$平均增长速度 = 136.72\% - 1 = 36.72\%$$

二、因素分析法

因素分析法是指为深入分析某一指标，而将该指标按构成因素进行分解，分别测定各因素变动对该项指标影响程度的一种分析方法。采用比较分析法对不同时间和空间的财务指标进行比较，可以找出指标数值的数据，描述财务经营的状况，提出所应分析的问题。但比较分析法不能测定指标数值变动的原因，这就需要采用因素分析法。因素分析法是用以分析测算指标受哪些因素的影响，各因素对总体指标的影响程度和方向的分析方法。其作用在于揭示指标差异的成因，以便更深入、全面地理解和认识企业的财务状况及经营情况。因素分析法主要包括因素替代法和因素分摊法两大类型，较常使用的是因素替代法，本书着重介绍因素替代法。

因素替代法也称连锁替代法。其基本思想是：总体指标受各种有相互依存关系的连锁因素的相互影响。首先，把总指标分解为各项有次序性的连锁因素；其次，顺次地把其中一个因素视为可变，其他因素暂时视为不变，依次逐项进行替代，每一次替代在上一次的基础上进行；最后，将每一次替代后的结果反向两两相减，测算出各项因素变动对总体指标的影响程度和影响方向。

假定某个指标 K 受三个连锁因素 a、b、c 的影响，三个连锁因素的依次关系为 $K = a \times b \times c$，则

$$基期指标：K_0 = a_0 \times b_0 \times c_0$$

$$实际指标：K_1 = a_1 \times b_1 \times c_1$$

第一步，确定分析对象。对总体指标的因素分析，一般是分析该指标用比较分析法所计算出的绝对差异，即分析对象为

$$\Delta K = K_1 - K_0$$

第二步，进行因素替代。假定影响指标的因素是依次变动的，当某个因素由基期数值变为实际数值时，就会引起指标数值的变动，则

$$基期数值：a_0 \times b_0 \times c_0 = K_0$$

$$替代\ a\ 因素：a_1 \times b_0 \times c_0 = K_a$$

$$替代\ b\ 因素：a_1 \times b_1 \times c_0 = K_b$$

$$替代\ c\ 因素：a_1 \times b_1 \times c_1 = K_c$$

第三步，测算各因素的影响。各因素变化后总体指标的数值与因素变化前总体指标的数值的差额，就是该因素变动对总体指标的影响。则

a 因素的影响 $=K_a-K_0=(a_1-a_0)\times b_0\times c_0$

b 因素的影响 $=K_b-K_a=a_1\times(b_1-b_0)\times c_0$

c 因素的影响 $=K_c-K_b=a_1\times b_1\times(c_1-c_0)$

因素影响的汇总 $=K_c-K_0=K_1-K_0=\Delta K$

【例 10-1】某企业生产某产品耗用材料上年为 80 000 元，本年为 102 000 元，具体资料如表 10-2 所示。

表 10-2　某企业生产资料指标

项　目	上年数	本年数	差　异
产品产量/件	1 000	1 200	200
材料单耗/千克/件	20	17	-3
材料单价/元/千克	4	5	1
材料费用/元	80 000	102 000	22 000

本例中分析指标为材料费用，它受产量、单耗、单价三个因素的影响，分析关系式为

材料费用＝产品产量×材料单耗×材料单价

（1）分析对象

材料费用差异＝102 000－80 000＝22 000（元）

（2）因素替代

基期材料费用＝1 000×20×4＝80 000（元）

替代产量因素＝1 200×20×4＝96 000（元）

替代单耗因素＝1 200×17×4＝81 600（元）

替代单价因素＝1 200×17×5＝102 000（元）

（3）因素测算

产量因素影响＝96 000－80 000＝16 000（元）

单耗因素影响＝81 600－96 000＝－14 400（元）

单价因素影响＝102 000－81 600＝20 400（元）

因素影响汇总：　　　　　　　　　22 000（元）

通过上述测算，可知本年材料费用上升 22 000 元的原因是：产量扩大 200 件使材料费用客观上升 16 000 元，这是正常的；材料耗用水平降低 3 千克/件，使材料费用节约 14 400 元，这是生产中的成绩；材料单价上升 1 元/千克，使材料费用上升 20 400 元，这是材料采购供应部门的缺点，也是造成材料费用上升的主要因素。

三、比率分析法

比率就是用倍数或比例所表现的分数式。如假设甲项目数值为 250，乙项目数

值为 200，若以甲项目为比较基数时，其比率为乙，是甲的 80%，若以乙项目为比较基数时，其比率为甲，是乙的 1.25 倍。

比率分析法是通过计算互为相关的经济指标之间的相对数值，从而考察和衡量企业经营活动效果的分析方法。

比率分析法与比较分析法虽然都是将两个数据进行对比，但比较分析法一般主要是对同质的指标进行比较，而比率分析法主要是将不同质但相关的不同指标进行比较。而且比较分析法的分析结果主要强调绝对差异的大小，相对差异只是绝对差异的辅助说明；比率分析法的分析结果则纯粹以相对数值表示，以说明指标数值之间的相互关系。

比率的形式很多，按它们在分析中所起的作用不同，主要分为动态比率、相关比率和结构比率。动态比率也称为趋势比率，它是将不同时期同类指标的数值比率进行对比，求出动态相对数，以反映企业某项经济活动的发展方向和发展趋势。事实上，定基发展速度、环比发展速度等动态趋势比率已构成比较分析法的一部分内容，因此，下面在比率分析法中着重介绍相关比率和结构比率的分析指标类型。

（一）相关比率

相关比率是把企业经济活动中两个性质不同，但又相互联系的指标，以其中某项指标数值为基数而求得的两个指标数值之比，用以反映企业的经营状况和经济效益。例如，如果将甲、乙两个性质不同但又相关的指标进行比率化，以乙指标数值为比较基数，则相关比率的计算公式如下：

$$相关比率 = \frac{甲指标}{乙指标} = \frac{A}{B}$$

相关比率的特征是强调指标间的相关性，而不是对指标本身变动作直接比较。如对企业的利润指数的分析，除可以用绝对额进行直接对比外，还可以通过对形成利润的有关指标与利润进行相关比较来分析。如甲、乙两企业的年利润额均为 100 万元，但甲企业权益资本为 500 万元，乙企业权益资本只有 400 万元，则甲企业权益资本利润率为 20%，乙企业权益资本利润率为 25%，乙企业的效益高于甲企业。

两个相关的指标一旦形成相关比率，就能反映各项财务指标间的比例关系是否合理，便于加强管理控制，对财务经营活动各环节进行协调平衡。相关比率的形成比较灵活，可根据分析需要进行组合。

（二）结构比率

结构比率通过计算某项经济指标各个组成部分占指标总体的比重，分析其构成内容的特征和构成合理性，进一步掌握事物变化的规律性。结构比率的计算公式如下：

$$结构比率 = \frac{指标部分数}{指标总体数} \times 100\% = \frac{A_i}{A_i} \times 100\%$$

在财务分析资料中，如果我们仅仅列示某指标及其组成各项目的绝对数值，远不如列示其结构比率简便、醒目。结构比率可以显示总指标的内部构架，表现各项目间的联系以及在总指标中所占地位，便于分清主次因素，突出分析工作的重点。

在比率分析中，动态趋势比率要求计算的是同一指标不同时期数的比值，是一种同质关系。结构比率要求分子指标是分母指标的组成部分，是一种部分与整体的包含关系。比如，在对财务报表分析时，趋势比率是对财务报表中某一财务指标进行横向分析，而报表的结构比率可以显示出报表中各指标项目相互间的垂直关系，是对财务指标进行的纵向分析。趋势分析与结构分析可以相互配合、相互补充，以更深入地揭示经营成果和问题。

第三节　企业财务比率基本分析

财务比率分析是企业财务分析中最基本、最重要的分析方法。在企业财务分析中，需要计算和分析的基本财务比率有短期和长期偿债能力比率、营运能力比率、盈利能力比率。

一、短期偿债能力比率

企业的偿债能力是指在一定期间内企业能否及时偿还到期债务的清偿能力。债权人十分关心企业的偿债能力，往往把偿债能力的高低视为企业信用状况好坏的标志。

企业的偿债能力按分析要求，可以划分为长期偿债能力和短期偿债能力。长期偿债能力，是企业保证未来到期债务（一年以上）及时偿付的可靠程度。在资产负债表中对长期偿债能力的分析，主要是通过负债比率、权益比率、固定比率等财务结构比率和资源结构比率反映的。短期偿债能力是指企业对一年内到期债务的清偿能力。企业到期债务一般均应以现金清偿，因此，短期偿债能力本质上是一种资产变现能力。它是企业短期内及时偿付债务的信用程度。短期偿债能力主要是指企业对日常经营债务的支付能力。由于短期偿债能力是企业履行短期债务的保证，因此，对短期偿债能力的分析主要是通过对流动资产与短期债务的对比关系进行的，特别应着重分析那些周转速度快、变现能力强的流动资产。反映短期偿债能力的指标主要有流动比率、速动比率、现金比率等。

（一）流动比率

流动比率是用比率形式反映的流动资产与流动负债之间的对比关系。流动资产是短期内可以予以变现的资产，流动负债是短期内需要用现金及等价物偿还或支付的债务。因此，一般首先通过流动资产与流动负债的对比来考察企业短期偿债能力。流动比率反映了流动资产与流动负债的这种对比关系，代表企业的日常支付能力，其计算公式如下：

235

$$流动比率 = \frac{流动资产}{流动负债}$$

这里，流动负债是企业一年内需支付的日常经营债务，如应付账款、短期借款等。用于担保支付短期债务的来源，只能是现金及短期内能变成现金的流动资产。流动比率越高，日常偿债能力越强，企业信用状态越好。

该项比率从流动资产对流动负债的保障程度的角度，来说明企业的短期偿债能力。其比率值越高，表明企业流动资产对流动负债的保障程度越高，企业的短期偿债能力越强。但从优化资本结构和提高资金使用效率方面考虑，该比率值并非愈高愈好。因为比率值过高，可能表明企业的负债较少，没有充分发挥负债的财务杠杆效应，也可能是资产存量过大，资产利用效率不高。

流动比率一般在 1.5~2.0 比较恰当，在分析流动比率时应注意两个问题：

1. 不同行业对流动比率的要求并不一致

一般来说，食品加工等生产周期短的行业，无需大量存货，应收账款周转期也较短，流动比率可以较低。相反，钢铁等生产周期长的企业，对流动比率的要求较高。

2. 流动比率的高低有时也不能完全准确地反映企业短期偿债能力

因为流动资产中除货币资金、应收账款外，还包括存货、待摊费用等变现速度较慢或不能再变现的项目，有时流动比率虽高，但主要是由于大量存货和待摊销费用造成的，实际的支付能力并不是很充足。只有速动资产才是真正可用于支付的流动资产，因此还需要考察速动比率大小。

（二）速动比率

速动比率是企业流动资产中速动资产与流动负债的比率，反映企业对日常经营债务支付能力的迅速性，其计算公式如下：

$$速动比率 = \frac{速动资产}{流动负债}$$

其中，速动资产 = 货币性资产 + 结算性资产

= 现金 + 短期有价证券 + 应收款项净额

或　　　　　速动资产 = 流动资产 - 存货类资产 - 其他流动资产

在计算速动比率时，之所以将存货从流动资产中剔除，是因为存货不具备速动资产的性质。存货相对于其他流动资产项目来说，不仅变现速度慢，而且可能由于积压、变质以及抵押等原因，而使其变现金额具有不确定性，甚至无法变现。事实上，除存货项目外，还有一些其他流动资产项目的变现速度也比较慢，甚至不能变现，包括预付账款、待摊费用、待处理流动资产净损失等。

流动资产扣除存货资产和其他流动资产后，速动资产就是货币资金、短期投资、应收票据、应收账款、一年内到期的长期投资等项目。由于速动资产的这些项目都是可以迅速现金化的资产，因此速动比率也称快速流动比率，它反映了企业的即时

支付能力。

该比率从速动资产对流动负债的保障程度的角度说明企业的短期偿债能力，其比率值越高，表明企业速动资产对流动负债的保障程度越高，企业的短期偿债能力越强。

速动比率一般在 0.6~1.0 比较恰当，一般来说，速动比率保持在 1 左右是正常的。当然，也要视行业性质而定，如日杂百货店一般只作现金销售，没有应收账款，因此保持一个远低于 1 的速动比率，也不会对正常营业产生不良影响。另外，应收账款的回收在很大程度上决定了流动比率和速动比率的大小，因此，在考察这两个比率指标数值时，要用扣除坏账准备后的应收账款净额计算，并结合应收账款周转期指标进行综合分析。

（三）现金比率

有时，为了稳健起见，还经常把存在着回收风险的应收账款和应收票据从速动资产中剔除，只计算现金及其等价物与流动负债的比率。这里，现金及其等价物包括已经是现金形式的货币资金、肯定可以出售的短期有价证券、基本上无回收风险的一年内到期的长期投资等项目。这种比率称为现金比率，其计算公式如下：

$$现金比率 = \frac{现金及其等价物}{流动负债}$$

237

现金比率反映了企业的即刻变现能力。它比速动比率所反映的即时支付能力更迅速。不过，这个比率太高，也不一定是好现象，可能是企业不善于利用现金资源，及时把现金投入经营以获取更多的利润造成的。所以，现金比率一般只要求保持在 0.2 左右。

在某些行业中，现金比率是相当重要的。例如，企业的存货和应收账款周转时期很长，而且经营活动又具有高度的投机性和风险性，对于这类企业来说，应重视分析其现金比率指标。不过，现金比率只把货币资金、短期有价证券和一年内到期的长期投资与流动负债对比，在分析企业变现能力中，这个比率不重要。这是因为，在大多数情况下，不可能要求企业只用货币资金和有价证券来偿付流动负债，企业也没有必要保持这些流动资产的数额。一般来说，只有在企业财务发生困难时，才能用现金比率衡量企业最坏情况下的短期偿债能力。所以，现金比率只是速动比率指标的辅助比率。

流动比率与速动比率是衡量和反映短期偿债能力最主要的指标，需要指出的是，上述所给出的流动比率与速动比率的一般标准（分别为 2.0 和 1.0），仅仅是人们所普遍公认的理想值，并没有获得理论上的充分证明。事实上，由于各种环境因素的影响，公司实际的流动比率和速动比率值普遍低于这一公认标准。

根据日本银行 1997 年度《主要企业经营分析》调查资料，日本各行业流动比率与速动比率实际数值如表 10-3 所示，图 10-1 则反映了全美制造企业自 1947 年至 1992 年流动比率和速度比率的变化趋势。

表 10-3 日本各行业流动比率与速动比率实际数值

行业	制造	商业	建筑	房地产	运输	电力	服务	行业平均
流动比率	1.504	1.338	1.573	2.003	1.701	1.089	1.578	1.351
速动比率	1.110	0.916	0.974	0.984	1.018	0.686	1.168	0.930

资料来源：高松和男. 财务分析入门——经济活动分析基础［M］. 北京：经济科学出版社，1986.

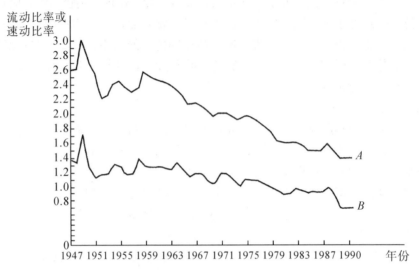

图 10-1 全美制造业流动比率和速动比率趋势

注：A 线：1947—1990 年，全美制造企业流动比率趋势。

B 线：1947—1990 年，全美制造企业速动比率趋势。

资料来源：查尔斯·H. 吉布森. 财务报表分析［M］. 胡玉明，译. 北京：中国财政经济出版社，1996：367.

二、长期偿债能力比率

长期偿债能力，是指公司清偿长期债务（期限在一年或一个营业周期以上的债务）的能力。企业对长期债务的清偿义务，包括两个方面：一是财务本金的偿还，二是债务利息的支付。因此，用于分析长期偿债能力的基本财务指标主要有资产负债率和利息保障倍数两项。

（一）资产负债率

资产负债率是指企业在一定时点（通常为期末）的负债总额对资产总额的比率，或者说负债总额占资产总额的百分比，即

$$资产负债率 = \frac{负债总额}{资产总额} \times 100\%$$

该比率从总资产对总负债的保障程度的角度来说明企业的长期偿债能力，相对而言，其比率值越低，表明企业资产对负债的保障程度越高，企业的长期偿债能力越强，否则反之。企业利益主体的身份不同，看待该项指标的立场也不尽相同。

从债权人的立场看，他们所关心的是贷款的安全程度，即能否按期足额地收回贷款本金和利息，至于其贷款能给企业股东带来多少利益，在他们看来则是无关紧要的。由于资产负债率与贷款安全程度具有反向线性关系，即资产负债率高，其贷款的安全程度低；反之，资产负债率低，则贷款的安全程度高。因此，作为企业债权人，他们总是希望企业的资产负债率越低越好。

从股东的立场看，他们所关心的主要是举债的财务杠杆效益，即总资本报酬率是否高于借入资本的利息率。若全部资本的报酬率高于借入资本利息率，则举债越多，企业收益也就越多，股东可望获得的利益相应也就越大。反之，若全部资本的报酬率低于借入资本利息率，则举债越多，企业损失就会越大，股东因此遭受的损失也相应越大。可见，从股东方面看，当总资本报酬率高于借款利率时，资产负债率越大越好。

从经营者的立场看，他们所关心的通常是如何实现收益与风险的最佳组合，即以适度的风险获取最大的收益。在他们看来，若负债规模过大，资产负债率过高，将会给人以财务状况不佳、融资空间和发展潜力有限的分析；反之，若负债规模过小，资产负债率过低，又会给人以经营者缺乏风险意识、对企业发展前途信心不足的感觉。因此，他们在利用资产负债率进行借入资本决策时，将会全面考虑和充分预计负债经营的收益和风险，并在二者之间权衡利弊得失，以求实现收益和风险的最佳组合。

在对该比率进行计算和分析利用时，应当注意如下问题：

1. 结合营业周期分析

营业周期是指从付款购买存货开始到销售存货并收回现金为止的这段时间。它包括存货周转天数和应收账款周转天数两个部分。相对而言，营业周期短的企业（商业企业等），其资金周转快、变现能力强。此外，营业周期短使得特定数量的资产在一定期间的获利机会多，当其他条件确定时，企业一定期间的利润总额必然增加，进而使企业流动资产和股东权益额相应增加。因此，这类企业可适当扩大负债规模，维持较高的资产负债率。相反，对于营业周期长的企业（如房地产企业等），其存货周转慢，变现能力差，获利机会少，因此，负债比率不宜过高，否则将会影响到期债务的清偿。

2. 结合资产构成分析

这里的资产构成是指在企业资产总额中流动资产与固定及长期资产各自所占的比例。相对而言，资产总额中流动资产所占比重大的企业，其短期偿债能力较强，不能支付到期债务的风险较小，因此，这类企业的资产负债率可适当高些。相反，资产总额中固定及长期资产所占比重大的企业，其流动比率低，短期偿债能力较差，不能支付到期债务的风险较大，从而决定了这类企业的资产负债率不宜过高。结合各主要行业分析，商业企业的总资产中存货所占比重相对较大，而且其存货的周转一般也快于其他行业，因此，其资产负债率可适当高过其他行业；工业企业相对于其他行业而言，资产总额中固定及长期资产所占比重较大（特别是技术密集型企业），因而其资产负债率不宜维持过高；虽然房地产行业的资产总额中存货所占比重较大，但因其生产周期长，存货周转慢，资产负债率也不宜过高。

3. 结合企业经营状况分析

当企业经营处于兴旺时期，其资本报酬率不仅高于市场利率，而且也往往高于同行业的平均利润率水平。在这种情况下，债务本息的按期清偿一般不会发生困难，债权投资的风险较小，对于企业来说，也有必要借助负债经营的杠杆作用增加企业的盈利。因此，处于兴旺时期的企业可适当扩大举债规模，维持较高的资产负债率。相反，若企业的经营状况不佳，资本报酬率低于同行业平均利润率水平，特别是当负债经营的收益不足以抵偿负债成本时，债务本息的清偿将会发生困难，债权投资的风险较大，对企业来说，此时举债越多，损失就会越大。因此，对于经营状况不佳的企业，应控制负债规模，降低资产负债率。

4. 结合客观经济环境分析

首先，应结合市场利率分析。一般而言，当市场贷款利率较低或预计贷款利率将上升时，企业可适当扩大负债规模。具体来说，目前贷款利率低意味着举债成本低，企业除维持正常经营所必需的负债规模外，还可以举借新债来偿还旧债，以减少过去负债的利息；而在预计贷款利率上升的情况下扩大举债规模，则可以减少未来负债的利息开支。当市场利率较高或预计贷款利率将下降时，企业不仅不宜扩大举债规模，相反应缩减负债规模，以降低未来的负债成本。其次，应结合通货膨胀率分析。在持续通货膨胀或预计物价上涨的情况下，可适当扩大负债规模，因为此时举债能为企业带来购买力利得；相反，在通货紧缩或预计物价下跌的情况下，应控制甚至缩减负债规模，因为此时负债会给企业造成购买力损失。

5. 结合企业的会计政策、资产质量等进行分析

与短期偿债能力分析一样，长期偿债能力同样应考虑企业采用的会计政策和资产的质量状况，只不过对长期偿债能力而言，除需要考虑有关流动资产的会计政策和质量状况外，更主要的是应考虑各项长期资产（如固定资产、长期资产、无形资产等）的会计政策选择和质量状况。

（二）利息保障倍数

利息保障倍数，是指企业息税前利润与利息费用的比率，即

$$利息保障倍数 = \frac{息税前利润}{利息费用}$$

其中，息税前利润 = 营业性收入 - 经营性成本

或　　　息税前利润 = 税前利润总额 + 利息费用

该比率反映企业息税前利润为所需支付利息的多少倍，用于衡量企业偿付借款利息的能力。公式中的"利息费用"不仅包括计入当期财务费用的利息费用，而且还应包括资本化的利息，因为利息作为企业对债权人的一项偿付义务，其性质并不

因为企业的会计处理不同而变更。也就是说，无论是计入财务费用的利息，还是包括在长期资产价值中的利息，到期均须企业偿付，并且在正常情况下，这种偿付的资金来源不是现实的存量资产，而是与经营利润相对应的增量资产。

相对而言，该比率值越高（低），表明企业的承息能力越强（弱）。从长远看，该比率值至少应大于1，也就是说，企业只有在息税前利润至少能够偿付债务利息的情况下，才具有负债的可行性，否则就不宜举债经营。但在短期内，即使该比率值低于1，企业也可能仍有能力支付利息，因为用于计算的某些费用项目不需要在当期支付现金，如折旧费、摊销费等，这些非付现却能从当期的销售收入中获得补偿的费用，是一种短期的营业现金流入，可用于支付利息。然而这种支付是暂时的，随着时间的推延，企业如果不能改观其获利状况或缩减负债规模，则在计提折旧、摊销的资产须重置时，势必会发生支付困难。因此，从长期看，企业应有连续比较多个会计年度（一般选择5年以上）的利息保障倍数，以说明企业付息能力的稳定性。

应当注意，在测算利息保障倍数时，公式中的"税前利润总额"不包括非常损益及会计政策变更的累积影响等项目，因为这些项目的损益与公司的正常经营无关，且不属于经常性项目。

上述资产负债率和利息保障倍数是分析公司长期偿债能力的两项基本指标，其中，资产负债率是以资产负债表资料为依据，用于从静态方面分析企业的长期偿债能力；利息保障倍数，则是以利润表资料为依据，用于从动态方面分析企业的长期偿债能力。除此之外，还可构建和运用其他一些长期偿债能力指标，如长期资产对长期负债的比率、长期资本对长期负债的比率、负债总额对股东权益总额的比率、负债总额对有形净资产的比率等。这些指标均可作为资产负债率指标的辅助性指标，据以从某一特定方面来分析企业的长期偿债能力。

三、营运能力比率

营运能力比率是用于衡量企业组织、管理和营运特定资产的能力和效率的比率，一般用资产的周转速度来衡量。企业的固定资产和流动资产如果能尽快地周转回收，在单位时期内能被使用的资产就越多，资产的利用程度或利用效率就得到了提高。资产是资金运用的具体化，加快资产运转速度，能减少资产结存量，加快资产回收，企业的经营状况也就越安全稳定。

在企业的资产中，固定资产回收时间较长，一般用折旧率的高低来衡量其周转速度。因此，考察资产的周转期，一般主要考察流动资产，通过流动资产的周转速度来反映企业经营活动量的大小和经营效率，即企业的营运能力。

现行财务分析中，常用的营运能力比率有存货周转率、应收账款周转率、流动资产周转率和总资产周转率四项。它们通常以资产在一定时期（如一年）的周转次数或周转一次所需要的天数表示。

（一）资产周转期的含义

资产周转期是指各项资产从投入到收回经历一次循环所需的时间，也称为周转天数。资产周转期的原始含义是资产周转率，资产周转率表示各项资产在一定期间内循环周转的次数，也称为周转次数。它表明资产的利用程度。由于资产是按"资产—费用—收益—资产"的顺序周转运动的，因而我们一般以资产的投入与其所完成的周转工作量进行比较来计算资产周转率。这里，周转工作量可以是费用额、销售额等，视不同资产性质而定。如对于原材料而言，投入生产中耗用形成产品成本的那部分完成了周转，因此其周转工作量是投入生产的材料费用。资产周转率与资产周转期的通用计算公式如下：

$$资产周转率（次数）=\frac{周转工作量}{资产平均余额}$$

$$资产周转期（天数）=\frac{分析期天数}{周转次数}$$

$$=\frac{分析期天数×资产平均余额}{周转工作量}$$

上述算式中，资产平均余额是指分析期资产负债表上期初余额与期末余额的平均值。分析期一般以一年为准，按360天计算，在短期分析中，按一季90天，一月30天计算。实务中一般采用资产周转期指标，因为它直观易懂，便于不同行业及不同时期进行对比。

资产周转率或周转期，反映了现有资产的利用程度即资产利用效率。具体来说，资产周转期既可以指资产回收周期，也可以指资产保存周期。资产回收周期短，意味着占用在资产上的资金停留在企业生产经营过程中的时间短，可以尽早地回收投入的资金；资产的保存周期短，资产的库存数量相应减少，可以节约存货费用。

（二）存货周转率

存货周转率与存货周转天数的计算公式如下：

$$存货周转率=\frac{本期销售成本}{存货平均余额}$$

$$存货周转天数=\frac{360}{存货周转率}$$

$$=\frac{360×存货平均余额}{本期销售成本}$$

存货周转率是用于衡量企业对存货的营运能力和管理效率的财务比率。存货周转率高，周转天数少，表明存货的周转速度快，变现能力强，进而则说明企业具有较强的存货营运能力和较高的存货管理效率。

存货周转率的高低与企业的经营特点（经营周期、经营的季节性等）紧密相关，企业的经营特点不同，存货周转率客观上存在着差异。例如，房地产企业的营业周期相对要长于一般性制造企业，因而其存货周转率通常要低于制造企业的平均水平；制造企业的营业周期又相对长于商品流通企业，这使得制造企业的存货周转率通常低于商品流通企业的平均水平。由于存货周转率与企业经营特点具有这种内在相关性，因此我们在对该项比率进行比较分析时，必须注意行业可比性。

（三）应收账款周转率

应收账款周转率、应收账款周转天数的计算公式如下：

$$应收账款周转率 = \frac{本期销货收入}{应收账款平均余额}$$

$$应收账款周转天数 = \frac{360 \times 应收账款平均余额}{本期销货收入}$$

式中，应收账款平均余额=（期初应收账款+期末应收账款）/2

应收账款周转率是用于衡量企业应收账款管理效率的财务比率，应收账款周转率高，周转天数少，表明企业应收账款的管理效率高，变现能力强；反之，企业营运用资金将会过多地呆滞在应收账款上，影响企业的正常资金周转。

在计算应收账款周转率指标时，"应收账款平均余额"中的应收账款，应是未扣除坏账准备的应收金额，而不宜采用应收账款净额。因为坏账准备仅是会计上基于稳健原则所确认的一种可能损失，这种可能损失是否转变为现实损失，以及转变为现实损失的程度取决于企业对应收账款的管理效率。也就是说，已计提坏账准备的应收账款并不排除在收款责任之外，相反，企业应对这部分应收账款采取更严格的管理措施。在这种情况下，若以扣除坏账准备的应收账款计算应收账款周转率，不仅在理论上缺乏合理性，在实务上也可能导致管理人员放松对这部分账款的催收，甚至可能导致管理人员为提高应收账款周转率指标而不适当地提高坏账计提比率。关于公式中的"销售收入"，从相关性的角度考虑应采用赊销收入，但由于分析者（特别是企业外部分析者）无法获取企业的赊销数据，因而在实际分析时通常是直接采用销售收入计算。

将该比率联系存货周转率分析，可大致说明企业所处的市场环境和管理的营销策略。具体说，若应收账款周转率与存货周转率同时上升，表明企业的市场环境优越，前景看好；若应收账款周转率上升，而存货周转率下降，表明企业因预期市场看好，而扩大产、购规模或紧缩信用政策，或两者兼而有之；若存货周转率上升，而应收账款周转率下降，可能表明企业放宽了信用政策，扩大了赊销规模，这种情况可能隐含着企业对市场前景的预期不甚乐观，应予警觉。

（四）流动资产周转率

流动资产周转率和流动资产周转天数的计算公式如下：

$$流动资产周转率 = \frac{本期销售收入}{流动资产平均余额}$$

$$流动资产周转天数 = \frac{360 \times 流动资产平均余额}{本期销售收入}$$

式中，流动资产平均余额=（期初流动资产+期末流动资产）/2

243

流动资产周转率是用于衡量企业流动资产综合营运效率和变现能力的财务比率。流动资产周转率越高，周转天数越少，表明企业对流动资产的综合营运能力越强，效率越高，否则反之。流动资产周转率与存货周转率和应收账款周转率的关系可表述如下：

$$流动资产周转率＝应收账款周转率×应收账款占流动资产比重$$

或　　$$流动资产周转率＝（1+成本利润率）×存货周转率×存货占流动资产比重$$

这种关系说明，当应收账款占流动资产的比重一定时，要加速流动资产周转，有赖于加速应收账款的周转；当存货占流动资产的比重一定时，要加速流动资产周转，有赖于在加速存货周转的同时，提高经营的获利水平。

（五）总资产周转率

总资产周转率、总资产周转天数的计算公式如下：

$$总资产周转率＝\frac{本期销售收入}{总资产平均余额}$$

$$总资产周转天数＝\frac{360×总资产平均余额}{本期销售收入}$$

式中，总资产平均余额＝（期初总资产+期末总资产）/2

总资产周转率是用于衡量企业资产综合营运效率和变现能力的比率。总资产周转率越高，表明企业资产的综合营运能力越强，效率越高；反之亦然。总资产周转率与流动资产周转率的关系式如下：

$$总资产周转率＝流动资产周转率×流动资产占总资产的比重$$

上式表明，要加速总资产周转，一是可以加速流动资产周转，二是可以提高流动资产在总资产中所占的比重。但资产结构主要由企业的行业性质和经营特点所决定，企业不能随意调整。因此，要加速总资产周转，从根本上说有赖于加速流动资产的周转。

四、盈利能力比率

盈利能力就是企业获取利润的能力，获利是企业经营的直接目的，因而盈利能力分析是企业财务分析的核心内容。从某种程度来说，盈利能力是保持良好财务状况的基本目的，因此，企业的盈利能力比其财务状况更为重要。作为债权人，除非借入方有取之不尽的抵押资产，否则企业的偿债能力还是要寄托于经营前景是否看好，贷款给利润优厚的企业比贷款给利润低薄的企业更为安全可靠。对于投资者和企业管理人来说，他们更关心企业利润水平的高低，盈利能力的大小是衡量企业经营与管理业绩的直接指标。反映企业获利情况的财务比率主要有营业利润率、总资产报酬率和净资产报酬率等基本的财务比率。

（一）营业利润率

营业利润率的计算公式如下：

$$营业利润率 = \frac{本期营业利润}{本期营业收入} \times 100\%$$

该项指标的意义在于从营业收益的角度说明企业营业业务的获利水平，其比率值越高，表明企业的获利水平越高；反之，获利水平则越低。

构建该项指标的依据在于，企业利润在正常情况下主要来自营业利润，而营业利润尽管不是由营业收入所创造，但却是以营业收入的实现为前提，并且，当企业的成本水平一定时，营业利润的增减主要取决于营业收入的变化。因此，将营业利润与营业收入比较不仅能够反映营业利润与营业收入的内在逻辑联系，而且能够揭示营业收入对企业利润的贡献程度。不仅如此，营业收入的变化取决于销量和价格两个因素，而这两个方面又是由企业的市场营销状况所决定的。因此，通过营业利润率还可以反映市场营销对企业利润的贡献程度，有助于分析营销部门的工作业绩。

公式中的"营业利润"可以从主营业务利润和营业利润两个方面计算。为便于区分，将以主营业务利润计算的利润率称为营业毛利率，而将以营业利润计算的利润率称为营业利润率。营业毛利率和营业利润率尽管均可用于说明企业的获利水平，但两者说明问题的侧重点不同。营业毛利率侧重于从主营业务的角度说明企业的获利水平，营业利润率则侧重于说明企业营业的综合获利水平。

（二）总资产报酬率

总资产报酬率的计算公式如下：

$$总资产报酬率 = \frac{息税前利润}{总资产平均余额（或期末余额）} \times 100\%$$

该指标的意义在于说明企业每占用及运用百元资产所能获取的利润，用于从投入和占用方面说明企业的获利能力，其比率值愈高，表明企业的获利能力愈强；反之，获利能力愈弱。

该项比率的构建依据在于：① 企业经营的目的在于获利，经营的手段则是合理组织和营运特定资产。因此，将利润与资产比较，能够揭示经营手段的有效性和经营目标的实现程度。从这种意义上说，该指标是用于衡量企业获利能力的一项最基本而又最重要的指标。② 企业利润既包括净利润，也包括利润、所得税以及少数股权收益。它们是由企业总资产所创造的，而非仅由部分资产创造。因此，以息税前利润与总资产比较，能够充分体现投入与产出的相关性，从而能够真实客观地揭示获利能力。

总资产报酬率视行业性质不同而不同，但长时期的总资产平均报酬率各行业呈趋于一致的倾向。这是因为，如果某一部门的利润率高于其他部门，就必然引起社会资本向该部门流动，引起本部门的总资本扩大，利润率下降。一般来说，各行业部门的总资产报酬率基本是一致的，该指标可以用于各行业之间的比较。

（三）净资产报酬率

净资产报酬率的计算公式如下：

$$净资产报酬率=\frac{净利润}{净资产平均余额（期末余额）}\times100\%$$

该比率用于从净收益的角度说明企业净资产的获利水平，其比率值越高，表明企业的获利水平越高；反之，表明企业获利水平越低。

构建该项比率的依据在于：① 股东财富最大化是企业理财的目标之一，而股东财富的增长从企业内部看主要来源于利润，因此，将净利润与净资产（股东权益）比较能够揭示企业理财目标的实现程度。② 企业在一定期间实现的利润中，能够为股东享有的仅仅是扣除所得税后的净利润，而不包括作为所得税及利息开支方面的利润。因此，以净利润与净资产比较才能客观地反映企业股东的报酬状况和财富增长情况。

净资产报酬率与营业利润率尽管均是用于衡量企业获利水平的指标，但两者说明问题的角度不同，营业利润率是从经营的角度说明企业的获利水平，而净资产报酬率则从综合性的角度说明企业的获利水平。换言之，影响营业利润率的因素主要限于营业收入、营业成本等经营性方面的因素，而影响净资产报酬率的因素除经营性因素外，还包括筹资、投资、利润分配等财务性质的因素，这一点可通过以下公式得以说明：

$$净资产报酬率=\frac{净利润}{净资产平均余额}\times100\%$$

$$=\frac{息税前利润}{总资产平均余额}\times\frac{净利润}{息税前利润}\times\frac{总资产平均余额}{净资产平均余额}$$

$$=总资产报酬率\times净利润占息税前利润的比重\times\left(1+\frac{负债平均余额}{净资产平均余额}\right)$$

$$=营业利润率\times总资产周转率\times净利润比重\times（1+负债对净资产比率）$$

该分析式表明，影响净资产报酬率的因素有营业利润率、资产周转率、净利润比重和负债对净资产比率四个方面。其中，营业利润率、资产周转率主要属于经营性因素；净利润比重属于利润分配方面的因素；负债对净资产比率则属资本结构因素。

正是由于净资产报酬率受多种因素的共同影响，其相对于其他获利水平指标而言更能综合地反映企业的盈利情况，加之它与企业财务目标的内涵（股东财富最大化）相吻合，因此其在企业业绩分析中具有广泛的适用性。它不仅为国际通用，而且在我国目前所颁布的业绩分析指标体系中也位居榜首。

第四节　企业财务状况综合分析

分项财务比率的分析，只是从某一侧面说明企业的财务或经营状况，因而基于这种分别分析所形成的对企业财务的认识，也只是一种局部的、分散的认识，而非整体的、综合的认识。要想通过财务分析获得对企业财务的整体认识，有赖于将上述各个方面按内在逻辑结合起来，进行联系分析和综合分析。

一、杜邦财务分析体系

杜邦财务分析方法是由美国杜邦财务公司经理人员所总结的一种综合分析方法。该分析方法是以净资产报酬率为起点，按从综合到具体的逻辑关系层层分解，直到财务报表原始构成要素或项目。其分解方法如图10-2所示。

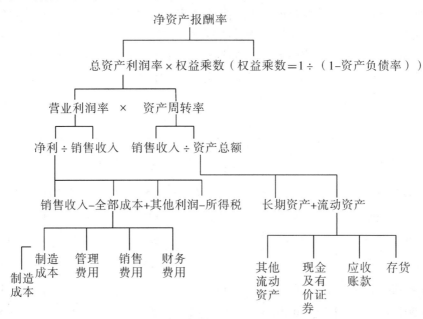

图10-2 杜邦财务分析体系

杜邦财务分析体系是从股东财富最大化这一目标出发，以反映股东财富水平的权益资本报酬率（净资产报酬率）为起点，进行层层分解所形成的分析指标体系。其主要作用在于揭示权益资本报酬率的构成要素以及影响权益资本报酬率变动的主要因素，进而为提高权益资本报酬率，实现股东财富增长目标指明可采取的途径。

（1）扩大收入，控制成本费用，并确保销售收入的增加幅度高于成本和费用的增加幅度。

（2）提高总资产周转率，即在现存资产基础上增加销售收入，或在现有收入基础上减少资产。

（3）在不危及公司的财务安全的前提下，增加债务规模，提高负债比率。

杜邦财务分析体系的最大特点在于，能够通过对指标的层层分解，解释财务指标变动的原因，为财务预算的编制和预算指标的分解提供基本思路，为财务分析和财务控制提供依据。

二、财务状况综合评分法

综合评分法是财务分析的一种重要方法，它不仅能够获得高度概括、综合的分析结论，而且该方法本身具有直观、易于理解的优点。以下介绍几种具有代表性的综合评分方法。

（一）沃尔评分法

沃尔评分法是由财务状况综合分析的先驱者亚历山大·沃尔于20世纪初基于信用分析所需而创立的一种综合评分法。他在《信用晴雨表研究》一书和《财务报表比率分析》一书中提出了信用能力指数的概念，并把若干个财务比率用线性关系联结起来，据以分析企业的信用水平。他选择了7个财务比率，并分别给定了各比率的分值权重（表10-4），在此基础上确定各比率的标准值，在评分时，将实际值与标准值比较，计算出每项比率的实际得分，然后加总各比率得分，计算总得分。

表 10-4　沃尔评分法

财务比率	分值权重 1	标准比率 2	实际比率 3	相对比率 4＝3÷2	实际得分 5＝1×4
流动比率	25	2	2.5	1.25	31.25
净资产/负债	25	1.5	0.9	0.6	15
资产/固定资产	15	2.5	3	1.2	18
销售成本/存货	10	8	10.4	1.3	13
销售额/应收账款	10	6	8.4	1.4	14
销售额/固定资产	10	4	3	0.75	7.5
销售额/净资产	5	3	1.5	0.5	2.5
合计	100				101.25

对于沃尔评分法，一般认为它存在一个理论弱点，即未能证明为何要选择这7个指标，以及每个指标所占权重的合理性。同时，还存在一个技术问题，即由于某项指标得分是根据"相对比率"与"分值权重"的乘积来确立的，因此，当某一指标严重异常时，会对总评分产生不合逻辑的重大影响。具体来说，财务比率提高一倍，其评分值增加100%，而财务比率缩小一半，其评分值只减少50%。尽管如此，沃尔评分法还是在实践中被广泛应用。

（二）现代综合评分法

现代社会与沃尔的时代相比，已有很大变化。一般认为，企业财务分析的内容主要是获利能力，其次是偿债能力，此外还有成长能力，三者之间大致可按5：3：2来分配比重。反映获利能力的主要指标是资产净利率、销售净利率和净资产报酬率。虽然净资产报酬率最重要，但由于前两个指标已经分别使用了资产净利率和净资产报酬率,为减少重复影响,3 个指标可按 2:2:1 安排。反映偿债能力的常用指标有 4 个,反映成长能力的常用指标有 3 个。如果仍以 100 分为总评分,则综合评分的标准见表 10-5。表 10-5 中的标准比率以本行业平均数为基础,适当进行理论修正。

表 10-5 综合评分的标准

指 标	评分值	标准比率/%	行业最高比率/%	最高评分	最低评分	每分比率的差/%
获利能力:						
总资产净利率	20	15	20	30	10	0.5
销售净利率	20	6	20	30	10	1.4
净资产报酬率	10	18	20	15	5	0.4
偿债能力:						
自有资本比率	8	50	90	12	4	10
流动比率	8	150	350	12	4	50
应收账款周转率	8	500	1 000	12	4	125
存货周转率	8	600	1 200	12	4	150
成长能力:						
销售增长率	6	20	30	9	3	3.3
净利增长率	6	15	20	9	3	1.7
人均净利增长率	6	15	20	9	3	1.7
合计	100			150	50	

表中,每分比率的差=1%×〔(行业最高比率-标准比率)÷(最高评分-标准评分)〕。例如,总资产净利率的每分比率的差计算如下:1%×〔(20%-15%)÷(30-10)〕=0.5。

该种综合评分法与沃尔的综合评分法相比,不仅丰富了分析内容,拓宽了运用范围,而且还克服了运用上的技术缺陷。除此之外,还具有以下两个方面的特点:第一,突出了净利润在财务分析中的重要地位,因而能够体现股东财务最大化这一财务目标赋予财务分析的基本要求。第二,在内容上兼顾了企业的成长能力,有利于分析者考察对企业投资的预期价值。尽管如此,该方法仍然存在一些不尽合理的方面,如:

(1)过分突出获利能力比率,而对决定获利能力的经营能力比率关注不够,这就有悖于企业财务能力的内在逻辑关系。

(2)过分强调企业对股东财富增长(净利润增长)的贡献,而对其他利益主体的利益要求体现不充分,这就使得按该方法分析有利于实现股东财富最大化,而不利于实现企业价值最大化。

(3)将总资产净利率和销售净利润作为分析的首先指标和重头指标,能够突出净利润的重要地位,但这两项指标本身却不伦不类,缺乏实际意义。具体来说,由于净利润与总资产和销售收入之间缺乏内在相关性，使得将净利润与总资产和销售收入进行比较，既不能反映企业对股东的贡献程度，也不能说明资产的获利能力和销售的获利水平。这样，将该两项指标纳入分析指标体系，难免会影响分析结论的有效价值和说服力。

三、现金流量分析

现金流量是指企业在一定时期的现金流转数量。它按与企业主体的相对性，可分为现金流入量、现金流出量和现金净流量三个方面；按企业经济活动的性质可分为经营活动现金流量、筹资活动现金流量和投资活动现金流量三个部分。

（一）现金流量分析的意义

现金流量是财务资金的直接表现形式，贯穿着财务管理的各个环节和过程，现金流量质量的好坏，直接影响着企业的偿债能力、营运能力和盈利能力。因此，对现金流量的分析过程，就是对企业财务能力的综合评判过程。

1. 分析现金流量是考察企业支付能力的需要

支付能力是企业偿债能力的核心。企业的支付能力来自资产，来自资产转化为现金的速度和程度。通过对现金流量的分析，可以考察一定时点的现金存量对流动负债的保障程度，可以考察一定时期的现金流量来自资产转化的数额，分别说明了企业支付能力的内在决定和外在表现，能够为企业决策提供更充分、更相关的分析信息。

2. 分析现金流量是揭示企业收益质量的需要

收益是经营业绩指标，但收益又受会计核算技术的影响，理财必须注意收益的内在质量。收益质量是指收益的现金内涵，包括变现金额和变现时间两个方面。无论是变现金额还是变现时间，均须比较一定期间的收益数量与现金流量，通过两者的吻合程度予以揭示。对这种吻合程度的计算、比较和分析，是现金流量分析的一项重要内容。

3. 分析现金流量是预测企业价值的需要

企业投资者的投资价值从根本上取决于企业价值。根据现代财务学理论，企业的内在价值是其未来现金流量的现值。因此，投资者要能正确投资决策，实现投资的预期价值，必须合理预测企业的未来现金流量。而要合理预测企业的未来现金流量，有赖于在对企业现金流量的历史与现状进行客观比较分析的基础上，揭示动态趋势和规律。这种纵向的比较分析和动态的趋势揭示，也是现金流量分析的一项重要内容。

（二）现金流量结构分析

现金流量结构是指一定期间的现金流入、流出及净流量总额中，各项目所占的比例或百分比。分析现金流量结构的主要意义在于揭示公司既定现金流量的成因，并结合公司的经营特点和发展周期等，判断现金流量的构成是否合理。同时，通过对现金流量构成的纵向期比较，还可以揭示构成的变化趋势，合理预测未来现金流量。

现金流量结构分析，首先应计算各项目现金流量占现金总流量的百分比，据以对现金流量构成的合理性做出初步判断。对于持续稳定经营的公司来说，现金流量的三个基本组成内容中，经营活动现金流量应占主体地位。

【例10-2】W 股份有限公司是一家以工业性经营业务为主的集团公司，为分析其现金流量结构的合理性，拟选定特点基本相同的 10 家公司进行比较。2022 年度W 公司的现金流量构成情况以及同业 10 家公司的平均构成情况如表 10-6、表 10-7和表 10-8 所示。

表 10-6　现金流入构成情况比较表

项　　目	W 公司/万元	三大部分构成情况/%		各部分内部构成情况/%	
		W 公司	同业平均	W 公司	同业平均
一、经营活动现金流入	37 795	70.75	83	100	100
商品和劳务收现	31 939			84.5	82.5
收到的销项税额	5 542			14.67	16.5
收到的其他现金	314			0.83	1
二、投资活动的现金流入	6 579	12.32	4.5	100	100
收回投资收现	6 545			99.49	30.2
利润分配收现	—			—	68
收到的其他现金	34			0.51	1.8
三、筹资活动现金流入	9 047	16.93	12.5	100	100
吸收权益投资收现	—			—	20.5
借款收到的现金	9 047			100	79.5
收到的其他现金	—			—	—
合计	53 421	100	100	—	—

表 10-7　现金流出构成情况比较表

项　　目	W 公司/万元	三大部分构成情况/%		各部分内部构成情况/%	
		W 公司	同业平均	W 公司	同业平均
一、经营活动现金流出	28 788	58.13	67.4	100	100
商品和劳务付现	1 902			66.07	62.5
支付给职工的现金	1 984			6.89	8.9
支付的增值税税款	5 960			20.7	21
支付的所得税税款	1 520			5.28	6.4

251

表10-7(续)

项 目	W公司/万元	三大部分构成情况/%		各部分内部构成情况/%	
		W公司	同业平均	W公司	同业平均
支付的其他现金	303			1.06	1.2
二、投资活动现金流出	1 193	2.41	16.8	100	100
购建固定资产等付现	893			74.85	38
权益性投资付现	—			—	57
债权性投资付现	—			—	
支付其他的现金	300			25.15	5
三、筹资活动现金流出	19 539	39.46	15.8	100	100
偿还债务付现	16 550			84.7	67.5
分配利润付现	1 464			7.49	14.4
偿付利息付现	1 525			7.81	18.1
支付其他的现金	—			—	—
合计	49 520			—	—

表 10-8　现金流量构成情况比较表

项 目	W公司净流量额/万元	构成百分比/%	
		W公司	11家公司平均
经营活动现金净流量	9 007	231	110
投资活动现金净流量	5 386	138	−30
筹资活动现金净流量	−10 492	−269	20
现金净流量合计	3 901	100	100

通过以上比较，我们可以对W公司的现金流量情况做如下分析：

（1）W公司的经营现金流入占总流入额的70.75%，居于主要地位，基本符合现金流量构成的一般规律。但与11家公司的平均数83%比较，却显得偏低，原因主要是：公司当年因转让股权投资而获得了6 000多万元的现金流入，使得投资活动现金流入比例相对较高，影响了经营收入所占比例。同时，借款收到了大量现金，使得筹资活动现金流入所占比重也相对较高。从现金流入的具体构成看：① 在公司的经营活动现金流入中，销售商品、提供劳务收到的现金流入占84.5%，属于经营现金流入的主体内容，表明公司经营状况良好，销售政策与收账政策基本合理有效。不仅如此，公司经营现金流入各项目的构成情况与同业的平均值基本吻合，这就进一步说明了公司经营现金流量构成的合理性。② 公司投资活动的现金流入中，除收回投资所收到的现金外，几乎没有其他方面的现金流入。特别是在长期股权投资年末余额高达近4 000万元（该公司报表数）的情况下，股利或利润方面的现金流入为零，表明公司的对外投资质量极为不佳。再从同业平均构成看，投资方面的现金流入主要来自股利或利润分配，而收回投资方面的现金流入则相对较低，这就进一步说明了公司对外投资的质量不佳。③ 公司的筹资活动现金流入全部是借款的现金流入，而从同业平均构成看，除借款外，还有约 20% 的现金来自吸收权益投资。但这并不表明该公司有必要调整筹资结构，原因在于该公司的权益性资本已达到一定规模，相反资本负债率却相对偏低（根据报表计算，不足 40%），有较大的债务融资空间，在这种情况下，扩大负债融资有利于获取财务杠杆收益。

（2）公司的经营现金流出占总流出额的 58.13%，相对居于主要地位。但与同业的平均数 67.4% 相比也显得偏低，原因主要在于当年到期债务的本息大约为 19 000 万元（报表数），使偿还借款方面的现金流出额较大，比例较高，从而降低了经营现金流出所占的比例。从现金流出的具体构成看：① 公司的经营活动现金流出中，购买商品接受劳务所支付的现金占 66.07%，属正常情况，与同业的平均构成比较，各项目均比较接近，表明公司经营现金流出的构成基本合理。② 公司的投资活动现金流出中，用于购建固定资产方面的占 74.85%，其他占 25.15%，而无对外长期投资方面的现金流出。从同业平均构成看，权益性投资方面的现金流出占 57%，其次才是购建固定资产，无形资产方面的现金流出占 38%，产生这种差异的原因可能是公司的决策层受现有对外投资收益状况的影响，而对对外投资缺乏信心。然而，从公司报表所反映的资产状况看，投资结构调整势在必行，这种调整包括两个方面，一是控制固定资产的投资规模，因为公司现有资产中，固定资产已达到相当规模，且比例高达流动资产的 2 倍，若继续追加固定资产投资，则势必导致能力过剩，资产闲置。二是调整对外投资对象，即在积极处理目前的不良投资的同时，选择新的、有利可图的投资对象，以改善对外投资的质量状况。③ 公司筹资活动的现金流出中，偿还债务所支付的现金高达 84.7%，与同业平均数 67.5% 比较，高出 17.2%，原因如上所述，即公司的负债总额中，流动负债总额所占比例较大，使得偿债时间相对集中。这同时表明，公司要优化筹资活动现金流出结构，有必要调整长、短期结构。

（3）公司的经营活动现金净流量占总现金净流量的 231%，与 11 家公司的平均数 110% 比较高出 121%，原因主要在于公司当年因大额偿债而抵销了经营活动及投资活动的现金流入，使综合现金净流量远低于经营活动现金净流量。公司的投资活动现金净流量占总现金净流量的 138%，与同业平均数 -30% 比较，高出 168%，原因在于公司当年转让对外投资取得了大额的转让收入。

（三）现金支付能力分析

1. 债务支付能力比率

该比率用于从动态的角度说明企业经营现金净流量对流动负债或到期债务的支付能力。这里，经营现金净流量对流动负债之比称为现金流动负债比（或者称为现金流量比率），对到期债务之比称为现金到期债务比。相关计算公式如下：

$$现金流动负债比 = \frac{经营现金净流量}{流动负债}$$

$$现金到期债务比 = \frac{经营现金净流量}{本期到期债务}$$

式中，本期到期债务主要是本期到期的长期债务、短期借款和应付款项，因为这些债务通常不能展期，到期必须如数偿还。

上述比率值越大，表明企业对债务的支付能力越强。具体分析时应结合行业平均水平，只要比率值接近行业平均水平，即可认为适度。

2. 现金股利支付能力比率

（1）每股现金流量。该比率从每股经营现金净流量的角度衡量企业现金股利支付能力，其计算公式如下：

$$每股现金流量 = \frac{经营现金净流量}{发行在外的普通股股数}$$

该比率值越高，表明企业支付现金股利的能力越强。但在具体分析时，应当注意结合每股盈余分析，由于折旧等方面的现金流入，该比率值在正常情况下应高于每股盈余，否则可能导致现金股利支付能力不足。

（2）现金股利保障倍数。该比率从经营现金净流量与现金股利相对关系的角度衡量企业的现金股利支付能力，其计算公式如下：

$$现金股利保障倍数 = \frac{每股经营现金净流量}{每股现金股利}$$

该比率值越大，表明企业支付现金股利的能力越强，具体应结合行业平均水平以及企业的举债能力等进行分析。

（四）收益质量分析

1. 营业收现比率

该比率用于衡量企业营业收入的变现程度，说明营业收入的质量状况，其计算公式如下：

$$营业收现比率 = \frac{销售商品提供劳务收到的现金}{主营业务收入（含税）}$$

该比率值越高，说明企业营业收入的变现性越好、质量越高，具体也应结合行业平均水平分析。

2. 营运指数

该比率用于衡量企业营业利润的现金内涵，说明营业利润的质量状况，其计算公式如下：

$$营运指数 = \frac{经营现金净流量}{经营应得现金}$$

其中，经营应得现金＝净利润－非经营利润＋非付现费用

经营现金净流量＝经营应得现金－（经营性流动资产净增加＋经营性流动负债净减少）

该比率越大，表明企业的收益质量越高。根据该比率构成因素的内在相关性，其适度范围应在1以上，若小于1，表明收益的质量不够好。

第五节　财务报表案例分析

财务分析最常见的应用领域就是财务报表分析。对于企业外部的利益相关者来说，了解企业财务和经营情况最主要的途径就是解读和分析企业对外公开的财务报表。财务报表列示了企业的基本会计数据，对这些数据运用财务分析工具进行再加工，能够更好地反映企业的财务状况和经营成果。

一、基本的财务报表

经审计并对外公布的企业财务报表，具有客观、全面、综合的特征，提供了财务分析的基础数据。本部分以某上市公司（以下简称 XM 公司）经审计的财务报表数据为例，进行基本的财务分析。XM 公司是一家汽车整车及零配件的制造厂商，属于交运设备制造行业。公司股份 40 多亿股，其主营产品约占全国 10% 的市场份额，居同行业前列。

（一）资产负债表

资产负债表反映了企业某一时点（通常是年末、半年末、季末、月末等）的财务状况，反映了企业在该时点的资产、负债和所有者权益的数量和结构。XM 公司 2022 年资产负债表如表 10-9 所示。

表 10-9　XM 公司合并资产负债表

2022 年 12 月 31 日　　　　　　　　　　　　　　　　单位：元

项目	期末金额	期初金额
流动资产：		
货币资金	4 281 715 600.23	4 199 763 915.82
交易性金融资产		332 407.00
应收票据	11 272 212 347.84	9 364 340 972.00
应收账款	454 555 643.54	438 384 320.58
预付款项	698 725 451.66	499 042 641.69
应收股利		450 030.00
其他应收款	208 009 273.35	133 863 189.40
买入返售金融资产		
存货	4 728 582 349.44	4 911 029 980.66
一年内到期的非流动资产		
其他流动资产	2 585 737.57	4 774 719.12
流动资产合计	21 646 386 403.63	19 551 982 176.27

表10-9（续）

项目	期末金额	期初金额
非流动资产：		
发放委托贷款及垫款		
可供出售金融资产	257 319 416.00	233 814 100.00
持有至到期投资		
长期应收款		
长期股权投资	12 466 481 788.64	7 594 311 455.02
投资性房地产	1 006 267.37	1 081 565.51
固定资产	13 740 763 376.25	11 627 068 108.78
在建工程	1 328 773 757.05	2 805 328 886.06
工程物资	96 690.75	795 898.75
固定资产清理	8 696.53	2 485 714.76
生产性生物资产		
油气资产		
无形资产	2 075 147 291.62	2 133 154 677.81
开发支出	685 666 604.48	373 059 730.66
商誉	9 804 394.00	9 804 394.00
长期待摊费用	1 410 228.76	2 055 164.45
递延所得税资产	1 000 896 551.99	859 267 186.20
其他非流动资产	244 336 881.52	923 395 734.00
非流动资产合计	31 811 711 944.96	26 565 622 616.00
资产总计	53 458 098 348.59	46 117 604 792.27
流动负债：		
短期借款	1 258 000 000.00	1 250 000 000.00
应付票据	9 388 781 959.80	7 808 998 092.99
应付账款	7 746 384 027.55	7 201 763 448.59
预收款项	4 258 001 533.60	4 251 355 201.70
卖出回购金融资产款		
应付手续费及佣金		
应付职工薪酬	790 299 118.95	427 915 773.96
应交税费	133 557 224.84	49 882 326.93
应付利息	78 113 712.49	77 316 091.67
应付股利	79 742.80	79 742.80
其他应付款	1 631 578 755.92	1 918 249 420.49
一年内到期的非流动负债	550 000 000.00	18 000 000.00

表10-9(续)

项目	期末金额	期初金额
其他流动负债	1 900 629 102.12	1 518 516 938.67
流动负债合计	27 735 425 178.07	24 522 077 037.80
非流动负债：		
长期借款	1 240 000 000.00	992 000 000.00
应付债券	1 967 266 759.93	1 963 348 839.97
长期应付款		
专项应付款	213 630 202.50	131 053 523.96
预计负债	1 117 167 286.59	676 261 668.40
递延所得税负债	41 842 961.06	37 741 632.06
其他非流动负债	2 502 813 374.75	2 404 194 366.91
非流动负债合计	7 082 720 584.83	6 204 600 031.30
负债合计	34 818 145 762.90	30 726 677 069.10
所有者权益（或股东权益）：		
实收资本（或股本）	4 662 886 108.00	4 662 886 108.00
资本公积	3 078 557 394.14	3 088 935 360.43
减：库存股		
专项储备	1 670 967.02	
盈余公积	1 816 272 976.53	1 441 483 901.26
一般风险准备		
未分配利润	9 233 857 503.02	6 335 790 529.86
外币报表折算差额	−14 890 520.84	−16 160 551.29
归属于母公司所有者权益合计	18 778 354 427.87	15 512 935 348.26
少数股东权益	−138 401 842.18	−122 007 625.09
所有者权益（或股东权益）合计	18 639 952 585.69	15 390 927 723.17
负债和所有者权益(或股东权益)总计	53 458 098 348.59	46 117 604 792.27

（二）利润表

利润表反映了企业在一定时期内（通常是一年、半年、一季、一月等）的经营成果，反映了企业在本期内营业收入、营业成本、营业利润、利润总额、净利润的实现情况。XM 公司 2022 年利润表如表 10-10 所示。

表 10-10 XM 公司合并利润表　　　　　　单位：元

项目	本期金额	上期金额
一、营业总收入	38 481 862 261.90	29 462 588 753.56

表10-10(续)

项目	本期金额	上期金额
其中：营业收入	38 481 862 261.90	29 462 588 753.56
二、营业总成本	39 857 599 266.08	30 407 459 434.02
其中：营业成本	31 747 798 788.90	24 040 087 067.12
营业税金及附加	1 260 779 551.85	759 633 210.06
销售费用	3 553 555 935.87	2 629 835 059.39
管理费用	2 891 904 873.06	2 690 247 230.28
财务费用	71 968 462.37	28 937 872.02
资产减值损失	331 591 654.03	258 718 995.15
加：公允价值变动收益（损失以"-"号填列）	-332 407.00	-1 193 392.63
投资收益（损失以"-"号填列）	4 506 602 315.09	1 868 541 181.38
其中：对联营企业和合营企业的投资收益	4 474 644 845.42	1 860 722 181.38
汇兑收益		
三、营业利润（亏损以"-"号填列）	3 130 532 903.91	922 477 108.29
加：营业外收入	224 607 784.18	420 602 650.87
减：营业外支出	39 579 153.15	15 645 905.43
其中：非流动资产处置损失	18 587 591.13	4 115 881.11
四、利润总额（亏损总额以"-"号填列）	3 315 561 534.94	1 327 433 853.73
减：所得税费用	-152 930 814.72	-87 573 801.48
五、净利润（净亏损以"-"号填列）	3 468 492 349.66	1 415 007 655.21
其中：被合并方在合并前实现的净利润		
归属于母公司所有者的净利润	3 505 640 520.04	1 446 409 591.28
少数股东损益	-37 148 170.38	-31 401 936.07
六、每股收益：		
（一）基本每股收益	0.75	0.31
（二）稀释每股收益	0.75	0.31
七、其他综合收益	20 674 017.45	10 929 527.72
八、综合收益总额	3 489 166 367.11	1 425 937 182.93
归属于母公司所有者的综合收益总额	3 526 314 537.49	1 457 339 119.00
归属于少数股东的综合收益总额	-37 148 170.38	-31 401 936.07

（三）现金流量表

现金流量表是以现金为基础编制的财务状况变动表，反映了企业在一定时期内（通常是一年、半年、一季、一月等）由于经营活动、投资活动和筹资活动而产生的现金及现金等价物流入流出情况。XM公司2022年现金流量表如表10-11所示。

表 10-11 XM 公司合并现金流量表 单位：元

项目	本期金额	上期金额
一、经营活动产生的现金流量：		
销售商品、提供劳务收到的现金	37 134 330 352.74	25 663 720 716.16
收到的税费返还	147 688 198.78	64 506 744.26
收到其他与经营活动有关的现金	1 166 071 012.41	690 217 042.92
经营活动现金流入小计	38 448 089 563.93	26 418 444 503.34
购买商品、接受劳务支付的现金	26 705 741 449.21	18 802 103 710.55
支付给职工以及为职工支付的现金	2 644 629 978.53	2 349 914 141.29
支付的各项税费	2 473 956 911.00	1 193 706 087.40
支付其他与经营活动有关的现金	4 791 115 000.82	3 560 834 890.72
经营活动现金流出小计	36 615 443 339.56	25 906 558 829.96
经营活动产生的现金流量净额	1 832 646 224.37	511 885 673.38
二、投资活动产生的现金流量：		
收回投资收到的现金	8 715 226.30	
取得投资收益所收到的现金	1 632 208 203.42	1 807 819 000.00
处置固定资产、无形资产和其他长期资产收回的现金净额	9 534 295.27	2 667 743.02
处置子公司及其他营业单位收到的现金净额		
收到其他与投资活动有关的现金	31 545 952.00	225 800 000.00
投资活动现金流入小计	1 682 003 676.99	2 036 286 743.02
购建固定资产、无形资产和其他长期资产支付的现金	2 469 169 621.53	4 886 774 898.90
投资支付的现金	1 304 825 990.00	126 221 699.10
质押贷款净增加额		
取得子公司及其他营业单位支付的现金净额		
支付其他与投资活动有关的现金	80 000.00	703 015 710.00
投资活动现金流出小计	3 774 075 611.53	5 716 012 308.00
投资活动产生的现金流量净额	-2 092 071 934.54	-3 679 725 564.98
三、筹资活动产生的现金流量：		
吸收投资收到的现金		
其中：子公司吸收少数股东投资收到的现金		
取得借款收到的现金	2 258 000 000.00	3 274 398 247.02
发行债券收到的现金		1 960 410 400.00
收到其他与筹资活动有关的现金	256 922 675.77	119 759 876.44

259

表10-11（续）

项目	本期金额	上期金额
筹资活动现金流入小计	2 514 922 675.77	5 354 568 523.46
偿还债务支付的现金	1 470 000 000.00	1 991 288 247.02
分配股利、利润或偿付利息支付的现金	434 092 769.25	250 137 801.29
其中：子公司支付给少数股东的股利、利润		
支付其他与筹资活动有关的现金	158 865 869.37	598 466 584.26
筹资活动现金流出小计	2 062 958 638.62	2 839 892 632.57
筹资活动产生的现金流量净额	451 964 037.15	2 514 675 890.89
四、汇率变动对现金及现金等价物的影响	-7 606 526.91	-51 699.56
五、现金及现金等价物净增加额	184 931 800.07	-653 215 700.27
加：期初现金及现金等价物余额	3 585 495 012.22	4 238 710 712.49
六、期末现金及现金等价物余额	3 770 426 812.29	3 585 495 012.22

二、偿债能力分析

偿债能力是指在一定期间内企业能否及时偿还到期债务的清偿能力。企业的偿债能力按分析要求，划分为短期偿债能力和长期偿债能力。短期偿债能力，是指企业一年内及时偿付债务的信用程度，主要是指企业对日常经营债务的支付能力，分析指标主要有流动比率、速动比率、现金比率等。长期偿债能力，是指企业保证未来到期债务进行偿付的可靠程度，分析指标主要有资产负债率、利息保障倍数等。

（一）指标计算

相关指标的计算公式如下：

$$流动比率 = \frac{流动资产}{流动负债} = \frac{21\ 646\ 386\ 403.63}{27\ 735\ 425\ 178.07} = 0.78$$

$$速动比率 = \frac{速动资产}{流动负债} = \frac{16\ 915\ 218\ 316.62}{27\ 735\ 425\ 178.07} = 0.61$$

其中，

速动资产 = 流动资产 - 存货 - 一年内到期的非流动资产 - 其他流动资产

$$= 21\ 646\ 386\ 403.63 - 4\ 728\ 582\ 349.44 - 0 - 2\ 585\ 737.57$$

$$= 16\ 915\ 218\ 316.62 \ （元）$$

$$现金比率 = \frac{现金及其等价物}{流动负债} = \frac{4\ 281\ 715\ 600.23}{27\ 735\ 425\ 178.07} \approx 0.15$$

其中，

现金及其等价物 = 货币资产 + 交易性金融资产 = 4 281 715 600.23 （元）

$$资产负债率 = \frac{负债总额}{资产总额} = \frac{34\ 818\ 145\ 762.90}{53\ 458\ 098\ 348.59} \approx 65.13\%$$

$$利息保障倍数=\frac{息税前利润}{利息费用}=\frac{3\,387\,529\,997.31}{71\,968\,462.37}\approx47.07$$

其中，

息税前利润=税前利润总额+利息费用

$$=3\,315\,561\,534.94+71\,968\,462.37=3\,387\,529\,997.31（元）$$

（二）总体分析

将上述偿债能力指标计算结果汇总于表 10-12。根据表 10-12 中的数据，结合该公司各指标的历史数据，以及同行业指标数据情况，可以对 XM 公司的偿债能力情况做一个总体分析。

表 10-12　XM 公司 2022 年偿债能力指标

比率名称		XM 公司（2022）	XM 公司（2021）	行业平均（2022）
短期偿债能力	流动比率	0.78	0.90	1.27
	速动比率	0.61	0.60	0.47
	现金比率	0.15	0.21	0.18
长期偿债能力	资产负债率	65.13%	66.63%	62.42%
	利息保障倍数	47.07	42.96	49.45

根据表 10-12 对 XM 公司偿债能力指标的汇总情况得知：

（1）XM 公司流动比率为 0.78，速动比率为 0.61，两比率数值差距不大，说明该公司存货份额不大。

（2）根据资产负债表数据，进一步分析，并结合 0.15 的现金比率水平，该公司较高的应收票据（110 多亿元）保证了相对较高的速动比率。

（3）资产负债率为 65.13%，结合资产构成比例，流动资产约占总资产的 40%，具有一定的财务风险。

（4）利息保障倍数为 47.07，利润总额水平超过利息费用的 46 倍，比较正常。

（5）与同行业平均水平比较，该公司的流动比率、资产负债率水平有较大差距。

（6）总体来说，XM 公司的短期偿债能力不算太弱，主要是由于应收票据对速动比率的保障；资产负债率偏高，长期偿债能力不强。

三、营运能力分析

营运能力是指在一定期间内企业资产的运行效率。企业的营运能力着重考察流动资产的周转水平，主要包括应收账款周转水平和存货周转水平。

（一）指标计算

存货周转率的计算公式如下：

$$存货周转率=\frac{本期营业成本}{存货平均余额}=\frac{31\,747\,798\,788.90}{4\,819\,806\,165.05}\approx6.587（次）$$

其中，存货平均余额＝（4 911 029 980.66＋4 728 582 349.44）/2

$\qquad$ ＝4 819 806 165.05（元）

存货周转天数＝360/6.587≈54.65（天）

$$应收账款周转率＝\frac{本期营业收入}{应收账款平均余额}＝\frac{38\ 481\ 862\ 261.90}{446\ 469\ 982.06}≈86.191\ 4（次）$$

其中，应收账款平均余额＝（438 384 320.58＋454 555 643.54）/2

$\qquad$ ＝446 469 982.06（元）

应收账款周转天数＝360/86.191 4≈4.18（天）

$$应收账款与票据周转率＝\frac{本期营业收入}{应收账款与票据平均余额}＝\frac{38\ 481\ 862\ 261.90}{10\ 764\ 746\ 641.98}$$

$$≈3.574\ 8（次）$$

其中，应收账款与票据平均余额

＝（438 384 320.58＋454 555 643.54＋9 364 340 972.00＋11 272 212 347.84）/2

＝10 764 746 641.98（元）

应收账款与票据周转天数＝360/3.574 8≈100.70（天）

$$流动资产周转率＝\frac{本期营业收入}{流动资产平均余额}＝\frac{38\ 481\ 862\ 261.90}{44\ 646\ 998\ 206}＝1.868\ 1（次）$$

其中，流动资产平均余额＝（19 551 982 176.27＋21 646 386 403.63）/2

$\qquad$ ＝20 599 184 289.95（元）

流动资产周转天数＝360/1.868 1≈192.71（天）

（二）总体分析

将上述营运能力指标计算结果汇总于表 10-13。根据表 10-13 中的数据，结合该公司各指标的历史数据，以及同行业指标数据情况，可以对 XM 公司的营运能力情况做一个总体分析。

表 10-13　XM 公司 2022 年营运能力指标

比率名称		XM 公司（2022）	XM 公司（2021）	行业平均（2022）
存货周转水平	周转次数	6.59	5.31	4.89
	周转天数	54.65	67.80	73.62
应收账款周转水平	周转次数	86.19	62.39	65.36
	周转天数	4.18	5.77	5.51
应收账款与票据周转水平	周转次数	3.57	4.68	5.82
	周转天数	100.70	76.92	61.86
流动资产周转水平	周转次数	1.87	1.92	1.80
	周转天数	192.71	187.50	200.00

根据表 10-13 对 XM 公司营运能力指标的汇总情况得知：

（1）2022 年 XM 公司流动资产周转情况与去年情况基本持平，与同行业流动资产周转情况相比也差距不大。整个流动资产一年基本上能够周转 2 次，约半年周转 1 次，针对汽车行业来说，这种周转速度比较正常。

（2）2022 年 XM 公司存货周转 6.59 次，约 2 个月周转 1 次，销货速度比较正常。2022 年存货周转水平均超过本公司去年水平和行业平均水平，存货周转加快。同行业存货周转 73.62 天，XM 公司周转 54.65 天，节约近 20 天，存货周转较快。

（3）从应收账款周转情况来看，XM 公司 2022 年和 2021 年的周转都很快，4~5 天即能够收回应收账款，同行业水平也是如此。但进一步考察应收账款和应收票据的综合周转情况，XM 公司两年的周转次数在 3~5 次，周转天数在 75~100 天。这说明 XM 公司的产品赊销主要是靠应收票据实现的。相对于应收账款来说，应收票据收回的可能性更强，用应收账款和应收票据综合考察 XM 公司的应收款项周转情况更为合理。

（4）2022 年 XM 公司应收账款与票据的综合周转情况低于 2021 年水平，也低于行业平均水平，但单纯的应收账款周转率均高于本公司 2021 年水平和同行业平均水平。这说明 XM 公司 2022 年持有较高的应收票据，影响了该公司应收款项的周转。

（5）总体来说，XM 公司的流动资产周转情况比较正常，存货周转较快，有较好的销售实现，但需要加强应收票据的收回。

四、盈利能力分析

盈利能力是指企业在一定期间内业务和资产的获利水平。企业的盈利能力着重考察营业利润率、总资产报酬率和净资产报酬率。

（一）指标计算

相关指标的计算公式如下：

$$营业利润率 = \frac{本期营业利润}{本期营业收入} = \frac{3\ 130\ 532\ 903.91}{38\ 481\ 862\ 261.90} \approx 8.14\%$$

$$营业毛利率 = \frac{本期营业毛利}{本期营业收入} = \frac{5\ 473\ 283\ 921.15}{38\ 481\ 862\ 261.90} \approx 14.22\%$$

其中，营业毛利 = 营业收入 - 营业成本 - 营业税金及附加

$$= 38\ 481\ 862\ 261.90 - 31\ 747\ 798\ 788.90 - 1\ 260\ 779\ 551.85$$

$$= 5\ 473\ 283\ 921.15 （元）$$

$$总资产报酬率 = \frac{息税前利润}{总资产期末余额} = \frac{3\ 387\ 529\ 997.31}{53\ 458\ 098\ 348.59} \approx 6.34\%$$

其中，息税前利润 = 税前利润总额 + 利息费用

$$= 3\ 315\ 561\ 534.94 + 71\ 968\ 462.37 = 3\ 387\ 529\ 997.31 （元）$$

$$净资产报酬率 = \frac{净利润}{净资产期末余额} = \frac{3\ 468\ 492\ 349.66}{18\ 639\ 952\ 585.69} = 18.61\%$$

（二）总体分析

将上述盈利能力指标计算结果汇总于表 10-14。根据表 10-14 中的数据，结合该公司各指标的历史数据，以及同行业指标数据情况，可以对 XM 公司的盈利能力情况做一个总体分析。

表 10-14　XM 公司 2022 年盈利能力指标　　　　　单位:%

比率名称	XM 公司（2022）	XM 公司（2021）	行业平均（2022）
营业利润率	8.14	3.13	6.38
营业毛利率	14.22	15.40	15.71
总资产报酬率	6.34	2.94	7.88
净资产报酬率	18.61	9.19	12.94

根据表 10-14 对 XM 公司盈利能力指标的汇总情况得知:

（1）2022 年 XM 公司营业利润率水平较 2021 年有明显提高，也高出行业平均营业利润率水平，但营业毛利率水平与本公司 2021 年度和行业 2022 年度平均水平相比有所下降。营业利润率高但营业毛利率低，这说明公司 2022 年度的期间费用显著下降，或者是投资收益等其他营业利润水平显著增加。

（2）进一步分析，XM 公司 2022 年营业利润 313 053 万元的构成情况如下:

营业毛利	547 328 万元
－期间费用	651 743 万元
－资产减值损失	33 159 万元
主营业务利润小计	-137 574 万元
加：投资收益	450 660 万元
加：公允价值变动收益	-33 万元
2022 年营业利润合计	313 053 万元

以上情况说明，XM 公司 2022 年度营业利润率较高而营业毛利率较低，其主要原因是因为 2022 年度有较高的投资收益（450 660 万元）。如果没有这部分约 45 亿元的投资收益，该公司 2022 年度的营业利润实际上有比较大的亏损（亏损约 13.76 亿元）。

（3）2022 年 XM 公司总资产报酬率水平和净资产报酬率水平，均比 2021 年度有较大幅度的提升，特别是净资产报酬率水平远高于同行业平均水平。究其原因，需要结合营业利润率、营业毛利率、资产周转率水平，进行具体的分析。

五、现金流量表状况分析

现金流量表，是对外财务报表的三个基本报表之一。现金流量表反映了企业在一个固定期间（月度、季度、年度）内，其经营活动、投资活动、筹资活动对现金流量的影响。这里，现金流量是指资产负债表中的现金及现金等价物，包括：库存现金，可以随时用于支付的存款，以及持有期限短、流动性强、易于转换为已知金额现金、价值变动风险很小的金融性投资。

（一）现金流量结构分析

现金流量结构，着重分析在一定期间内公司的经营、投资、筹资三类活动所产生的现金流量收付状况，以及相应的构成结构情况。根据 XM 股份有限公司 2022 年度的现金流量表（表 10-11），编制出 XM 公司 2022 年度现金流量结构分析表（表 10-15）。

表 10-15　XM 公司现金流量结构分析表　　　　单位：万元

		经营活动	投资活动	筹资活动	合计
现金流入量	金额	3 844 809	168 200	251 492	4 264 501
	本期比重	90.16%	3.94%	5.90%	100%
	上期比重	78.14%	6.02%	15.84%	100%
现金流出量	金额	3 661 544	377 408	206 296	4 245 248
	本期比重	86.25%	8.89%	4.86%	100%
	上期比重	75.17%	16.59%	8.24%	100%
流入流出比	本期	1.050 1	0.445 7	1.219 1	1.004 5

如表 10-15 所示，该公司经营活动流入流出比值为 1.050 1，说明经营活动现金流量能够以收抵支，维持自身的收付循环，并产生现金流量结余；投资活动流入流出比值为 0.445 7，小于 1，说明该公司投资活动现金支出大于现金收入，公司处于投资规模发展期间；筹资活动流入流出比值为 1.219 1，说明为了维持公司投资规模的发展，公司通过筹资取得了现金净流入。整体来说，总的流入流出比值为 1.004 5，说明经营活动和筹资活动的现金净流入能够补充投资活动现金流量的需要，公司2021 年度的现金流量状态是比较均衡的。

从三类活动的现金流量构成来看，经营活动的现金流入和流出量，均占绝对比重。2022 年度与 2021 年度相比较，经营活动现金流量的比重进一步提高，营销业务活动突出。进一步还可以根据经营活动具体类别，分析商品购销或劳务活动、日常收支、税费收支等现金流量的开支情况。

（二）现金支付能力分析

根据现金流量表进行的现金支付能力分析，主要分析经营活动所产生的现金流量节余，能否保障即将到期的债务偿付和向投资者发放现金股利。

$$现金流动负债比 = \frac{经营现金净流量}{流动负债} = \frac{183\ 265}{2\ 773\ 543} \approx 6.61\%$$

$$现金到期债务比 = \frac{经营现金净流量}{本期到期债务} = \frac{183\ 265}{2\ 320\ 117} \approx 7.90\%$$

式中，"本期到期债务"采用的项目范围包括：本期到期的短期借款、应付票据、应付账款、预收账款和一年内到期的非流动负债。分析表明，虽然该公司经营活动现金流量能够维持正的现金净流量，但对流动负债和本期到期债务的保障能力还不是很强。

$$每股经营现金流量 = \frac{经营现金净流量}{发行在外普通股股数} = \frac{183\ 265}{470\ 000} \approx 0.39\ 元/股$$

根据 XM 公司 2022 年度归属于母公司所有者的净利润 350 564 万元和每股收益 0.75 元的数据，可以推算出该公司普通股股份数约为 47 亿股，进而得出每股经营活动现金流量为 0.39 元。从经营活动现金流量角度来看，公司能够保障 2022 年度每股收益 0.75 元中每股 0.39 元的现金股利发放。

（三）收益质量分析

从现金流量表的附注出发（表 10-16），我们可以运用利润的营运指数指标对利润的质量进行分析。利润的营运指数指标用于衡量本期经营性利润中实际的现金含量高低。

$$利润的营运指数 = \frac{经营现金净流量}{经营应得现金} = \frac{183\ 265}{91\ 138} \approx 2.010\ 9$$

$$
\begin{aligned}
经营应得现金 &= 净利润 - 非经营性利润 + 非付现费用 \\
&= 净利润 + 非经营性损失 + 非付现费用 \\
&= 346\ 849.23 + (1\ 290.01 + 33.24 + 20\ 602.38 - 450\ 660.23 - \\
&\quad 13\ 916.86 - 6\ 725.13) + (33\ 159.17 + 130\ 365.03 + 29\ 957.34 + 183.91) \\
&= 346\ 849.23 - 449\ 376.59 + 193\ 665.45 \\
&= 91\ 138.09\ （万元）
\end{aligned}
$$

$$
\begin{aligned}
经营现金净流量 &= 经营应得现金 - （经营性流动资产净增加 - 经营性流动负债净增加） \\
&= 91\ 138.09 - （-5\ 509.04 + 359\ 325.66 - 445\ 943.15） \\
&= 91\ 138.09 - （-92\ 126.53） = 183\ 264.62\ （万元）
\end{aligned}
$$

表 10-16　XM 公司合并现金流量表附注　　　　　单位：万元

将净利润调节为经营活动的现金流量	金额
净利润：	346 849.23
加：少数股东损益	—
加：合并价差的摊销	—
加：未确认的投资损失	—
加：资产减值准备	33 159.17
加：坏账准备或转销坏账	—
加：固定资产折旧、油气资产折耗、生产性生物资产折旧	130 365.03
加：无形资产摊销	29 957.34
加：长期待摊费用摊销	183.91

表10-16(续)

将净利润调节为经营活动的现金流量	金额
加：待摊费用减少（增加以"-"号填列）	—
加：预提费用增加（减少以"-"号填列）	—
加：处置固定、无形和其他长期资产的损失（收益以"-"号填列）	1 290.01
加：固定资产报废损失（收益以"-"号填列）	0.00
加：公允价值变动损失（收益以"-"号填列）	33.24
加：财务费用（收益以"-"号填列）	20 602.38
加：投资损失（收益以"-"号填列）	-450 660.23
加：递延所得税资产减少（增加以"-"号填列）	-13 916.86
加：递延所得税负债增加（减少以"-"号填列）	0.00
加：存货的减少（增加以"-"号填列）	5 509.04
加：经营性应收项目的减少（增加以"-"号填列）	-359 325.66
加：经营性应付项目的增加（减少以"-"号填列）	445 943.15
加：增值税增加净额（减：减少）	—
加：其他	-6 725.13
（附注）经营活动产生的现金流量净额	183 264.62

XM 公司 2022 年度的利润的营运指数为 2.010 9，说明经营活动实际得到的现金流量远大于经营活动应该得到的现金流量。经营应得现金指标反映了经过会计调整后按收付实现制口径实现的利润水平（91 138 万元），而实际得到的经营活动现金流量（183 265 万元）超过经营应得现金约一倍。根据上述分析，本期存货净减少释放了 5 509 万元现金流量，经营性流动资产净增加占用了 359 325 万元现金流量，经营性流动负债净增加带来了 445 943 万元的现金流量。究其主要原因，是因为2022 年度营运资金占用水平净减少，释放了 86 618 万元现金流量。

六、资产报酬率的综合分析

按公司价值最大化或股东财富最大化的上市公司理财目标，以总资产报酬率或净资产报酬率为目标，对公司的投资报酬率进行具体因素分析。根据杜邦财务分析体系分析如下：

$$总资产报酬率 = \frac{息税前利润}{总资产期末余额} \times 100\%$$

$$= \frac{营业利润}{营业收入} \times \frac{营业收入}{流动资产期末余额} \times \frac{流动资产期末余额}{总资产期末余额} \times \frac{息税前利润}{营业利润}$$

$$= 营业利润率 \times 流动资产周转率 \times 流动资产比重 \times$$
$$息税前利润与营业利润比$$

表 10-17 XM 公司相关财务指标数据表

相关财务指标	2022 年	2021 年	差异
总资产报酬率	6.34%	2.94%	+3.40%
净资产报酬率	18.61%	9.19%	+9.42%
营业利润率	8.14%	3.13%	+5.01%
流动资产周转率（按流动资产期末余额计算）	1.777 7	1.506 9	+0.270 8
流动资产比重	40.49%	42.20%	−1.71%
总资产与净资产比值	2.867 9	2.996 4	−0.128 5
息税前利润与营业利润比值	1.082 1	1.470 4	−0.388 3
净利润与息税前利润比值	1.023 9	1.043 2	−0.019 3

上述杜邦财务指标分解体系中，各指标相关数据如表 10-18 所示。总资产报酬率的分析关系式表明，影响总资产报酬率的因素有营业利润率、流动资产周转率、流动资产比重、息税前利润与营业利润比值四个方面。其中，营业利润率和流动资产周转率反映了企业的经营效率；流动资产比重反映了企业的资产结构状况；息税前利润与营业利润比值反映了企业的利润结构状况。

分析对象：

总资产报酬率指标差异 = 6.34% − 2.94% = 3.40%

因素分析：

营业利润率的影响 =（8.14% − 3.13%）× 1.506 9 × 42.20% × 1.470 4 ≈ 4.68%

流动资产周转率的影响 = 8.14% ×（1.777 7 − 1.506 9）× 42.20% × 1.470 4
= 1.37%

流动资产比重的影响 = 8.14% × 1.777 7 ×（40.49% − 42.20%）× 1.470 4
= −0.36%

息税前利润与营业利润比的影响 = 8.14% × 1.777 7 × 40.49% ×（1.082 1 − 1.470 4）
≈ −2.28%

与 2021 年度相比，2022 年度公司的总资产报酬率提高了 3.40%，原因是：营业利润率有大幅度的上升，进而提高了总资产报酬率 4.68%；流动资产周转水平加快，给总资产报酬率贡献了 1.37%；由于息税前利润与营业利润比值下降，导致总资产报酬率下降 2.28%；流动资产比重降低，使得总资产报酬率下降 0.36%。

我们还可以进一步有针对性地分析营业利润率提高、息税前利润与营业利润比值下降的具体问题。进一步可以分析出，本期营业利润率上升主要是因为本期的投资收益大幅度提高，息税前利润与营业利润比值下降主要是因为本期营业外收支净额大幅度减少，财务费用的变化也对其有影响。

针对上市公司，进一步分析反映股东价值的净资产报酬率指标。根据杜邦财务分析体系：

$$净资产报酬率=\frac{净利润}{净资产期末余额}\times100\%$$

$$=\frac{息税前利润}{总资产期末余额}\times\frac{总资产期末余额}{净资产期末余额}\times\frac{净利润}{息税前利润}$$

$$=总资产报酬率\times总资产与净资产比\times净利润与息税前利润比$$

净资产报酬率的分析关系式表明，影响净资产报酬率的因素有总资产报酬率、总资产与净资产比值、净利润与息税前利润比三个方面。其中，总资产报酬率反映了企业经营方面的因素；总资产与净资产比值反映了企业的资本结构状况；净利润与息税前利润比值反映了企业的利润结构状况。

分析对象：

净资产报酬率指标差异=18.61%-9.19%=9.42%

因素分析：

总资产报酬率的影响=（6.34%-2.94%）×2.996 4×1.043 2≈10.63%

总资产与净资产比值的影响=6.34%×（2.867 9-2.996 4）×1.043 2≈-0.85%

净利润与息税前利润比值的影响=6.34%×2.867 9×（1.023 9-1.043 2）

$$≈-0.35\%$$

XM 公司 2022 年度的净资产报酬率提高了 9.42%，原因是：总资产报酬率有大幅度的上升，进而提高了净资产报酬率 10.63%；总资产与净资产比值下降、净利润与息税前利润比值下降，分别降低了净资产报酬率 0.85%和 0.35%。

总资产报酬率水平提升的原因，前述已经分析。总资产与净资产比值下降，说明企业资本结构中资产负债率水平的降低。净利润与息税前利润比值下降，主要是受所得税费用、财务费用的影响。公司 2022 年度所得税费用有较大幅度的抵扣、息税前利润有较大幅度的提高，是净利润与息税前利润比值下降的主要原因。

案例附表：

表 10-18　ABC 公司利润表　　　　　　　　　　单位：元

项目	×××1 年	×××2 年	×××3 年
一、主营业务收入	214 269 513.12	245 388 709.38	270 196 073.21
二、主营业务收入净额			
减：（一）主营业务成本	188 262 535.28	222 945 092.11	243 576 127.15
（二）主营业务税金及附加	519 585.43	584 262.55	642 087.10
三、主营业务利润（亏损以"-"号填列）	25 487 392.41	21 859 354.72	25 977 858.96
加：其他业务利润（亏损以"-"填列）		207 775.39	36 117.95
减：（一）销售费用	3 136 500.18	3 294 460.41	2 314 310.68
（二）管理费用	3 265 565.50	3 689 378.53	3 799 559.34
（三）财务费用	4 368 812.05	6 693 978.54	7 722 898.61

表10-18（续）

项目	×××1 年	×××2 年	×××3 年
四、营业利润（亏损以"-"号填列）	14 716 514.68	8 389 312.63	12 177 208.28
加：（一）投资收益(损失以"-"号填列)	65 160.00	64 800.00	23 240.00
（三）补贴收入	231 757.65	703 395.71	15 000.00
（四）营业外收入	277 939.59	1 587 239.38	87 667.37
减：（一）营业外支出	2 000 491.82	960 203.04	1 018 367.27
五、利润总额	13 290 880.10	9 784 544.68	11 284 748.38
减：所得税	3 395 000.00	3 233 000.00	2 487 167.89
六、净利润（净亏损以"-"号填列）	9 895 880.10	6 551 544.68	8 797 580.49

表 10-19　ABC 公司资金来源情况表　　　　　　单位：元

资产	×××1 年		×××2 年		×××3 年	
	金额	比重 1	金额	比重 1	金额	比重 1
货币资金	14 186 295.10	8.46	4 883 029.12	1.83	5 311 828.33	1.92
应收票据	450 000.00	0.27	1 300 000.00	0.49	1 500 000.00	0.54
应收账款	19 729 545.54	11.76	23 838 794.09	8.94	26 141 747.92	9.47
其他应收款	2 942 882.94	1.75	4 504 055.95	1.69	5 201 964.44	1.88
预付账款	294 524.73	0.18	1 700 000.00	0.64	3 842 586.28	1.39
存货	35 570 180.80	21.21	41 839 837.59	15.69	46 665 383.39	16.91
待摊费用	69 558.40	0.04	26 212.25	0.01	26 378.27	0.01
流动资产合计	73 242 987.51	43.68	78 091 929.00	29.29	88 689 888.63	32.14
长期股权投资	22 190 000.00	13.23	55 963 151.00	20.99	50 633 151.00	18.35
长期债权投资	166 000.00	0.10	166 000.00	0.06	142 800.00	0.05
长期投资合计	22 356 000.00	13.33	56 129 151.00	21.05	50 775 951.00	18.40
固定资产净额	37 718 851.96	22.49	59 886 828.93	22.46	56 929 521.24	20.63
固定资产清理	60 347.94	0.04	60 347.94	0.02	60 347.94	0.02
在建工程	7 482 088.57	4.46	5 224 077.13	1.96	13 123 543.24	4.76
固定资产合计	45 261 288.47	26.99	65 171 254.00	24.44	70 113 412.42	25.40
无形资产	26 498 392.95	15.80	66 982 004.51	25.12	66 214 625.03	23.99
递延资产	338 614.16	0.20	265 056.88	0.10	189 809.32	0.07
无形及其他资产合计	26 837 007.11	16.00	67 247 061.39	25.22	66 404 434.35	24.06
资产总计	167 697 283.09	100.00	266 639 395.39	100.00	275 983 686.40	100.00

表 10-20　ABC 公司资金来源情况表　　　　单位：元

负债	×××1 年			×××2 年			×××3 年		
	金额	比重 1	比重 2 /%	金额	比重 1	比重 2 /%	金额	比重 1	比重 2 /%
短期借款	37 000 000.00	22.06	66.34	53 000 000.00	19.88	69.96	70 500 000.00	25.54	80.43
应付账款	11 661 118.25	6.95	20.91	10 046 341.58	3.77	13.26	10 223 933.17	3.70	11.66
应付工资	1 945 129.84	1.16	3.49	1 307 063.13	0.49	1.73	1 302 767.74	0.47	1.49
应交税金	812 917.45	0.48	1.46	1 029 927.11	0.39	1.36	1 259 983.44	0.46	1.44
其他应付款	3 531 131.49	2.11	6.33	8 876 316.66	3.33	11.72	3 272 323.86	1.19	3.73
预提费用	783 030.91	0.47	1.40	1 498 662.35	0.56	1.98	1 098 513.14	0.40	1.25
预计负债	40 500.00	0.02	0.07						
流动负债合计	55 773 827.94	33.26	63.92	75 758 310.83	28.41	64.53	87 657 521.35	31.76	74.10
长期借款	30 000 000.00	17.89	95.29	30 000 000.00	11.25	72.05	30 000 000.00	10.87	97.92
长期应付款	16 050.00	0.01	0.05	10 011 750.00	3.75	24.04	9 250.00	0.00	0.03
专项应付款	1 468 200.00	0.88	4.66	1 626 486.00	0.61	3.91	626 486.00	0.23	2.04
长期负债合计	31 484 250.00	18.77	36.08	41 638 236.00	15.62	35.47	30 635 736.00	11.10	25.90
负债合计	87 258 077.94	52.03	52.03	117 396 546.83	44.03	44.03	118 293 257.35	42.86	42.86
实收资本(股本)	50 000 000.00	29.82	62.16	50 000 000.00	18.75	33.50	50 000 000.00	18.12	31.71
资本公积	1 788 047.91	1.07	2.22	64 040 146.64	24.02	42.91	64 040 146.64	23.20	40.61
盈余公积	3 862 087.99	2.30	4.80	4 517 242.46	1.69	3.03	5 362 000.51	1.94	3.40
未分配利润	24 789 069.25	14.78	30.82	30 685 459.46	11.51	20.56	38 288 281.90	13.87	24.28
所有者权益合计	80 439 205.15	47.97	47.97	149 242 848.56	55.97	55.97	157 690 429.05	57.14	57.14
总计	167 697 283.09	100.00	100.00	266 639 395.39	100.00	100.00	275 983 686.40	100.00	100.00

表 10-21　ABC 公司资金结构表　　　　单位：元

长期投资结构

资产	×××1 年		×××2 年		×××3 年	
长期股权投资	22 190 000.00	99.26%	55 963 151.00	99.70%	50 633 151.00	99.72%
长期债权投资	166 000.00	0.74%	166 000.00	0.30%	142 800.00	0.28%
长期投资合计	22 356 000.00	13.33%	56 129 151.00	21.05%	50 775 951.00	18.40%

固定资产结构

资产	×××1 年		×××2 年		×××3 年	
固定资产净额	37 718 851.96	83.34%	59 886 828.93	91.89%	56 929 521.24	81.20%
固定资产清理	60 347.94	0.13%	60 347.94	0.09%	60 347.94	0.09%
在建工程	7 482 088.57	16.53%	5 224 077.13	8.02%	13 123 543.24	18.72%
固定资产合计	45 261 288.47	26.99%	65 171 254.00	24.44%	70 113 412.42	25.40%

271

表10-21（续）

流动负债结构

项目	×××1 年		×××2 年		×××3 年	
短期借款	37 000 000.00	66.34%	53 000 000.00	69.96%	70 500 000.00	80.43%
应付账款	11 661 118.25	20.91%	10 046 341.58	13.26%	10 223 933.17	11.66%
应付职工薪酬	1 945 129.84	3.49%	1 307 063.13	1.73%	1 302 767.74	1.49%
应交税费	812 917.45	1.46%	1 029 927.11	1.36%	1 259 983.44	1.44%
其他应付款	3 531 131.49	6.33%	8 876 316.66	11.72%	3 272 323.86	3.73%
预提费用	783 030.91	1.40%	1 498 662.35	1.98%	1 098 513.14	1.25%
预计负债	40 500.00	0.07%				
流动负债合计	55 773 827.94	63.92%	75 758 310.83	64.53%	7 657 521.35	74.10%

非流动负债结构

项目	×××1 年		×××2 年		×××3 年	
长期借款	30 000 000.00	95.29%	30 000 000.00	72.05%	30 000 000.00	97.92%
长期应付	16 050.00	0.05%	10 011 750.00	24.04%	9 250.00	0.03%
专项应付款	1 468 200.00	4.66%	1 626 486.00	3.91%	626 486.00	2.04%
长期负债合计	31 484 250.00	36.08%	41 638 236.00	35.47%	30 635 736.00	25.90%

所有者权益结构

项目	×××1 年		×××2 年		×××3 年	
实收资本（股本）	50 000 000.00	62.16%	50 000 000.00	33.50%	50 000 000.00	31.71%
资本公积	1 788 047.91	2.22%	64 040 146.64	42.91%	64 040 146.64	40.61%
盈余公积	3 862 087.99	4.80%	4 517 242.46	3.03%	5 362 000.51	3.40%
未分配利润	24 789 069.25	30.82%	30 685 459.46	20.56%	38 288 281.90	24.28%
所有者权益合计	80 439 205.15	47.97%	149 242 848.56	55.97%	157 690 429.05	57.14%

表 10-22　ABC 公司财务比率一览表

项目	指标	×××1	×××2	×××3
短期偿债能力	流动比率	1.31	1.03	1.01
	速动比率	0.67	0.48	0.48
	超速动比率	0.26	0.08	0.08
	现金比率		0.23	0.116
长期偿债能力	资产负债率	0.52	0.44	0.43
	利息保障倍数		1.77	1.68
营运能力	总资产周转率		1.13	1.00
	流动资产周转率		11.26	10.81
	应收账款周转率		5.76	5.60
	存货周转率		6.25	5.05
	固定资产周转率		4.44	3.99
	长期投资周转率		6.25	5.05
	无形资产周转率		5.22	4.04
发展能力	销售收入增长率		1.145	1.101
	营业利润增长率		0.570	1.452
	总资产增长率		1.590	1.035
	资本保值增值率		1.855	1.057
	资本积累率		0.855	0.057
	固定资产成新率			
盈利能力	销售毛利率	0.879	0.909	0.901
	成本费用利润率	15.014	24.243	22.868
	营业利润率	0.069	0.034	0.045
	销售利润率	0.046	0.027	0.033
	总资产报酬率			
	净资产收益率		5.70%	5.73%
	资本保值增值率		1.855	1.057

273

附 录

附录1：财政部关于印发
《关于企业实行财务预算管理的指导意见》的通知

各省、自治区、直辖市、计划单列市财政厅（局），各中央管理企业：

为了促进企业建立、健全内部约束机制，提高财务管理水平，根据财政部印发的《企业国有资本与财务管理暂行办法》（财企〔2001〕325号）第十七条的规定，我们制定了《关于企业实行财务预算管理的指导意见》。现予印发，请结合具体情况参照执行。在执行中有何问题，请及时反馈我部。

关于企业实行财务预算管理的指导意见

为了促进企业建立、健全内部约束机制，进一步规范企业财务管理行为，根据财政部《企业国有资本与财务管理暂行办法》（财企〔2001〕325号）有关企业应当实行财务预算管理制度的规定，现就企业财务预算管理工作提出如下指导意见：

一、财务预算管理的基本内容

（一）预算管理是利用预算对企业内部各部门、各单位的各种财务及非财务资源进行分配、考核、控制，以便有效地组织和协调企业的生产经营活动，完成既定的经营目标。

企业财务预算是在预测和决策的基础上，围绕企业战略目标，对一定时期内企业资金取得和投放、各项收入和支出、企业经营成果及其分配等资金运动所做的具体安排。

财务预算与业务预算、资本预算、筹资预算共同构成企业的全面预算。

（二）企业财务预算应当围绕企业的战略要求和发展规划，以业务预算、资本预算为基础，以经营利润为目标，以现金流为核心进行编制，并主要以财务报表形式予以充分反映。

（三）企业财务预算一般按年度编制，业务预算、资本预算、筹资预算分季度、月份落实。

（四）企业应当重视财务预算管理工作，将财务预算作为制定、落实内部经济责任制的依据。企业财务预算管理由母公司组织实施，分级归口管理。

（五）企业编制财务预算应当按照内部经济活动的责任权限进行，并遵循以下基本原则和要求：

1. 坚持效益优先原则，实行总量平衡，进行全面预算管理。

2. 坚持积极稳健原则，确保以收定支，加强财务风险控制。

3. 坚持权责对等原则，确保切实可行，围绕经营战略实施。

二、财务预算管理的组织机构

（一）企业法定代表人应当对企业财务预算的管理工作负总责。企业董事会或者经理办公会可以根据情况设立财务预算委员会或指定财务管理部门负责财务预算管理事宜，并对企业法定代表人负责。

（二）财务预算委员会（没有设立财务预算委员会的，即为企业财务管理部门，下同）主要拟订财务预算的目标、政策，制定财务预算管理的具体措施和办法，审议、平衡财务预算方案，组织下达财务预算，协调解决财务预算编制和执行中的问题，组织审计、考核财务预算的执行情况，督促企业完成财务预算目标。

（三）企业财务管理部门在财务预算委员会或企业法定代表人的领导下，具体负责组织企业财务预算的编制、审查、汇总、上报、下达、报告等具体工作，跟踪监督财务预算的执行情况，分析财务预算与实际执行的差异及原因，提出改进管理的措施和建议。

（四）企业内部生产、投资、物资、人力资源、市场营销等职能部门具体负责本部门业务涉及的财务预算的编制、执行、分析、控制等工作，并配合财务预算委员会做好企业总预算的综合平衡、协调、分析、控制、考核等工作。其主要负责人参与企业财务预算委员会的工作，并对本部门财务预算执行结果承担责任。

（五）企业所属基层单位是企业主要的财务预算执行单位，在企业财务管理部门的指导下，负责本单位现金流量、经营成果和各项成本费用预算的编制、控制、分析工作，接受企业的检查、考核。其主要负责人对本单位财务预算的执行结果承担责任。

企业对具有控制权的子公司应当同时实施财务预算管理。

三、财务预算的形式及其编制依据

（一）企业编制财务预算应当按照先业务预算、资本预算、筹资预算，后财务预算的流程进行，并按照各预算执行单位所承担经济业务的类型及其责任权限，编制不同形式的财务预算。

（二）业务预算是反映预算期内企业可能形成现金收付的生产经营活动（或营业活动）的预算，一般包括销售或营业预算、生产预算、制造费用预算、产品成本预算、营业成本预算、采购预算、期间费用预算等，企业可根据实际情况具体编制。

1. 销售或营业预算是预算期内预算执行单位销售各种产品或者提供各种劳务可能实现的销售量或者业务量及其收入的预算，主要依据年度目标利润、预测的市场销量或劳务需求及提供的产品结构以及市场价格编制。

2. 生产预算是从事工业生产的预算执行单位在预算期内所要达到的生产规模及其产品结构的预算，主要是在销售预算的基础上，依据各种产品的生产能力、各项材料及人工的消耗定额及其物价水平和期末存货状况编制。为了实现有效管理，还应当进一步编制直接人工预算和直接材料预算。

3. 制造费用预算是从事工业生产的预算执行单位在预算期内为完成生产预算所需各种间接费用的预算，主要在生产预算基础上，按照费用项目及其上年预算执行情况，根据预算期降低成本、费用的要求编制。

4. 产品成本预算是从事工业生产的预算执行单位在预算期内生产产品所需的生产成本、单位成本和销售成本的预算，主要依据生产预算、直接材料预算、直接人工预算、制造费用预算等汇总编制。

5. 营业成本预算是非生产型预算执行单位对预算期内为了实现营业预算而在人力、物力、财力方面必要的直接成本预算，主要依据企业有关定额、费用标准、物价水平、上年实际执行情况等资料编制。

6. 采购预算是预算执行单位在预算期内为保证生产或者经营的需要而从外部购买各类商品、各项材料、低值易耗品等存货的预算，主要根据销售或营业预算、生产预算、期初存货情况和期末存货经济存量编制。

7. 期间费用预算是预算期内预算执行单位组织经营活动必要的管理费用、财务费用、销售（营业）费用等预算，应当区分变动费用与固定费用、可控费用与不可控费用的性质，根据上年实际费用水平和预算期内的变化因素，结合费用开支标准和企业降低成本、费用的要求，分项目、分责任单位进行编制。其中：科技开发费用以及业务招待费、会议费、宣传广告费等重要项目，应当重点列示。

8. 企业对自办医院、学校及离退休人员费用支出，解除劳动关系补偿支出，缴纳税金，政策性补贴、对外捐赠支出及其他营业外支出等，应当根据实际情况和国家有关政策规定，编制营业外支出等相关业务预算。

（三）资本预算是企业在预算期内进行资本性投资活动的预算，主要包括固定资产投资预算、权益性资本投资预算和债券投资预算。

1. 固定资产投资预算是企业在预算期内购建、改建、扩建、更新固定资产进行资本投资的预算，应当根据本单位有关投资决策资料和年度固定资产投资计划编制。企业处置固定资产所引起的现金流入，也应列入资本预算。企业如有国家基本建设投资、国家财政生产性拨款，应当根据国家有关部门批准的文件、产业结构调整政策、企业技术改造方案等资料单独编制预算。

2. 权益性资本投资预算是企业在预算期内为了获得其他企业单位的股权及收益

分配权而进行资本投资的预算，应当根据企业有关投资决策资料和年度权益性资本投资计划编制。企业转让权益性资本投资或者收取被投资单位分配的利润（股利）所引起的现金流入，也应列入资本预算。

3. 债券投资预算是企业在预算期内为购买国债、企业债券、金融债券等所做的预算，应当根据企业有关投资决策资料和证券市场行情编制。企业转让债券收回本息所引起的现金流入，也应列入资本预算。

（四）筹资预算是企业在预算期内需要新借入的长短期借款、经批准发行的债券以及对原有借款、债券还本付息的预算，主要依据企业有关资金需求决策资料、发行债券审批文件、期初借款余额及利率等编制。

企业经批准发行股票、配股和增发股票，应当根据股票发行计划、配股计划和增发股票计划等资料单独编制预算。股票发行费用，也应当在筹资预算中分项做出安排。

（五）财务预算主要以现金预算、预计资产负债表和预计损益表等形式反映。

1. 现金预算是按照现金流量表主要项目内容编制的反映企业预算期内一切现金收支及其结果的预算。它以业务预算、资本预算和筹资预算为基础，是其他预算有关现金收支的汇总，主要作为企业资金头寸调控管理的依据。

2. 预计资产负债表是按照资产负债表的内容和格式编制的综合反映预算执行单位期末财务状况的预算报表。一般根据预算期初实际的资产负债表和销售或营业预算、生产预算、采购预算、资本预算、筹资预算等有关资料分析编制。

3. 预计损益表是按照损益表的内容和格式编制的反映预算执行单位在预算期内利润目标的预算报表。一般根据销售或营业预算、生产预算、产品成本预算或者营业成本预算、期间费用预算、其他专项预算等有关资料分析编制。

（六）企业应当结合自身特点制定规范的财务预算编制基础表格，统一财务预算指标计算口径。

四、财务预算的编制程序和方法

（一）企业编制预算，一般应按照"上下结合、分级编制、逐级汇总"的程序进行。

1. 下达目标。企业董事会或经理办公会根据企业发展战略和预算期经济形势的初步预测，在决策的基础上，一般于每年9月底以前提出下一年度企业财务预算目标，包括销售或营业目标、成本费用目标、利润目标和现金流量目标，并确定财务预算编制的政策，由财务预算委员会下达各预算执行单位。

2. 编制上报。各预算执行单位按照企业财务预算委员会下达的财务预算目标和政策，结合自身特点以及预测的执行条件，提出详细的本单位财务预算方案，于10月底以前上报企业财务管理部门。

3. 审查平衡。企业财务管理部门对各预算执行单位上报的财务预算方案进行审查、汇总，提出综合平衡的建议。在审查、平衡过程中，财务预算委员会应当进行充分协调，对发现的问题提出初步调整的意见，并反馈给有关预算执行单位予以修正。

4. 审议批准。企业财务管理部门在有关预算执行单位修正调整的基础上，编制出企业财务预算方案，报财务预算委员会讨论。对于不符合企业发展战略或者财务预算目标的事项，企业财务预算委员会应当责成有关预算执行单位进一步修订、调整。在讨论、调整的基础上，企业财务管理部门正式编制企业年度财务预算草案，提交董事会或经理办公会审议批准。

5. 下达执行。企业财务管理部门对董事会或经理办公会审议批准的年度总预算，一般在次年3月底以前，分解成一系列的指标体系，由财务预算委员会逐级下达各预算执行单位执行。在下达后15日内，母公司应当将企业财务预算报送主管财政机关备案。

（二）企业财务预算可以根据不同的预算项目，分别采用固定预算、弹性预算、滚动预算、零基预算、概率预算等方法进行编制。

1. 固定预算是根据预算内正常的、可实现的某一业务量水平编制的预算，一般适用于固定费用或者数额比较稳定的预算项目。

2. 弹性预算是在按照成本（费用）习性分类的基础上，根据量、本、利之间的依存关系编制的预算，一般适用于与预算执行单位业务量有关的成本（费用）、利润等预算项目。

3. 滚动预算是随时间的推移和市场条件的变化而自行延伸并进行同步调整的预算，一般适用于季度预算的编制。

4. 零基预算是对预算收支以零为基点，对预算期内各项支出的必要性、合理性或者各项收入的可行性以及预算数额的大小，逐项审议决策从而予以确定收支水平的预算，一般适用于不经常发生的或者预算编制基础变化较大的预算项目，如对外投资、对外捐赠等。

5. 概率预算是对具有不确定性的预算项目，估计其发生各种变化的概率，根据可能出现的最大值和最小值计算其期望值，从而编制的预算，一般适用于难以准确预测变动趋势的预算项目，如销售新产品、开拓新业务等。

五、财务预算的执行与控制

（一）企业财务预算一经批复下达，各预算执行单位就必须认真组织实施，将财务预算指标层层分解，从横向和纵向落实到内部各部门、各单位、各环节和各岗位，形成全方位的财务预算执行责任体系。

（二）企业应当将财务预算作为预算期内组织、协调各项经营活动的基本依据，将年度预算细分为月份和季度预算，以分期预算控制确保年度财务预算目标的实现。

（三）企业应当强化现金流量的预算管理，按时组织预算资金的收入，严格控制预算资金的支付，调节资金收付平衡，控制支付风险。对于预算内的资金拨付，按照授权审批程序执行。对于预算外的项目支出，应当按财务预算管理制度规范支付程序。对于无合同、无凭证、无手续的项目支出，不予支付。

（四）企业应当严格执行销售或营业、生产和成本费用预算，努力完成利润指标。在日常控制中，企业应当健全凭证记录，完善各项管理规章制度，严格执行生产经营月度计划和成本费用的定额、定率标准，加强适时的监控。对预算执行中出现的异常情况，企业有关部门应及时查明原因，提出解决办法。

（五）企业应当建立财务预算报告制度，要求各预算执行单位定期报告财务预算的执行情况。对于财务预算执行中发生的新情况、新问题及出现偏差较大的重大项目，企业财务管理部门以至财务预算委员会应当责成有关预算执行单位查找原因，提出改进经营管理的措施和建议。

（六）企业财务管理部门应当利用财务报表监控财务预算的执行情况，及时向预算执行单位、企业财务预算委员会以至董事会或经理办公会提供财务预算的执行进度、执行差异及其对企业财务预算目标的影响等财务信息，促进企业完成财务预算目标。

六、财务预算的调整

（一）企业正式下达执行的财务预算，一般不予调整。财务预算执行单位在执行中由于市场环境、经营条件、政策法规等发生重大变化，致使财务预算的编制基础不成立，或者将导致财务预算执行结果产生重大偏差的，可以调整财务预算。

（二）企业应当建立内部的弹性预算机制，对于不影响财务预算目标的业务预算、资本预算、筹资预算之间的调整，企业可以按照内部授权批准制度执行，鼓励预算执行单位及时采取有效的经营管理对策，保证财务预算目标的实现。

（三）企业调整财务预算，应当由预算执行单位逐级向企业财务预算委员会提出书面报告，阐述财务预算执行的具体情况、客观因素变化情况及其对财务预算执行造成的影响程度，提出财务预算指标的调整幅度。

企业财务管理部门应当对预算执行单位的财务预算调整报告进行审核分析，集中编制企业年度财务预算调整方案，提交财务预算委员会以至企业董事会或经理办公会审议批准，然后下达执行。

母公司审议批准的财务预算调整方案，应当在下达执行15日内报送主管财政机关备案。

（四）对于预算执行单位提出的财务预算调整事项，企业进行决策时，一般应当遵循以下要求：

1. 预算调整事项不能偏离企业发展战略和年度财务预算目标。

2. 预算调整方案应当在经济上能够实现最优化。

3. 预算调整重点应当放在财务预算执行中出现的重要的、非正常的、不符合常规的关键性差异方面。

七、财务预算的分析与考核

（一）企业应当建立财务预算分析制度，由财务预算委员会定期召开财务预算执行分析会议，全面掌握财务预算的执行情况，研究、落实解决财务预算执行中存在问题的政策措施，纠正财务预算的执行偏差。

（二）开展财务预算执行分析，企业财务管理部门及各预算执行单位应当充分收集有关财务、业务、市场、技术、政策、法律等方面的有关信息资料，根据不同情况分别采用比率分析、比较分析、因素分析、平衡分析等方法，从定量与定性两个层面充分反映预算执行单位的现状、发展趋势及其存在的潜力。

针对财务预算的执行偏差，企业财务管理部门及各预算执行单位应当充分、客观地分析产生的原因，提出相应的解决措施或建议，提交董事会或经理办公会研究决定。

（三）企业财务预算委员会应当定期组织财务预算审计，纠正财务预算执行中存在的问题，充分发挥内部审计的监督作用，维护财务预算管理的严肃性。

财务预算审计可以全面审计，或者抽样审计。在特殊情况下，企业也可组织不定期的专项审计。

审计工作结束后，企业内部审计机构应当形成审计报告，直接提交财务预算委员会以至董事会或者经理办公会，作为财务预算调整、改进内部经营管理和财务考核的一项重要参考。

（四）预算年度终了，财务预算委员会应当向董事会或者经理办公会报告财务预算执行情况，并依据财务预算完成情况和财务预算审计情况对预算执行单位进行考核。

企业内部预算执行单位上报的财务预算执行报告，应经本部门、本单位负责人按照内部议事规范审议通过，作为企业进行财务考核的基本依据。母公司财务预算执行报告应当在年度财务会计报告编妥后 20 日内报送主管财政机关备案。

企业财务预算按调整后的预算执行，财务预算完成情况以企业年度财务会计报告为准。

（五）企业财务预算执行考核是企业效绩评价的主要内容，应当结合年度内部经济责任制考核进行，与预算执行单位负责人的奖惩挂钩，并作为企业内部人力资源管理的参考。具体考核办法，可以参照《企业国有资本与财务管理暂行办法》（财企〔2001〕325 号）执行。

附录2：企业内部控制应用指引第15号——全面预算

第一章 总则

第一条 为了促进企业实现发展战略，发挥全面预算管理作用，根据有关法律法规和《企业内部控制基本规范》，制定本指引。

第二条 本指引所称全面预算，是指企业对一定期间经营活动、投资活动、财务活动等做出的预算安排。

第三条 企业实行全面预算管理，至少应当关注下列风险：

（一）不编制预算或预算不健全，可能导致企业经营缺乏约束或盲目经营。

（二）预算目标不合理、编制不科学，可能导致企业资源浪费或发展战略难以实现。

（三）预算缺乏刚性、执行不力、考核不严，可能导致预算管理流于形式。

第四条 企业应当加强全面预算工作的组织领导，明确预算管理体制以及各预算执行单位的职责权限、授权批准程序和工作协调机制。

企业应当设立预算管理委员会履行全面预算管理职责，其成员由企业负责人及内部相关部门负责人组成。

预算管理委员会主要负责拟定预算目标和预算政策，制定预算管理的具体措施和办法，组织编制、平衡预算草案，下达经批准的预算，协调解决预算编制和执行中的问题，考核预算执行情况，督促完成预算目标。预算管理委员会下设预算管理工作机构，由其履行日常管理职责。预算管理工作机构一般设在财会部门。

总会计师或分管会计工作的负责人应当协助企业负责人负责企业全面预算管理工作的组织领导。

第二章 预算编制

第五条 企业应当建立和完善预算编制工作制度，明确编制依据、编制程序、编制方法等内容，确保预算编制依据合理、程序适当、方法科学，避免预算指标过高或过低。

企业应当在预算年度开始前完成全面预算草案的编制工作。

第六条 企业应当根据发展战略和年度生产经营计划，综合考虑预算期内经济政策、市场环境等因素，按照上下结合、分级编制、逐级汇总的程序，编制年度全面预算。

企业可以选择或综合运用固定预算、弹性预算、滚动预算等方法编制预算。

第七条 企业预算管理委员会应当对预算管理工作机构在综合平衡基础上提交

的预算方案进行研究论证，从企业发展全局角度提出建议，形成全面预算草案，并提交董事会。

第八条　企业董事会审核全面预算草案，应当重点关注预算科学性和可行性，确保全面预算与企业发展战略、年度生产经营计划相协调。

企业全面预算应当按照相关法律法规及企业章程的规定报经审议批准。批准后，应当以文件形式下达执行。

第三章　预算执行

第九条　企业应当加强对预算执行的管理，明确预算指标分解方式、预算执行审批权限和要求、预算执行情况报告等，落实预算执行责任制，确保预算刚性，严格预算执行。

第十条　企业全面预算一经批准下达，各预算执行单位应当认真组织实施，将预算指标层层分解，从横向和纵向落实到内部各部门、各环节和各岗位，形成全方位的预算执行责任体系。

企业应当以年度预算作为组织、协调各项生产经营活动的基本依据，将年度预算细分为季度、月度预算，通过实施分期预算控制，实现年度预算目标。

第十一条　企业应当根据全面预算管理要求，组织各项生产经营活动和投融资活动，严格预算执行和控制。

企业应当加强资金收付业务的预算控制，及时组织资金收入，严格控制资金支付，调节资金收付平衡，防范支付风险。对于超预算或预算外的资金支付，应当实行严格的审批制度。

企业办理采购与付款、销售与收款、成本费用、工程项目、对外投融资、研究与开发、信息系统、人力资源、安全环保、资产购置与维护等业务和事项，均应符合预算要求。涉及生产过程和成本费用的，还应执行相关计划、定额、定率标准。

对于工程项目、对外投融资等重大预算项目，企业应当密切跟踪其实施进度和完成情况，实行严格监控。

第十二条　企业预算管理工作机构应当加强与各预算执行单位的沟通，运用财务信息和其他相关资料监控预算执行情况，采用恰当方式及时向决策机构和各预算执行单位报告、反馈预算执行进度、执行差异及其对预算目标的影响，促进企业全面预算目标的实现。

第十三条　企业预算管理工作机构和各预算执行单位应当建立预算执行情况分析制度，定期召开预算执行分析会议，通报预算执行情况，研究、解决预算执行中存在的问题，提出改进措施。

企业分析预算执行情况，应当充分收集有关财务、业务、市场、技术、政策、法律等方面的信息资料，根据不同情况分别采用比率分析、比较分析、因素分析等方法，从定量与定性两个层面充分反映预算执行单位的现状、发展趋势及其存在的潜力。

第十四条 企业批准下达的预算应当保持稳定，不得随意调整。由于市场环境、国家政策或不可抗力等客观因素，导致预算执行发生重大差异确需调整预算的，应当履行严格的审批程序。

第四章 预算考核

第十五条 企业应当建立严格的预算执行考核制度，对各预算执行单位和个人进行考核，切实做到有奖有惩、奖惩分明。

第十六条 企业预算管理委员会应当定期组织预算执行情况考核，将各预算执行单位负责人签字上报的预算执行报告和已掌握的动态监控信息进行核对，确认各执行单位预算完成情况。必要时，实行预算执行情况内部审计制度。

第十七条 企业预算执行情况考核工作，应当坚持公开、公平、公正的原则，考核过程及结果应有完整的记录。

附录3：财政部会计司解读
《企业内部控制应用指引第15号——全面预算》

强化全面预算管理　促进实现发展战略

全面预算是指企业对一定期间的经营活动、投资活动、财务活动等做出的预算安排。全面预算作为一种全方位、全过程、全员参与编制与实施的预算管理模式，凭借其计划、协调、控制、激励、评价等综合管理功能，整合和优化配置企业资源，提升企业运行效率，成为促进实现企业发展战略的重要抓手。正如美国著名管理学家戴维·奥利所指出的那样：全面预算管理是为数不多的几个能把组织的所有关键问题融合于一个体系之中的管理控制方法之一。制定和实施《企业内部控制应用指引第15号——全面预算》，旨在引导和规范企业加强全面预算管理各环节的风险管控，促进全面预算管理在推动企业实现发展战略过程中发挥积极作用。本文就此进行解读。

一、如何正确认识和理解全面预算

正确认识和理解全面预算的内涵、本质及作用，应当把握以下几个方面：

（一）全方位、全过程、全员参与编制与实施的预算管理模式

全面预算的"全方位"，体现在企业的一切经济活动，经营、投资、财务等各项活动，以及企业的人、财、物各个方面，供、产、销各个环节，都必须纳入预算管理。因此，全面预算是由经营预算（也称业务预算）、投资预算、筹资预算、财务预算等一系列预算组成的相互衔接和勾稽的综合预算体系。全面预算的"全过程"，体现在企业组织各项经济活动的事前、事中和事后都必须纳入预算管理，即全面预算不仅限于预算编制、分解和下达，而是由预算编制、执行、分析、调整、考核、奖惩等一系列环节所组成的管理活动。全面预算的"全员"参与，指企业内部各部门、各单位、各岗位，上至最高负责人，下至各部门负责人、各岗位员工都必须参与预算编制与实施。

（二）企业实施内部控制、防范风险的重要手段和措施

全面预算的本质是企业内部管理控制的一项工具，即预算本身不是最终目标，而是为实现企业目标所采用的管理与控制手段，从而有效控制企业风险。全面预算的制定和实施过程，就是企业不断用量化的工具，使自身所处的经营环境与拥有的资源和企业的发展目标保持动态平衡的过程，也是企业在此过程中所面临的各种风险的识别、预测、评估与控制过程。因此，《企业内部控制基本规范》将预算控制列为重要的控制活动和风险控制措施。

（三）企业实现发展战略和年度经营目标的有效方法和工具

"三分战略、七分执行"，企业战略制定得再好，如果得不到有效实施，终不能

将美好蓝图和"愿景"转变为现实，甚至可能因实际运营背离战略目标而导致经营失败。通过实施全面预算，将根据发展战略制定的年度经营目标进行分解、落实，可以使企业的长期战略规划和年度具体行动方案紧密结合，从而实现"化战略为行动"，确保企业发展目标的实现。《企业内部控制应用指引第2号——发展战略》中明确规定企业应当编制全面预算。

（四）有利于企业优化资源配置、提高经济效益

全面预算是为数不多的能够将企业的资金流、实物流、业务流、信息流、人力流等相整合的管理控制方法之一。全面预算以经营目标为起点，以提高投入产出比为目的，其编制和执行过程就是将企业有限的资源加以整合，协调分配到能够提高企业经营效率效果的业务、活动、环节中去，从而实现企业资源的优化配置，增强资源的价值创造能力，提高企业经济效益。

（五）有利于实现制约和激励

全面预算可以将企业各层级之间、各部门之间、各责任单位之间等内部权、责、利关系予以规范化、明细化、具体化、可度量化，从而实现出资者对经营者的有效制约，以及经营者对企业经营活动、企业员工的有效计划、控制和管理。通过全面预算的编制，企业可以规范内部各个利益主体对企业具体的约定投入、约定效果及相应的约定利益；通过全面预算执行及监控，可以真实反馈内部各个利益主体的实际投入及其对企业的影响并加以制约；通过全面预算执行结果的考核，可以检查契约的履行情况并实施相应的奖惩，从而调动和激励员工的积极性，最终实现企业目标。

二、全面预算的组织

全面预算组织领导与运行体制健全，是防止预算管理松散、随意，预算编制、执行、考核等各环节流于形式，预算管理的作用得不到有效发挥的关键。为此，全面预算指引提出了明确的控制要求：企业应当加强全面预算工作的组织领导，明确预算管理体制以及各预算执行单位的职责权限、授权批准程序和工作协调机制。

（一）健全预算管理体制

企业设置全面预算管理体制，应遵循合法科学、高效有力、经济适度、全面系统、权责明确等基本原则，一般具备全面预算管理决策机构、工作机构和执行单位三个层次的基本架构。

1. 全面预算管理决策机构——预算管理委员会

企业应当设立预算管理委员会，作为专门履行全面预算管理职责的决策机构。预算管理委员会成员由企业负责人及内部相关部门负责人组成，总会计师或分管会计工作的负责人应当协助企业负责人负责企业全面预算管理工作的组织领导。具体而言，预算管理委员会一般由企业负责人（董事长或总经理）任主任，总会计师（或财务总监、分管财会工作的副总经理）任副主任，其成员一般还包括各副总经理、主要职能部门（财务、战略发展、生产、销售、投资、人力资源等部门）、分

（子）公司负责人等。

预算管理委员会的主要职责一般是：①制定颁布企业全面预算管理制度，包括预算管理的政策、措施、办法、要求等；②根据企业战略规划和年度经营目标，拟定预算目标，并确定预算目标分解方案、预算编制方法和程序；③组织编制、综合平衡预算草案；④下达经批准的正式年度预算；⑤协调解决预算编制和执行中的重大问题；⑥审议预算调整方案，依据授权进行审批；⑦审议预算考核和奖惩方案；⑧对企业全面预算总的执行情况进行考核；⑨其他全面预算管理事宜。

2. 全面预算管理工作机构

由于预算管理委员会一般为非常设机构，企业应当在该委员会下设立预算管理工作机构，由其履行预算管理委员会的日常管理职责。预算管理工作机构一般设在财会部门，其主任一般由总会计师（或财务总监、分管财会工作的副总经理）兼任，工作人员除了财务部门人员外，还应有计划、人力资源、生产、销售、研发等业务部门人员参加。

预算管理工作机构的主要职责一般是：①拟订企业各项全面预算管理制度，并负责检查落实预算管理制度的执行；②拟定年度预算总目标分解方案及有关预算编制程序、方法的草案，报预算管理委员会审定；③组织和指导各级预算单位开展预算编制工作；④预审各预算单位的预算初稿，进行综合平衡，并提出修改意见和建议；⑤汇总编制企业全面预算草案，提交预算管理委员会审查；⑥跟踪、监控企业预算执行情况；⑦定期汇总、分析各预算单位预算执行情况，并向预算管理委员会提交预算执行分析报告，为委员会进一步采取行动拟定建议方案；⑧接受各预算单位的预算调整申请，根据企业预算管理制度进行审查，集中制定年度预算调整方案，报预算管理委员会审议；⑨协调解决企业预算编制和执行中的有关问题；⑩提出预算考核和奖惩方案，报预算管理委员会审议；⑪组织开展对企业二级预算执行单位（企业内部各职能部门、所属分/子企业等，下同）预算执行情况的考核，提出考核结果和奖惩建议，报预算管理委员会审议；⑫预算管理委员会授权的其他工作。

3. 全面预算执行单位

全面预算执行单位是指根据其在企业预算总目标实现过程中的作用和职责划分的，承担一定经济责任，并享有相应权力和利益的企业内部单位，包括企业内部各职能部门、所属分（子）企业等。企业内部预算责任单位的划分应当遵循分级分层、权责利相结合、责任可控、目标一致的原则，并与企业的组织机构设置相适应。根据权责范围，企业内部预算责任单位可以分为投资中心、利润中心、成本中心、费用中心和收入中心。预算执行单位在预算管理部门（指预算管理委员会及其工作机构，下同）的指导下，组织开展本部门或本企业全面预算的编制工作，严格执行批准下达的预算。

各预算执行单位的主要职责一般是：①提供编制预算的各项基础资料；②负责本单位全面预算的编制和上报工作；③将本单位预算指标层层分解，落实到各部门、各环节和各岗位；④严格执行经批准的预算，监督检查本单位预算执行情况；⑤及时分析、报告本单位的预算执行情况，解决预算执行中的问题；⑥根据内外部环境变化及企业预算管理制度，提出预算调整申请；⑦组织实施本单位内部的预算考核和奖惩工作；⑧配合预算管理部门做好企业总预算的综合平衡、执行监控、考核奖惩等工作；⑨执行预算管理部门下达的其他预算管理任务。

各预算执行单位负责人应当对本单位预算的执行结果负责。

企业全面预算管理组织体系的基本架构如图1所示。

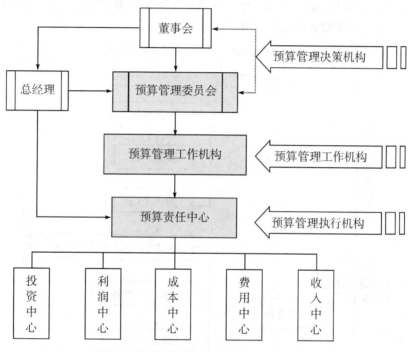

图1 全面预算管理组织体系基本架构图

（二）明确各环节授权批准程序和工作协调机制

在建立健全全面预算管理体制的基础上，企业应当进一步梳理、制定预算管理工作流程，按照不相容职务相互分离的原则细化各部门、各岗位在预算管理体系中的职责、分工与权限，明确预算编制、执行、分析、调整、考核各环节的授权批准制度与程序。预算管理工作各环节的不相容岗位一般包括预算编制与预算审批、预算审批与预算执行、预算执行与预算考核。

在全面预算管理各个环节中，预算管理部门主要起决策、组织、领导、协调、平衡的作用。企业可以根据自身的组织结构、业务特点和管理需要，责成内部生产、市场、投资、技术、人力资源等各预算归口管理部门负责所归口管理预算的编制、执行监控、分析等工作，并配合预算管理部门做好企业总预算综合平衡、执行监控、分析、考核等工作。

287

三、全面预算基本业务流程

企业全面预算业务的基本流程一般包括预算编制、预算执行和预算考核三个阶段。其中，预算编制阶段包括预算编制、预算审批、预算下达等具体环节；预算执行阶段设计预算指标分解和责任落实、预算执行控制、预算分析、预算调整等具体环节。这些业务环节相互关联、相互作用、相互衔接，周而复始地循环，从而实现对企业全面经济活动的控制。图2列示了各类企业全面预算的基本业务流程。

如前所述，全面预算是企业加强内部控制、实现发展战略的重要工具和手段，但同时也是企业内部控制的对象。企业应当参照图2的基本流程，结合自身情况及管理要求，制定具体的全面预算业务流程。

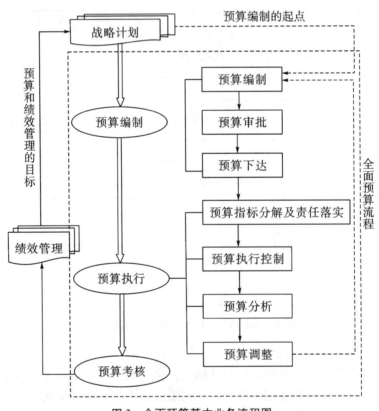

图2　全面预算基本业务流程图

四、预算流程主要业务风险及控制措施

（一）预算编制

预算编制是企业实施全面预算管理的起点。预算编制环节的主要风险是：第一，预算编制以财务部门为主，业务部门参与度较低，可能导致预算编制不合理，预算管理责、权、利不匹配；预算编制范围和项目不全面，各个预算之间缺乏整合，可能导致全面预算难以形成。第二，预算编制所依据的相关信息不足，可能导致预算目标与战略规划、经营计划、市场环境、企业实际等相脱离；预算编制基础数据不

足，可能导致预算编制准确率降低。第三，预算编制程序不规范，横向、纵向信息沟通不畅，可能导致预算目标缺乏准确性、合理性和可行性。第四，预算编制方法选择不当，或强调采用单一的方法，可能导致预算目标缺乏科学性和可行性。第五，预算目标及指标体系设计不完整、不合理、不科学，可能导致预算管理在实现发展战略和经营目标、促进绩效考评等方面的功能难以有效发挥。第六，编制预算的时间太早或太晚，可能导致预算准确性不高，或影响预算的执行。

主要控制措施：

第一，全面性控制。一是明确企业各个部门、单位的预算编制责任，使企业各个部门、单位的业务活动全部纳入预算管理；二是将企业经营、投资、财务等各项经济活动的各个方面、各个环节都纳入预算编制范围，形成由经营预算、投资预算、筹资预算、财务预算等一系列预算组成的相互衔接和勾稽的综合预算体系。

第二，编制依据和基础控制。一是制定明确的战略规划，并依据战略规划制定年度经营目标和计划，作为制定预算目标的首要依据，确保预算编制真正成为战略规划和年度经营计划的年度具体行动方案；二是深入开展企业外部环境的调研和预测，包括对企业预算期内客户需求、同行业发展等市场环境的调研，以及宏观经济政策等社会环境的调研，确保预算编制以市场预测为依据，与市场、社会环境相适应；三是深入分析企业上一期间的预算执行情况，充分预计预算期内企业资源状况、生产能力、技术水平等自身环境的变化，确保预算编制符合企业生产经营活动的客观实际；四是重视和加强预算编制基础管理工作，包括历史资料记录、定额制定与管理、标准化工作、会计核算等，确保预算编制以可靠、翔实、完整的基础数据为依据。

第三，编制程序控制。企业应当按照上下结合、分级编制、逐级汇总的程序，编制年度全面预算。其基本步骤及其控制为：一是建立系统的指标分解体系，并在与各预算责任中心进行充分沟通的基础上分解下达初步预算目标；二是各预算责任中心按照下达的预算目标和预算政策，结合自身特点以及预测的执行条件，认真测算并提出本责任中心的预算草案，逐级汇总上报预算管理工作机构；三是预算管理工作机构进行充分协调、沟通，审查平衡预算草案；四是预算管理委员会应当对预算管理工作机构在综合平衡基础上提交的预算方案进行研究论证，从企业发展全局角度提出进一步调整、修改的建议，形成企业年度全面预算草案，提交董事会；五是董事会审核全面预算草案，确保全面预算与企业发展战略、年度生产经营计划相协调。

第四，编制方法控制。企业应当本着遵循经济活动规律，充分考虑符合企业自身经济业务特点、基础数据管理水平、生产经营周期和管理需要的原则，选择或综合运用固定预算、弹性预算、滚动预算等方法编制预算。

第五，预算目标及指标体系设计控制。一是按照"财务指标为主体、非财务指标为补充"的原则设计预算指标体系；二是将企业的战略规划、经营目标体现在预算指标体系中；三是将企业产、供、销、投融资等各项活动的各个环节、各个方面的内容都纳入预算指标体系；四是将预算指标体系与绩效评价指标协调一致；五是按照各责任中心在工作性质、权责范围、业务活动特点等方面的不同，设计不同或各有侧重的预算指标体系。

第六，预算编制时间控制。企业可以根据自身规模大小、组织结构和产品结构的复杂性、预算编制工具和熟练程度、全面预算开展的深度和广度等因素，确定合适的全面预算编制时间，并应当在预算年度开始前完成全面预算草案的编制工作。

（二）预算审批

预算审批环节的主要风险是：全面预算未经适当审批或超越授权审批，可能导致预算权威性不够、执行不力，或可能因重大差错、舞弊而导致损失。

主要控制措施：企业全面预算应当按照《公司法》等相关法律法规及企业章程的规定报经审议批准。

（三）预算下达

预算下达环节的主要风险是：全面预算下达不力，可能导致预算执行或考核无据可查。

主要控制措施：企业全面预算经审议批准后应及时以文件形式下达执行。

（四）预算指标分解和责任落实

该环节的主要风险是：预算指标分解不够详细、具体，可能导致企业的某些岗位和环节缺乏预算执行和控制依据；预算指标分解与业绩考核体系不匹配，可能导致预算执行不力；预算责任体系缺失或不健全，可能导致预算责任无法落实，预算缺乏强制性与严肃性；预算责任与执行单位或个人的控制能力不匹配，可能导致预算目标难以实现。

主要控制措施：

第一，企业全面预算一经批准下达，各预算执行单位应当认真组织实施，将预算指标层层分解，横向将预算指标分解为若干相互关联的因素，寻找影响预算目标的关键因素并加以控制；纵向将各项预算指标层层分解落实到最终的岗位和个人，明确责任部门和最终责任人；时间上将年度预算指标分解细化为季度、月度预算，通过实施分期预算控制，实现年度预算目标。

第二，建立预算执行责任制度，对照已确定的责任指标，定期或不定期地对相关部门及人员责任指标完成情况进行检查，实施考评。可以通过签订预算目标责任书等形式明确各预算执行部门的预算责任。

第三，分解预算指标和建立预算执行责任制应当遵循定量化、全局性、可控性原则。预算指标的分解要明确、具体，便于执行和考核；预算指标的分解要有利于企业经营总目标的实现；赋予责任部门和责任人的预算指标应当是通过该责任部门或责任人的努力可以达到的，责任部门或责任人以其责权范围为限，对预算指标负责。

（五）预算执行控制

预算执行控制环节的主要风险是：缺乏严格的预算执行授权审批制度，可能导致预算执行随意；预算审批权限及程序混乱，可能导致越权审批、重复审批，降低预算执行效率和严肃性；预算执行过程中缺乏有效监控，可能导致预算执行不力，预算目标难以实现；缺乏健全有效的预算反馈和报告体系，可能导致预算执行情况不能及时反馈和沟通，预算差异得不到及时分析，预算监控难以发挥作用。

主要控制措施：

第一，加强资金收付业务的预算控制，及时组织资金收入，严格控制资金支付，调节资金收付平衡，防范支付风险。

第二，严格资金支付业务的审批控制，及时制止不符合预算目标的经济行为，确保各项业务和活动都在授权的范围内运行。企业应当就涉及资金支付的预算内事项、超预算事项、预算外事项建立规范的授权批准制度和程序，避免越权审批、违规审批、重复审批现象的发生。对于预算内非常规或金额重大事项，应经过较高的授权批准层（如总经理）审批。对于超预算或预算外事项，应当实行严格、特殊的审批程序，一般须报经总经理办公会或类似权力机构审批；金额重大的，还应报经预算管理委员会或董事会审批。预算执行单位提出超预算或预算外资金支付申请，应当提供有关发生超预算或预算外支付的原因、依据、金额测算等资料。

第三，建立预算执行实时监控制度，及时发现和纠正预算执行中的偏差。确保企业办理采购与付款、销售与收款、成本费用、工程项目、对外投融资、研究与开发、信息系统、人力资源、安全环保、资产购置与维护等各项业务和事项，均符合预算要求；对于涉及生产过程和成本费用的，还应严格执行相关计划、定额、定率标准。

第四，建立重大预算项目特别关注制度。对于工程项目、对外投融资等重大预算项目，企业应当密切跟踪其实施进度和完成情况，实行严格监控。对于重大的关键性预算指标，也要密切跟踪、检查。

第五，建立预算执行情况预警机制，科学选择预警指标，合理确定预警范围，及时发出预警信号，积极采取应对措施。有条件的企业，应当推进和实施预算管理的信息化，通过现代电子信息技术手段控制和监控预算执行，提高预警与应对水平。

第六，建立健全预算执行情况内部反馈和报告制度，确保预算执行信息传输及时、畅通、有效。预算管理工作机构应当加强与各预算执行单位的沟通，运用财务信息和其他相关资料监控预算执行情况，采用恰当方式及时向预算管理委员会和各预算执行单位报告、反馈预算执行进度、执行差异及其对预算目标的影响，促进企业全面预算目标的实现。

（六）预算分析

预算分析环节的主要风险是：预算分析不正确、不科学、不及时，可能削弱预算执行控制的效果，或可能导致预算考评不客观、不公平；对预算差异原因的解决不得力，可能导致预算分析形同虚设。

主要控制措施：

第一，企业预算管理工作机构和各预算执行单位应当建立预算执行情况分析制度，定期召开预算执行分析会议，通报预算执行情况，研究、解决预算执行中存在的问题，认真分析原因，提出改进措施。

第二，企业应当加强对预算分析流程和方法的控制，确保预算分析结果准确、合理。预算分析流程一般包括确定分析对象、收集资料、确定差异及分析原因、提出措施及反馈报告等环节。企业分析预算执行情况，应当充分收集有关财务、业务、市场、技术、政策、法律等方面的信息资料，根据不同情况分别采用比率分析、比较分析、因素分析等方法，从定量与定性两个层面充分反映预算执行单位的现状、发展趋势及其存在的潜力。

第三，企业应当采取恰当措施处理预算执行偏差。企业应针对造成预算差异的不同原因采取不同的处理措施：因内部执行导致的预算差异，应分清责任归属，与预算考评和奖惩挂钩，并将责任单位或责任人的改进措施的实际执行效果纳入业绩考核；因外部环境变化导致的预算差异，应分析该变化是否长期影响企业发展战略的实施，并作为下期预算编制的影响因素。

（七）预算调整

预算调整环节的主要风险是：预算调整依据不充分、方案不合理、审批程序不严格，可能导致预算调整随意、频繁，预算失去严肃性和"硬约束"。

主要控制措施：

第一，明确预算调整条件。由于市场环境、国家政策或不可抗力等客观因素，导致预算执行发生重大差异确需调整预算的，应当履行严格的审批程序。企业应当在有关预算管理制度中明确规定预算调整的条件。

第二，强化预算调整原则。一是预算调整应当符合企业发展战略、年度经营目标和现实状况，将重点放在预算执行中出现的重要的、非正常的、不符合常规的关键性差异方面；二是预算调整方案应当客观、合理、可行，在经济上能够实现最优化；三是预算调整应当谨慎，调整频率应予以严格控制，年度调整次数应尽量少。

第三，规范预算调整程序，严格审批。调整预算一般由预算执行单位逐级向预算管理委员会提出书面申请，详细说明预算调整理由、调整建议方案、调整前后预算指标的比较、调整后预算指标可能对企业预算总目标的影响等内容。预算管理工作机构应当对预算执行单位提交的预算调整报告进行审核分析，集中编制企业年度预算调整方案，提交预算管理委员会。预算管理委员会应当对年度预算调整方案进行审议，根据预算调整事项性质或预算调整金额的不同，根据授权进行审批，或提交原预算审批机构审议批准，然后下达执行。企业预算管理委员会或董事会审批预算调整方案时，应当依据预算调整条件，并考虑预算调整原则严格把关，对于不符合预算调整条件的，坚决予以否决；对于预算调整方案欠妥的，应当协调有关部门和单位研究改进方案，并责成预算管理工作机构予以修改后再履行审批程序。

（八）预算考核

预算考核环节的主要风险是：预算考核不严格、不合理、不到位，可能导致预算目标难以实现、预算管理流于形式。其中，预算考核是否合理受到考核主体和对象的界定是否合理、考核指标是否科学、考核过程是否公开透明、考核结果是否客观公正、奖惩措施是否公平合理且能够落实等因素的影响。

主要控制措施：

第一，建立健全预算执行考核制度。一是建立严格的预算执行考核制度，对各预算执行单位和个人进行考核，将预算目标执行情况纳入考核和奖惩范围，切实做到有奖有惩、奖惩分明。二是制定有关预算执行考核的制度或办法，并认真、严格地组织实施。三是定期组织实施预算考核，预算考核的周期一般应当与年度预算细分周期相一致，即一般按照月度、季度实施考评，预算年度结束后再进行年度总考核。

第二，合理界定预算考核主体和考核对象。预算考核主体分为两个层次：预算管理委员会和内部各级预算责任单位。预算考核对象为企业内部各级预算责任单位和相关个人。界定预算考核主体和考核对象应当主要遵循以下原则：一是上级考核下级原则，即由上级预算责任单位对下级预算责任单位实施考核；二是逐级考核原则，即由预算执行单位的直接上级对其进行考核，间接上级不能隔级考核间接下级；三是预算执行与预算考核相互分离原则，即预算执行单位的预算考核应由其直接上级部门来进行，而绝不能自己考核自己。

第三，科学设计预算考核指标体系。应主要把握以下原则：预算考核指标要以各责任中心承担的预算指标为主，同时本着相关性原则，增加一些全局性的预算指标和与其关系密切的相关责任中心的预算指标；考核指标应以定量指标为主，同时根据实际情况辅之以适当的定性指标；考核指标应当具有可控性、可达到性和明晰性。

第四，按照公开、公平、公正原则实施预算考核。一是考核程序、标准、结果要公开。企业应当将全面预算考核程序、考核标准、奖惩办法、考核结果等及时公开。二是考核结果要客观公正。预算考核应当以客观事实作为依据。预算执行单位上报的预算执行报告是预算考核的基本依据，应当经本单位负责人签章确认。企业预算管理委员会及其工作机构定期组织预算执行情况考核时，应当将各预算执行单位负责人签字上报的预算执行报告和已掌握的动态监控信息进行核对，确认各执行单位预算完成情况。必要时，实行预算执行情况内部审计制度。三是奖惩措施要公平合理并得以及时落实。预算考核的结果应当与各执行单位以及员工的薪酬、职位等进行挂钩，实施预算奖惩。企业设计预算奖惩方案时，应当以实现全面预算目标为首要原则，同时还应遵循公平合理、奖罚并存的原则。奖惩方案要注意各部门利益分配的合理性，要根据各部门承担的工作难易程度和技术含量合理确定奖励差距。要奖罚并举，不能只奖不罚，并防止奖惩实施中的人情添加因素。

293

附录4：四川某大型国企全面预算制度规定

四川××××有限公司
全面预算管理办法

第一章 总 则

第一条 为提高四川××××有限公司（以下简称"公司"）整体管理水平，强化公司内部约束机制及风险管控，提高国有资本运营及国有资产运行质量，促进公司发展战略的顺利实施，确保国有资产保值增值，根据《四川省××××集团有限责任公司全面预算管理暂行办法》、财政部《关于企业实行财务管理的指导意见》《企业内部控制基本规范》及有关法律法规制定本办法。

第二条 本办法所称全面预算是指主要采用货币计量的方式，将实现公司未来期间经营目标所涉及的各类资源进行有效配置，通过全面、系统、合理地规划、测算和分析所确定的预算体系，由经营预算、资本预算、资金预算和财务预算四部分构成。

第三条 本办法所称全面预算管理是指在预测和决策的基础上，围绕公司战略发展目标，以现金流、利润为核心，以收入增加、成本节约、利润增长和国有资产保值增值为目标，利用全面预算，对公司的各种经济资源进行合理分配、科学调控、严格考核，以便有效地组织和协调经营活动，完成既定目标的一种管理活动。

第四条 本办法适用于公司及全资子公司的年度预算编制、执行、报告与监督考核工作，各控股子公司参照执行。

第二章 全面预算管理的基本要求及原则

第五条 公司预算管理的基本要求是：预算编制有依据，预算执行有监控，预算完成有考评，考评结果要运用。

第六条 全面预算管理要贯穿于公司经营管理过程的始终，涵盖各个管理环节，涉及每位员工，保证预算管理的全过程性、全方位性及全员性的要求。

第七条 编制的各项预算内容要以市场为依据、效益为前提，优化资源配置，着力提高价值创造水平，做到经济效益和社会效益的和谐统一。

第八条 各项预算指标审批下达后，必须严格执行，不得随意调整。严禁无预算或者超预算安排支出，严禁虚列支出、转移或者套取预算资金。

第九条 在保障正常经营的基础上，厉行节约，控制成本，力保现金流平衡，加强财务风险控制，保证公司稳健持续发展。

第十条 在合理分权的基础上，根据预算内容的特性及其分工，按照权责对等的要求，层层分解确定预算责任主体，逐级编制、上报、执行、控制，上一级负责下一级预算的审核、批准和监督考核。

第三章 预算组织机构及工作职责

第十一条 公司预算管理的组织体系以预算管理委员会为预算管理决策机构，以预算管理办公室为预算管理工作机构，以公司各部门、全资子公司为预算管理的执行单位，对控投子公司的预算管理通过公司派驻控股子公司的高级管理人员（以下简称"外派高管"）实行。

第十二条 公司预算管理委员会由董事会领导和授权。

第十三条 公司董事会在预算管理中的主要职责是：

一、按照公司战略目标、中长期规划，审议确定公司年度经营目标。

二、制定年度全面预算方案并报公司股东会审批。

三、审批公司预算管理办法。

四、审批预算执行考核情况、预算考核奖惩方案。

五、审批涉及年度经营目标变化的重大预算调整申请。

第十四条 公司预算管理委员会由公司领导班子和各职能部门负责人组成。公司主要负责人担任预算管理委员会主任，对全面预算的管理工作全面负责；公司分管财务领导协助预算管理委员会主任负责预算管理的具体工作。

公司预算管理委员会的主要职责是：

一、组织制定公司预算管理办法并报董事会审批。

二、根据公司董事会确定的经营目标，审核确定公司预算期内预算编制原则、政策及各项预算指标，并报董事会批准。

三、负责审议、平衡公司汇总的全面预算方案和预算调整方案，报公司董事会审查批准。

四、协调解决预算执行中的重大问题，督促完成预算目标。

五、组织审计、监督公司及全资子公司、控股子公司年度预算执行情况，提出考核结果及奖惩方案，并报董事会审批。

第十五条 公司预算管理委员会下设办公室，办公室设在公司财务审计部，由财务审计部负责人担任预算管理委员会办公室主任，成员由公司各职能部门有关人员组成。预算管理委员会办公室的具体职责是：

一、拟定公司全面预算管理办法及相关制度；拟定预算编制办法和编制模板；指导公司各部门和全资子公司、控股子公司编制全面预算。

二、搜集和预审全资子公司、外派高管报送的预算初稿，拟定年度全面预算编制原则、政策及主要控制目标的建议方案报公司预算管理委员会审议。

三、及时下发年度预算编制（或预算调整）通知，对公司预算管理委员会提出的预算年度目标（或调整目标）进行初步分解，落实到公司各职能部门、全资子公司、外派高管。

四、对公司各职能部门及全资子公司、外派高管上报的修改后的预算草案（或预算调整方案）进行汇总、分析、平衡后，编制公司年度汇总预算报告（或预算调整报告），并报全面预算管理委员会审查。

五、下达经公司董事会批准的预算报告（或预算调整报告）。对公司董事会批准的预算年度目标进行层层分解，具体落实到公司各职能部门和全资子公司以及外派高管。

六、对公司全面预算的编制和执行情况进行全过程监控、分析，对监控过程中发现的异常问题及时上报预算管理委员会。

七、提出公司全面预算管理考核结果和奖惩方案报公司预算管理委员会审核。

八、完成公司预算管理委员会委托的其他预算管理工作。

第十六条 公司各职能部门均是业务预算管理责任部门，按照职责分工具体负责本部门分管业务预算的编制指导、执行分析与控制等工作，并配合公司预算管理委员会办公室完成本部门有关预算的检查、考核工作。其部门负责人对本部门分管预算的编制和执行结果向预算管理委员会负责。

各职能部门在预算管理方面的主要职责是：

一、各职能部门编制并组织实施本部门分管业务及本部门会议、培训、接待、差旅、聘请中介机构等支出的公司本部预算。

二、投资发展部牵头，人力资源部、建设管理部、财务审计部、综合办等部门协同审查全资子公司、外派高管报送的资本预算，并对执行情况实施监督管理。

三、人力资源部牵头，财务审计部、经营管理部、投资发展部等部门协同审查全资子公司、外派高管报送的职工薪酬预算，并对执行情况实施监督管理。

四、经营管理部牵头，财务审计部等部门协同审查全资子公司、外派高管报送的经营预算，并对执行情况实施监督管理。

五、财务审计部负责预算管理办公室日常工作。审查全资子公司、外派高管报送的资金预算及财务预算，并对执行情况实施监督管理；汇总平衡公司全面预算。

第十七条 全资子公司和外派高管应当按照公司统一的要求和相关工作规定，按时向公司报送年度全面预算报告，并负责分解执行公司核批的各项预算，确保预算目标的完成。

第四章 全面预算内容

第十八条 公司各项经营活动、投资活动、筹资活动中的一切现金收支和非货币性资源的增减变化均应纳入预算的范畴，实行全面预算管理。

第十九条 经营预算是公司日常经营活动方面的预算，主要包括收入预算、成本预算、期间费用预算、采购预算等。经营预算既要有实物量指标，又要有价值量和时间量指标。

第二十条　资本预算是针对预算期内开展的长期资产购建和对外投资及其处置事项而编制的预算，如固定资产的购建、扩改建、更新等投资预算、权益性资本投资预算、无形资产投资预算等。

第二十一条　资金预算是针对预算期内关于资金筹措和使用的预算，包括预算期内的现金收支预算和融资预算，以及长期的资本支出预算和长期资金筹措预算（跨期预算）。

第二十二条　财务预算是关于公司未来一定期间内预计的财务状况、经营成果及现金收支情况等价值指标的综合说明，财务预算包括预计利润表、预计资产负债表和预计现金流量表。

第五章　预算编制与审批

第二十三条　公司应根据交投集团和自身的发展战略及年度工作计划，结合自身业务特点和工作重心，综合考虑预算期内国内外经济政策及市场环境要素，遵循"收入积极、费用从紧、现金平衡"的原则要求，依据财务管理关系，上下结合、分级编制、逐级平衡汇总，有序开展预算编制工作。

第二十四条　编制经营预算，应当以上一年度生产经营的实际状况为基础，充分考虑预算期内经济政策变动、市场竞争状况、产品竞争能力等因素对生产、销售、采购等业务可能造成的影响，并严格控制成本费用开支范围和规模，加强投入产出水平的控制，严格控制经营风险。

第二十五条　编制资本预算，应当符合成本效益原则和风险控制要求，在对投资项目进行可行性研究、论证和集体决策的基础上，合理安排投资结构和资金投放量，严格控制投资风险。

第二十六条　编制资金预算，应当以筹资计划和资金需求决策为基础，合理规划现金收支与配置，合理安排筹资规模和筹资结构，审慎选择筹资方式，争取最佳资金成本，严格控制融资风险。

第二十七条　编制财务预算，应当优化公司资本结构，合理控制资产负债比例，强化财务安全性、流动性管理，努力增收节支提升效益，增强现金保障和偿债能力，严格控制财务风险。

第二十八条　公司应根据不同的预算项目，合理选择零基预算、滚动预算、弹性预算、概率预算等方法编制预算。

对于跨越多个预算年度的项目开支，可编制跨期预算，并进行相应管理。年度预算应包含跨期预算中本年度的预算内容。

第二十九条　全面预算编制及审批程序。

一、确定目标任务。公司于9月中旬开始组织编制下一年度预算，公司全面预算管理委员会初步下达年度经营目标，确定公司的预算目标，以及当年预算编制政策、方法和程序，预算管理办公室负责将委员会确定的目标在规定时间内下达至公司各部门和全资子公司、外派高管。

二、初稿上报。公司各部门和全资子公司按照预算管理委员会确定的预算目标，结合上年实际完成情况，编制下一预算年度预算初稿，于规定时间内报送预算管理办公室，外派高管应按公司要求及时报送所在控股子公司的预算初稿。

三、编制预算草案。预算管理办公室对各部门和全资子公司、外派高管报送的预算草案进行汇总、审查，在审查过程中，公司各业务预算管理部门应当进行充分协调，对发现的问题提出初步意见，并及时反馈相关单位和人员予以修正调整。公司全面预算汇总编制完成后及时上报全面预算管理委员会审批。

四、预审预算初稿。预算管理委员会召开会议，针对提交的预算初稿和公司规划目标进行磋商、协调修正预算草案，提出修订意见，于规定时间内下达至公司各部门和全资子公司、外派高管。

五、预算修订上报。公司各部门和全资子公司、外派高管按照修订意见调整预算，于规定时间内再次上报预算管理委员会办公室。预算管理委员会办公室再次汇总、试算平衡并相应调整公司全面预算方案，于规定时间内报预算管理委员会。

六、提交预算方案。预算管理委员会根据公司年度经营目标对预算方案进行审查，对发现的问题提出初步意见，并及时反馈予以修正调整并形成公司年度全面预算报告，经公司总经理办公会讨论通过后，报公司董事会审议。

七、批准下达。年度全面预算报告经公司董事会批准后，由预算管理委员会办公室下达执行。

第六章　全面预算报告

第三十条　公司及全资子公司、控股子公司应当按照统一的报表格式、编制要求，编制年度预算报告。年度预算报告由以下部分构成：

一、年度预算报表，主要包括各类业务预算表、财务预算表。

二、年度预算编制说明。

三、其他相关材料。

第三十一条　年度预算报表应重点反映以下内容：

一、预算年度内预计资产、负债及所有者权益规模、质量及结构。

二、预算年度内预计实现的经营成果。

三、预算年度内为组织经营、投资、筹资活动预计发生的现金流入和流出情况。

四、预算年度内预计发生的长、短期投资以及固定资产投资的规模及资金来源。

五、预算年度内预计对外筹资总体规模与分布结构。

第三十二条　年度预算编制说明应当反映以下内容：

一、预算编制工作组织情况。

二、预算年度内经营主要预算指标分析说明。

三、预算编制基础、基本假设和采用的重要会计政策和估计。

四、预算执行保障措施以及可能影响预算指标事项说明。

五、其他需说明的情况。

第三十三条　全资子公司和控股子公司应编制预算报告并报公司财务审计部。上报的预算报告除纸质外，还应当附送电子文档。财务审计部负责对全资子公司和控股子公司预算报告的收集、审核、汇总工作。

第三十四条　全资子公司和控股子公司财务部门根据各公司董事会决议的指标编制正式预算报告，并报公司财务审计部。

全资子公司和控股子公司上报公司财务审计部的正式预算报告应当加盖单位公章，并由单位的法人代表、财务总监、财务机构负责人签名并盖章，同时附股东会（董事会）预算决议复印件一份。

第七章　预算执行和控制

第三十五条　全面预算一经批准下达，公司必须按照批准的预算项目和预算金额严格执行，将预算指标层层分解，落实到各部门、各环节和各岗位，形成全面的预算责任体系，努力完成各项预算指标。

公司年度预算应作为预算期内组织、协调各项经营活动和管理活动的基本依据，并将年度预算细分为月度和季度预算，通过分期预算控制实现年度预算目标。

第三十六条　要强化现金流量的预算管理，按时组织预算资金的收入，严格控制预算资金的支付，保持资金收支平衡，控制资金风险。对于预算内的资金支付，按照授权审批程序执行；对于超预算和预算外资金支出，须事前提出申请并报公司全面预算管理委员会审批，经全面预算管理委员会审批通过后方可进入正常支付审批程序，并纳入预算管理；对于无合同、无凭证、无手续的项目支出，不予支付。

第三十七条　要严格执行经营、销售和成本费用预算，努力完成利润指标。对收入、成本、费用、利润等指标比预算发生 10% 以上的负面变动时，要在月度内及时预警，并督促公司有关部门及时查明原因，提出解决办法。

第三十八条　对于工程项目、对外投融资等重大预算项目，公司应当密切跟踪其实施进度和完成情况，实行严格监控。

第八章　全面预算调整

第三十九条　公司的预算一经批准，在公司内部不得随意更改与调整。但在执行过程中由于市场环境、经营条件、政策法规等发生重大变化，或出现不可抗力的因素等致使预算的编制基础不成立，或者将导致预算执行结果产生重大偏差的，可申请调整预算。

第四十条　预算调整分为重大预算调整和一般性预算调整。

一、预算的重大性调整也可称为预算修正，是指当内外环境的变化对公司的生产经营状况产生较大影响，有明确证据表明预算目标将出现较大偏差，预算执行单位应当积极主动提出调整申请。经预算管理委员会同意并报公司董事会批准后，可以在预算年度内进行公司经营目标的调整，同时下达全面预算调整要求，并最终确认全面预算调整方案。

二、一般性预算调整是指在公司年度预算总目标不变的前提下，各职能部门为完成年度预算目标，在预算执行过程中，以原来的预算为基础，结合预算执行进度和外部环境的变化，对预算执行进度或个别预算项目进行调整。

第四十一条　一般性预算调整的程序：

一、提出申请。预算调整单位向预算管理委员会办公室提出预算调整申请，阐述预算执行的具体情况、客观因素变化情况及其对预算目标控制造成的影响程度，提出预算指标的调整幅度。

二、审议方案。预算管理委员会办公室召集各职能部门及预算执行单位审议预算调整方案，编制公司年度预算调整方案，报预算管理委员会批准。

三、批准下达。预算管理委员会审议批准后，公司下达预算调整批复。

第四十二条　全面预算目标重大调整原则上每年只调整一次，涉及预算目标调整的方案应于当年 7 月 20 日前上报。

第九章　预算分析及报告

第四十三条　公司建立预算执行分析报告制度。公司按月、季、年开展预算执行分析，全资子公司和外派高官应及时向公司上报本单位预算期的预算执行情况分析报告，分析预算执行情况，提出措施和建议。

公司预算管理委员会定期召开预算执行差异分析会议，通过分析通报预算执行情况，及时采取纠偏措施。

第四十四条　预算分析报告应包括但不限于以下内容：

一、预算额、本期实际发生额、本期差异额、累计预算额、累计实际发生额、累计差异额。

二、对差异额进行的分析。

三、产生关键不利差异的原因、责任归属、改进措施。

四、形成重大有利差异的原因和今后进行巩固、推广的建议。

第四十五条　全资子公司和控股子公司的月度预算执行分析报告于次月 10 日内上报公司预算管理办公室。

第十章　全面预算的考核

第四十六条　公司内的预算考核以公司最终出台的相关考核办法为准。

第十一章　附　则

第四十七条　本办法未尽事宜，按国家有关法律、法规及规范性文件等相关规

财务预算与控制

定执行。

第四十八条　全资子公司和控股子公司可以根据本办法制定相应的全面预算管理办法或实施细则，并报公司预算管理委员会办公室备案。

第四十九条　本办法由公司财务审计部负责解释。

第五十条　本办法自公司董事会审议通过后实施。